靈修協奏曲

陸達誠神父散文選

【推薦序】
靈修協奏曲：讀陸達誠神父的散文集

童元方

大一升大二那年暑假，學期結束後沒有馬上南下回家，而是去了八里聖心女中，參加天主教服務中心為聖母會會員，也就是後來的基督生活團團員暑假舉辦的訓練營。是鄭聖沖神父親自帶著我坐他的車到營地，在一個星期的營中生活認識了好幾位年輕的神父，還有尚未晉鐸、溫文儒雅的陸達誠修士。

修士當時是鄭神父的助理，有一次我跟我大妹不記得是什麼活動之後，修士請我們吃冰淇淋，他把找回來的零錢順手塞給了妹妹，好像一個大哥哥，讓還沒有從喪父的傷痛裡走出來的姐妹倆，有一種莫名的感動。

大學畢業後我出國留學，一晃差不多美國廿年，香港廿年，我再回台時半世紀業已消逝，而閒雲出岫般手神俊朗、善拉手風琴的陸神父已過了八十歲。他一般在台北，我在台中，並不常見，神父要出第三本散文集，向我索序。我一方面深感受寵若驚，一方面又覺責無旁貸，神父這十多年來將近一百篇的文章讓我想起天主教，尤其是耶穌會的神父在我信仰與品行陶成與塑造的年月中所樹立的典範與影響。

先說說陸神父文集裡提到的幾位神父。第一位是鄭聖沖神父，我一九六七年進台大，成了和平東路二段服務中心聖母會開學時所收的唯一會員，指導司鐸就是鄭神父。他當時剛參加完耶穌會「聖母會」全球大會，在世界各地考察，聖誕節時回來，在聖誕夜的歡慶中拿出一條從聖地帶回來的念珠串，是耶路撒冷髑髏地的橄欖樹材所製成。神父把念珠串拆了，讓我們一人拿一顆珠子，象徵大家都是主內的弟兄姐妹。最後剩下的木十字架，神父說誰表演就給誰。我這新進的最小會員太喜歡那十字架，就自告奮勇出來唱作了一段黃梅調《樓台會》，完全不記得難為情。

鄭神父看起來很嚴肅，其實心慈，對我們有時近乎寵溺。我有次開會到得早了，跟神父提起我想去看一部叫《落花流水春去》（Charly）的電影，神父竟然說：「你去罷！」還給了我一袋巧克力糖，讓我在溜會去觀影時面對以人力介入使白癡變天才，天才又變回白癡的倫理、人權與文明問題，心痛如絞，嘴裡卻是甜的。

鄭神父留法，主修生物學。他最喜歡提到的人物是古生物學、地質學與哲學家的德日進神父（Teilhard de Chardin, 1881-1955）。鄭神父曾邀我在服務中心與法國來訪的另一位德神父認識，原來這位德神父是德日進專家，此次來台為尋覓一位譯者，可以將他帶來的一本介紹德日進思想的英文小書譯成中文，神父推薦了仍在念大一的我。聽著兩位神父述說德日進神父這位科學家在勘察地質、挖掘考古的荒漠中體會造物主的大愛，那樣深刻的宗教經驗，是人神之間生命交換的天啟奧祕，是我記憶中一個動人心魄的瞬間。他們說德日進用詩意的文字將自己比喻為一麵餅，奉獻在大地的祭台上。

我深受感動，與兩位中年神父從下午談到晚上，並留下來晚餐。英文小書的書名只有三個字，就是德日進的法文名字。我譯好後，小書分兩次在項退結主持的《現代學苑》刊出，題目成了「向時代挑戰的人：德日進」。日後又以小書形式出版，書名樸素簡單，就叫《德日進思想簡介》。

陸神父在文集中寫德日進，寫他在沒有聖堂的山巔，面對著渺遠的地平線與線上東昇的旭日做彌撒，因而悟出了「宇宙聖祭」的概念。我來回誦讀，一次又一次從想像中複製天父的創造，在心靈深處回應上主的話語。

一直知道德日進參與了周口店的挖掘，發現了北京人，去年暑假我生平第一回作故鄉之旅，在大西北張家口市陽原縣的泥河灣遺址，參觀了泥河灣博物館。陽原縣境內本是研究舊石器時代人類起源與第四紀地質學的寶地，我在高牆的展板上驀然見到德日進的相片，竟油然而生他鄉遇故知之感，混淆了時間與空間的定義。展板上說一九三〇年德日進考古隊發現了三趾馬專喝泥河灣的湖水，將人類的起源推早到距今兩百萬年前。他橫過大漠時一定是在冥想造物的神奇！而我看著展板上的神父，想著五十年前譯那本小書時，沒有從第一章譯起，而是從第四章開始的，標題是「人的出現」。德日進一上來呈現的是第四紀的大地，叢林百獸之間，出現了身形矮小的直立人，這一幕是如此波瀾壯闊，我在五十年後仍能感受到初讀時那巨大的心跳。

我要說的第二位神父是張志宏神父（George Donahoe, 1923-1971），他是美國人，創辦了耕莘寫作會，也就是陸神父在其基礎上奉獻了四十年生命而使文學小院開滿花朵的工作。也是在大一那年，台大中文系系刊《新潮》登出了我上大學後所寫的第一篇文章《從聯考到放榜》，是我班導師葉慶炳教授在國文課上所出的第一篇作文題。不知怎麼張神父看了文章，託了一位歷史系三年級的學長約我去耕莘見他。看著幾近全盲的張神父，用中文讀出我文章裡他最喜歡的片段，那雜誌拿的離他厚厚的玻璃眼鏡片大約兩指之處，我耳中聽到的是我大專聯考完了，蹲在地上把所有的講義拿去燒洗澡水；他喃喃唸著，是我，靜靜看著那些紙化成了灰。神父費勁地唸著，臉上帶著一抹微笑。我告辭的時候，神父給了我一個信封，裡面裝著新台幣五百元，神父說是給我的文學獎學金。

大三暑假我參加了寫作會，第二年寒假張神父帶著百多位學生，在橫貫公路上被載滿木頭的大貨車在轉彎時撞落立霧溪畔的山谷意外身亡，那年神父四十九歲。我參加了他在彰化靜山的追思彌撒，許多人哭著說：「這麼好的人怎麼可以死得這麼慘？」我彷彿知道上主的美意本是如此，但卻不明白為什麼這樣早把神父接回天家是一種美意。

鄭神父與張神父這兩位司鐸，可以視之為陸神父的師傅罷？在我成長的日子裡，他們也直接教導了我。而我之於陸神父，受教的時間雖短，但總能在旁感受到他哲學家思辨的風采與不經意間流露出的慈懷。這本散文集自然是陸達誠神父的心曲發為新聲，是從他自己輻輳出去充滿聖神的靈修協奏曲。

若以陸神父出身耶穌會士的視點來看，他的時間軸上到萬曆年間來華、後與徐光啟合譯《幾何原本》的利瑪竇，康雍乾三朝的宮廷畫家郎世寧，相信演化論不與神的創造相違背的德日進，而最重要的自然是十六世紀前葉創立耶穌會的會祖依納爵與他的神操。

陸神父可以在篇幅不大的散文中，清楚解釋了理想的耶穌會士是神操薰陶出來的第二基督。他操練自己，始於淨化靈魂，繼之則效基督，終於認同耶穌受苦的價值觀，以成為真正的「小者」，其表徵即在耐窮與受辱。我一直不能明白神父修女甘貧守貞的誓言，甚至以為是否有些抱殘守闕，違反人性，大學時也曾積極呼籲天主教會放寬神職人員獨身的限制。不談制度，單從神修說起，就是有陸神父這樣的人，選擇了終身修道的生活。他在寂靜到幾乎無聲的樂音裡，進入與主契合的神祕之境，那種至純是不是有如在山上親眼目睹主顯聖容，沐浴在一片金光之中？嚮往於那樣的至善與至美，其他的相對都不重要。

時間軸再往下拉，陸神父寫了很多神職與教友，他們的人與事。我特別想談談大陸政權易手時滬上的情況。陸神父敘述從一九五〇到一九五五年大陸政權驅逐教廷公使與所有外籍教士之後，上海教區在龔品梅主教的帶領之下，從神父修士到教友公青共同以受難基督的方式，或坐監，或殉道。只說龔主教身陷囹圄廿八年，當時徐匯中學的校長張伯達神父亦為信仰死於監獄。然而他們培養出來的學生走向天涯海角，來到台灣的，因緣所至，在我的青春歲月裡，陶我塑我。一如城破時，有人走，有人留。出走的與留下的皆以身證道，在各自的崗位上以基督的愛來成全律法，我終於明白他們是以苦與辱來成就上主的美意。無論何時，只要聽見略帶上海口音的國語，總是感到特別親切。

活過了大半生，屢遭坎坷的路途上最為傷情的是受辱，雖然耶穌受難的過程就是一層重過一層的羞辱，而祂已為我們將此種種不堪都釘在十字架上了，我仍常為一些難防的暗箭而自苦。我問自己：是把自尊看得比十字架更為重要嗎？聆聽陸神父協奏曲的每一個小主題，對人對事，他開放的胸襟與悲憫的懷抱都令我感到洗滌後的淨化，但願在俗的我也可以透過主所創造的世界，奔向美善的終點。

二〇一八年七月廿五日於東海

【作者序】

誤闖了，又回來了（我的文學天地）

「誤闖了」什麼？

「誤闖」指一個念哲學、教哲學的人，走入了不是他專長的文學領域。

一九七六年，筆者從巴黎研讀法國哲學六年後返國，耶穌會省會長派我到耕莘文教院擔任文教及寫作會主任。文史哲本是一家人，讀了哲學而去做文學工作，不能說是誤闖，但筆者在這之前，從一九六三年去馬尼拉、一九七〇去法國十三年間，除了三年在輔大念神學外，所思所讀所寫的不是英文就是法文，中文變得很生疏。而耕莘文教院位於台灣最旺盛的文教區，周邊都是名校，來耕莘學習寫作的年輕人應該都有潛力成為台灣文壇的明日之星。讓一個不諳文學創作的人去帶領，不能不說有些過份，故以誤闖稱之。

寫作會前主任鄭聖沖神父（光啟出版社社長）告訴我：有郭芳贄先生做祕書，由他統籌，沒有問題，你大可做個掛名會長。筆者乃安下心來，接受了此職務，遂踏入了文學天地。名家來授課時，我去旁聽，聽多了，就學了不少寫作祕笈，也開始「舞文弄墨」。

一九九五年我在輔大宗教系任教時，光啟出版社甘國棟社長邀我出版一本散文集，他的助理來輔大挑選了一些散文，次年出版了《似曾相識的面容》（光啟出版），收錄三十四篇文章。

接著，主徒會的劉嘉祥神父也來電，邀我在他主編的《恆毅雙月刊》上寫專欄，看來大概他看到了我那本散文集。這樣，我開始了寫專欄的生涯。劉神父在幾乎每期「編者的話」中寫幾句獎掖筆者的話，令筆者受寵若驚，在他鼓勵下我不再輟筆。甘、劉二位神父是引導我養成寫作習慣的貴人。八年後我在輔大出版我的第二本散文集《候鳥之愛》，收錄九十六篇我在《恆毅》發表過的文章。

十四年過去了。最近翻翻舊作目錄，未發表的約九十餘篇，乃又動出版之念。但尚欠二個東風：書名及名家的序。我想起了在東海大學的童元方教授。元方在五十年前進入台大時，我已認識。此後她在美國深造，得俄勒岡藝術史碩士及哈佛博士。嫁給科學、文學雙料專家陳之藩先生後，夫妻朝夕切磋，使她拾級而上，目窮千里，應是寫序的最好人選。但她必然日理萬機，無暇作序。焉知她接到我的邀請後，立即應允。今暑以《靈修協奏曲》為名的序文終於降落到我的電腦中。《靈修協奏曲》此名正合我意，它充分表達了我生命及寫作的心態。故我把此序名用作我新書的書名，可謂一舉兩得。

筆者幼時，喜讀章回小說；稍長，又迷於翻譯小說、及五四後的新文學。所以文學一直是我青少年時代的最愛。讀了哲學，使我有了新歡，但文學夢還留在我的心底。寫作會的工作喚醒了我心底之夢，故可以說我回來了，回到了我心靈的故鄉。

「又回來了」，指的是我不願再只做哲學理性的囚犯——只研究和撰寫論文，我要寫兼有知、情、意的生命體驗。《靈修協奏曲》的九十八篇文章都是靈修經驗，蘊藏由音樂性格表達的赤子天真之心。

目次

社論

書序

隨筆

思辨

追憶

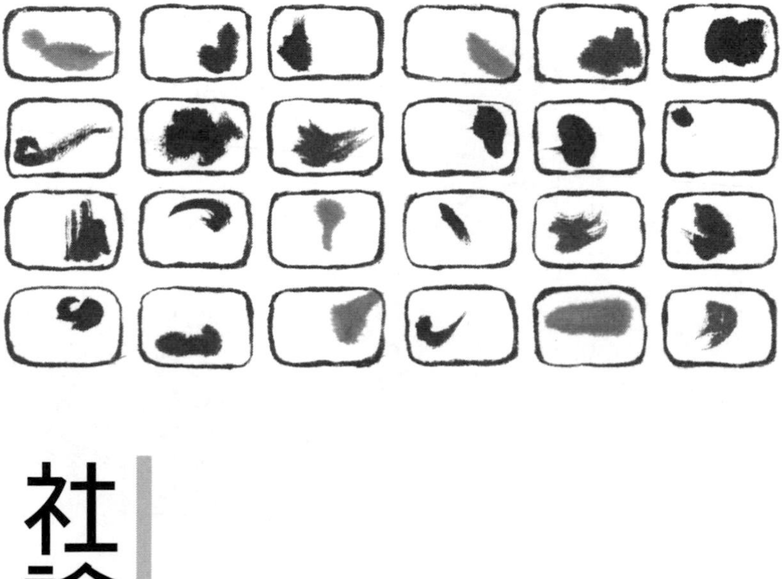

社論

母親節談聖母（母親節前夕的證道）

聖母月講聖母是理所當然的事。教會一直在星期六（即瞻禮七）特別恭敬聖母，而今天是聖母月內的星期六，明天又是母親節，天主給我們安排了一個特別紀念她的機會。聖母可以說是一切母親的母親，連天主自己也稱她為母親。所以母親節對我們有信仰的人而言，首先應當感念聖母瑪利亞，她是一切天主子女的母親，是耶穌基督的母親，也是教會的母親。當然我們並不因此忘記自己的母親，無論是還在世或已逝的，因為天主願意我們孝愛自己的母親。

很巧的是，舊約和新約開始時都有一個女人，舊約開始時的女人名叫厄娃，新約開始時的女人就是聖母瑪利亞。舊約開始時的女人，我們稱為人類的母親，而新約開始時的女人，是天主子女的母親，可稱為新厄娃；當然也包括了那些現在還不是，但是將來會成為天主子女的人，瑪利亞是天主的一切子女的母親。

舊約的厄娃是從亞當身體中取出來的，是後於男人而存在的。新約中的厄娃則是由她生出了救主耶穌，可以說是先於男人而存在的。人類第一個女人的角色是做第一個男人的同伴。新約中的第一個女人是為做「人而天主」的同伴；第一個男人與第一個女人生了全部的人類。第二個男人與瑪利亞則生了一切的天國子民。天主給第一個男人與女人最大的禮物是「自由」，但他們妄用自由做了一次反對天主的行為。第二個男人與第二個女人，則用他們的全部自由來愛天主，把自己的一切交還給天主，使天主能達到造世界造人的目的，即使天主的愛通過了受造物歸還到天主自身。一切人類之獲得救恩，是因為耶穌基督的功勳，而耶穌基督一直在瑪利亞的合作之下完成了祂的救恩事業，因此將來天國的子民都會將焦點同時集中在耶穌和瑪利亞身上，瑪利亞是一切聖人聖女的喜樂。

現在舉幾個例子來看瑪利亞與天主之間的默契。二千年前天主選了一個猶太少女，派遣天使去向她報喜道：「萬福，滿被聖寵者」。這「滿被」二字即表示說：「我天主愛你愛到了極點，對整個世界的愛在你身上完全顯示出來了」。瑪利亞之為天主所愛，因為她全心愛天主，愛到不需要愛其他的男人。她發了童貞願。童貞表示不需要經由男人的愛而進入到天主的愛中。瑪利亞直接進入到天主的愛中，而天主的愛也滿滿地移進瑪利亞身上。

藝術家畫了一幅畫之後，他會喜歡它，因這幅畫是他內在美的外射，但畫是靜態的，一旦完成就不能更好、更美。同樣，一個音樂家也可以將他內在的美表現在外面而有所創作，然而樂曲一旦完成，亦不能變得更好、更美。只有瑪利亞是例外，因為她是天主所造的活的藝術品，所以不停地在變，變得更完美、更可愛。而聖三內的真善美，傾其所能在瑪利亞身上不斷地再展現。瑪利亞像一面三菱鏡，將強烈的陽光折射出來，使我們的肉眼看了之後，不但不覺得刺眼，反而體會其可愛可親。

甘地曾說過一句話：「愛加美是純潔。」通常我們把美看成高峰，會說愛加純潔是美。然而甘地將純潔看得更高，超乎愛與美之上。這句話在瑪利亞身上具體地實現了。瑪利亞的純潔那麼叫天主喜歡，以致天主自己也被她吸引，願意進到她內，成為她的孩子，取其容貌、血型與個性。天主也願意其他所有人被瑪利亞的純潔美麗所吸引。天主用這個方法，使人通過瑪利亞走向自己。而瑪利亞從未辜負過天主，她不斷地將自己的一切交還給天主，引導所有被她吸引的靈魂歸向天主。

再看聖子在降生後同瑪利亞的關係。耶穌只在瑪利亞的懷抱中才獲得了安全感。這個世界很像卡繆所說的常給我們處身「異鄉」之感。耶穌進入的是一個抗拒祂的世界，誠如若望宗徒所說的：「光進入世界，而世界寧願黑暗，不要光。」世界不但不要祂，還要釘死祂。就在這個陌生世界中，天主造了瑪利亞。有了她，天主就可以安心地將兒子交出來，以完成祂的承諾了。天主對瑪利亞的絕對的信任是件極了不得之事。

此後由瑪利亞身上，耶穌學到心靈的細膩，關懷諒解等美德。耶穌真是瑪利亞的兒子。我們應該多麼感激聖母，因為有了她，天主才能成為厄瑪努爾，不僅兩千年以前，現在也通過聖體聖事，繼續同我們在一起。

最後從瑪利亞本身來看。古時有人獻蔬果及牛羊給天主，瑪利亞則獻上她的兒子。聖母獻耶穌於聖殿那天，一個八、九十歲的老人西默盎看到聖母手中的嬰孩，就在聖堂中高興地跳起舞來，他終於等到了這久待的一天。另一位老人亞納也是一樣。她一接觸到瑪利亞時，就體會到聖神而感動，忍不住大聲讚美天主，這象徵整個人類歷史的轉機；人有了救主，也有了母親，世界開始有希望了。

今天要將我們自己的一切焦慮暫時放下，設法進到聖母內心的喜悅之中，分享她在做母親時所有的感受。我們也要許諾做她的一個好子女，常常使她更高興。若我們中間有些教友的母親尚未領洗，我們要求天主使她們能認識瑪利亞，有一天也稱她為母親，也像西默盎、亞納一樣，大聲讚美她。

各位親愛的教友，今天我們就以恭敬瑪利亞的心情來過這個母親節。我也深深地祝賀那些已經是母親的教友，希望你們分享到瑪利亞的喜樂，更希望你們將來帶著你們的子女來到瑪利亞的面前奉獻給她，因為她也是你們子女的母親。

（一九八一・五・七）

從梁弘志去世談起

梁弘志先生於十月三十日去世了，媒體廣泛報導，歌星發表談話，對他深表敬意或感激，其中不少人認為是梁弘志使他／她成名，如紅遍兩岸的蔡琴。

梁先生得病後，三個月中大家早有所聞。媒體報導他的病況時，常會提到他的信仰。梁先生多次表達他已把生命交在天主的手中，他已準備好回歸父家。在三軍總醫院住院期間，他選擇了安寧療護病房，這是為末期病人所設的病房。那裡以照顧（CARE）為主，而不是治療（CURE）。聽說該院的緩和藥物效果良好，所以梁先生的疼痛相當好地被控制住。他一直到去世前都能清楚地與親友談話，訴說自己的感受，包括提出自己不了解的困惑。

聽說在他去世前一天，有一群教友陪著本堂神父去探望他。他向神父問了一個問題：「為什麼天主要這麼早收回我的生命？」

那位神父沒有給他一個令他完全滿足的答案。

梁先生這個內心的問題好像懸而未決。

四十六歲還算是前中年期罷。這麼一個音樂天才本來可以再寫出更多美好的樂曲，使社會更趨和諧，使愛樂者更快樂。不過天意異於人算，天主現在就要給他一個更豐富的新生命，而把創作的辛苦任務留給其他新秀。莫扎特、舒伯特不都是英年早逝的天才嗎？靈堂中出現的「天妒英才」，其來有自。

有信仰的人，包括病者本人，雖不明白何以厄運會降到自己身上，但不同於無信仰者，他們會，甚至甘心地接受生命中的悲劇。我們的領袖耶穌基督就是這樣的一位，不過祂應該比其他人多知道一些受苦的真諦吧！祂已知道為什麼自己要受苦，所以不求知道，但求免受苦難，或忍受苦難的毅力。

我們凡夫俗子之所以有勇氣、有力量忍受苦難，因為耶穌在我們之前已忍受了苦難，給了我們受苦的榜樣，並且在我們的苦難中，祂進入了我們的苦難，祂與我們同行，還協助我們背十字架。難怪殉道聖人往往表現出超人的氣魄，甚至好像超過耶穌。只靠我們自己，我們真的會那麼行嗎？

梁弘志先生如果在去世前未能獲得他的「為什麼」的滿意答案，至少他有力量走過生死關卡，並且很真實地告訴別人，他把自己完全交付給天主，他接受天主對他的安排。所以他還是死得很平安，他的死亡是耶穌型的死亡。他還是一個很幸福的人。把愛還諸天地，也把一切成果還諸天地吧！讓天主受光榮。

十一月是煉靈月，教會要我們記得「諸聖相通功」，要我們記得受苦教會內的兄弟姐妹，要我們奉獻善功，並為他們祈禱。我們知道也相信死後有一個更美好的生命在等待我們，淨化過程是短暫的，而在去世前慷慨接受天主給的各種磨煉的靈魂可以減少煉獄的磨煉。那麼在煉靈月中，讓我們一面多為煉靈奉獻，一面也提醒自己煉獄的罰款是可以提前支付的！

（二〇〇四・十一）

不怕死的年輕人

下面要介紹的二位不怕死的年輕人，一位姓黃，已得資管碩士，廿八歲，另一位姓盧，大一學生，已服役。

上月某日，暨南大學李家同教授來電，要筆者聯絡一位住台北的他的學生。後者姓黃，已畢業於暨大研究所，最近發現罹患末期肝癌，且已擴散，大約只剩一個月的生命了。李教授在台北見過他，知道他對天主教信仰有興趣，希望筆者與他見面。

筆者本願立即與黃先生聯絡，只因忙著趕寫一篇臨終關懷研討會的論文，規定交稿的日期已過了。只得忍住三、四天，等文章寫完後再聯絡吧。這是一個不小的冒險，因為末期癌症的病情是難以預料的。

數天後一個下午，大一的盧同學來辦公室談話，筆者忽然想起打電話的事，就請盧同學忍耐一下，等打完電話再同他討論。與病危的人講話有個伴比較好吧！

黃先生用溫和的聲調回應。他很願意與我見面。不過該週他與家人要去新加坡玩四天，下週可以。我們約定了下週四在輔大見面，他對新莊很熟，二三五公車可從家中直達輔大。

盧同學聽了我們的對話，表示關切。二天後，他來找我，他說他的血型是O型，他願意把自己的肝送給黃先生。筆者驚愕之餘，問他怕不怕開刀，怕不怕不能參加期末考，怕不怕死？

他說他不怕死，死了可有另一番經驗；至於贈肝，他以前看過醫書知道沒有問題，肝會再長出來；期末考不重要，人命重要。

盧同學喜歡念哲學書，信仰方面比較熟悉的是佛教，但不以佛教徒自稱。對生死如此豁達，筆者從未見識過。

下週四黃君應約來了輔大，頭戴紅色鴨舌帽，上身穿藍衫，配白色短褲，筆者騎自行車去校門迎接他時，按照他電話中的描述一眼就能認出來。他很自然地與我打招呼，一起從理學院的龍形走廊踱向羅耀拉樓。坐定後，我們一面喝茶一面開始交談。

他是騎摩托車來的，因為他願意在回家路上去看幾個水族館。哇塞，這哪裡像癌末病人？他很大方地回答我的一切問題。當他知道筆者的學生願意贈肝時，他說他的肝癌細胞已擴散到肺裡，換肝大概無用了。以後他提到李教授，說他們最後一次見面時，李教授顯出以前從未見過的嚴肅，關切地詢問他的病況，並提及信仰問題。看來病者本人一點都不著急，倒是別人比他更擔心。

我們一共談了兩個小時，他精神抖擻，不顯疲憊。他的母親已出家為尼，他自己並不傾向佛教，但對其他宗教亦無特殊接觸，似乎亦無需要。總之，在面臨死亡的前夕，他顯得風平浪靜，毫無焦慮之感。筆者將才寫完的一篇論文〈天主教的臨終關懷〉和一些有關生死學的文章和書送給他，他欣然接受。

黃君離去之後不久，盧同學下課來看我，問我黃君如何回應。當他知道黃先生的癌細胞已跑到肺裡時，立刻說他也可以割肺。筆者心中忍不住大喊：「哇塞！我遇到了神仙了！」把黃君的手機號碼抄給他，希望兩人直接商談。第二天盧同學向我說他們已通過電話，談了十分鐘。黃君非常感謝他的好意，但說癌細胞已擴散到許多地方，割肺不夠了。盧同學乃放下了捐贈肝肺的念頭。

這幾天，筆者會與黃君再聯絡，為知道他的近況，並詢問他看了我給他的文章有什麼想法。是否有恩寵的跡象。不過筆者知道他的心情還像以前一樣：風平浪靜。

這樣一篇報導可以用作社論嗎？這要請諸位長輩和睿智讀者來判定了！

至少，請您在祈禱中不要忘了他，求天主給他「被愛」的經驗，使他在平靜的內心深底湧出一股希望和喜樂的噴泉來。讓慈愛的天父親自來迎接他。謝謝您！

（二〇〇五・六）

神親

一位寒假中回家過節的越南修女，開學後神清氣爽地回到台灣。一個月的探親休假，使她消除了多年來在異地求學的辛勞。有一次她提到了她的返鄉生活：她在兩個地方住過，一是她的修院，那裡有一百位修女，還有一百位望會生，另有二百位修女在其他地區傳教或進修。其次是回娘家，即回到她父母居住的地區，她有四個姐姐和若干弟兄，其中大姐有八個小孩，二姐六個，三姐五個，四姐四個，加起來共有廿三個，還有哥哥和弟弟的小孩，都住娘家附近，可以想像全家聚在一起的熱鬧，真可謂喜氣洋洋。這個穿著修女服的阿姨一定變成了「小鬼頭」，受到全家歡迎的眾星拱月的「月」。

在她的本家和修院外，修女又提到了另一個家，這是她乾爸爸的家。每年年初二她都會去乾爸家拜年。她的乾爸是誰呢？

修女的乾爸是一位本堂神父，她自小就認識。每年新年去拜年的不只她一個乾女兒，還有好多呢！今年去了十位神父、廿位修士乾兒子，八位當修女的乾女兒，可以想像其盛況。這些走聖召之路的親人是那位神父多年來認養的。有些聖召由他出資栽培，另一些是由他陪伴而一路走過來的。每年初二來給乾爸爸拜年時，他們相互熟悉起來，變成了兄弟姊妹。奉獻給天主的年輕人一年一次相聚一堂給乾爸拜年，該是多快樂及溫馨的事。這位爸爸愛護他們，喜歡聽他們的故事，也告訴他們自己的福傳經驗和計劃，如蓋新堂之類。總之，這種在信仰中締結的情誼，使每位乾子女有回家之感，與回其本家相比，平分秋色，或可謂有過之而無不及。因為這裡有天主的愛，是耶穌的親臨使他們心靈交融。臨別時，乾爸給每人一個紅包，金額折合台幣五百元左右。聽了這個故事，您有什麼感想？

台灣有許多父母不捨得子女修道，如果看到修道的孩子可以這樣過新年，一定較會放下一些不捨之情吧。修士修女在決定奉獻及修道過程中，難免有困難及掙扎，如果有個「乾爸」，可以交心，應是多美的事，尤其是這位乾爸本身有過同類經驗，可以傳授祕笈。最重要的是他有一顆溫暖的心，像天父一樣愛你／妳，聆聽你／妳，幫助你／妳，包括給予物質的需要。有一天這些年輕人會同樣幫助別人，做別人靈魂層面的父母，把基督的愛傳下去。至於那些本堂神父，他們獨自一人在某一地區，遠離父母和修院中的同學，往往孤軍奮鬥，難免孤獨，如今在一個有神親結構的教會中，心靈有某種歸宿，不會覺得無助。當然如果本堂神父有那麼多神親，會難以招架。

有人會說，雖然在我們生活的地區，沒有人叫神父「乾爸」，但我們雖無其名卻有其實。神父的「父」本身即是。您說得對，但「乾爸」這個名稱還是不一樣，它帶給人無限的親切感，大大地縮短了人與人的距離。並且社會大眾容易了解其涵意和它帶來的關係。一般來說是非常正面的，肯定的。

獨身制度是天主給我們教會的神恩，它是一個制度，不錯，但它更是一種特殊恩寵的代名詞。多少聖德是藉這個恩寵而出現的，聖人德蕾莎修女（Mother Teresa, 1910-1997；二〇一六年九月四日列聖品）便是最好的例子。我們相信越南教會蒙天主特寵而能開發大量優秀的聖召，而他們在信仰路上已有的創造性的突破方式，實可為台灣教會的借鏡。

（二〇〇六・三）

Kiss的祕笈

前年（民國九四年十一月）北京中央電視台的「百家論壇」邀請于丹講《論語》。一年後（九十五年，十一月）北京中華書局將其演講內容出版，名為《于丹「論語」心得》。初刷六十萬冊，新書發表會人山人海，作者給粉絲簽名花了八個小時。一個月後該書已經四刷，兩個月不到售出百萬本以上。可謂中國出版界的奇蹟，令人生羨。

今年四月于丹飄然過海，降落台灣，在台北也舉行了一場新書發表會。台灣名嘴陳文茜做她的搭檔。後者稱她把《論語》變成了心靈雞湯。二人對著麥克風一口氣「說書」廿分鐘。陳文茜說于丹講話「只有頓號，沒有句號」，可見其伶牙俐齒到什麼程度。她說：

> 于丹談《論語》所以走紅，原因之一是她以女性形象成為孔子代言人，之二是她把《論語》從講台上的規矩傳道，變成「讓心靈愉快的方式。」[1]。

于丹是北京師範大學傳播學院的教授，碩士論文研究先秦兩漢，博士階段主修傳播。所以她講的《論語》有傳播學的特色。傳播學有一個原則叫kiss。什麼是kiss呢？kiss是「Keep it simple and

---

1 〈文茜讚于丹：把論語變心靈雞湯〉，《聯合報》，二〇〇七年五月一日A十四版。

stupid.」這個原則使于丹把嚴肅的古書寫成普羅文學，老少咸宜。

于丹出版的書計有《當論語遭遇于丹》，《孔子很著急》，《莊子很生氣》，《解「毒」于丹》等。從書名可知其文風。的確非常simple及stupid。

說實在，愚蠢而簡單的書籍不會得到學者青睞的，教授們已習慣吸收了中外名著的文本精華，不會喜歡上簡易的「翻譯」，覺得後者失去了原文的口味，好像加了水的法國紅酒，淡而無味。另外有些原典，內容非常形而上，含有真善美聖的品質，要簡化之，使它們易懂，還勉強可以忍受，但要把它們愚蠢化，則絕對受不了。聖與俗是對立的，不可與神聖開玩笑。所以于丹用傳播原則使我國古典聖籍變成簡易的大眾書，但她對《論語》還是充滿崇敬的心情，她沒有把《論語》變成一本愚蠢的書。于丹有她的分際，所以並未貶抑孔子的聖道，卻使孔子之智慧多了幾百萬的新讀者，于丹不愚也。

我們的聖經包含大量的神聖訊息，於是非對錯有很明晰的判斷，依其本質，不易寫成簡單愚蠢的大眾書，但我人如果向于丹借鏡，或許可以找到突破福傳瓶頸的妙方，寫成kiss型的新書，使大批讀者愛不忍釋，人人稱譽。難道這不是值得大家思考的建議嗎？

我們需要培養于丹型的作者，使我們的信仰充滿諧趣，而把我國文化與基督信仰的相遇推向另一高峰，這或許是于丹現象提供給我人的啟示吧。

（二〇〇七・七）

基督教的奇葩

基督教從十六世紀迄今，有無數奇葩，他們的信仰、聖德、福傳、功業……無人懷疑。馬偕就是奇葩之一。這裡要給大家介紹的是當代的一位牧師，在他的著作和出版中出現了大量的天主教的資訊，好像他筆下這些天主教聖賢就是三十年來最吸引他的信仰典範。他念他們的書，研究他們創立的團體，學習他們的靈修方法，使他整個靈魂吸滿了天主教的聖德芬芳，他的文字為天主教的讀者是完全不陌生的，他寫的人物大部分是我們的聖名。他雖然也寫加爾文和路德等新教神學家，但他寫的天主教聖人遠超過新教的偉人。我們看了這篇社論，就知道上面數行絕不是誇張虛構，因他實是一位有天主教靈魂的牧師，稱他為「奇葩」毫不為過。

這位牧師是新竹聖經書院的院長劉錦昌。[1]他原在台南神學院任教，並為該神學院的圖書館主任。數年前赴新竹高峰路當聖經書院院長。不久，大批的靈修書籍出現了。其中最壯觀的一本是他自己的作品《基督信仰的靈修觀》上、下共九百四十七頁，[2]分教父期、中世紀、宗教改革及當代的靈修，三十六章中有二十八章是天主教靈修。八章和二十八章是不成比例的。就此書而言，可知他是一位異類的新教作者。這本大書中談論的天主教靈修師有哪一些呢？除了眾所周知的本篤、奧斯定、方濟、

1 作者按：一九五七年院址在竹北稱為「聖經學院」，一九六二年院址在高峰路更名為「聖經書院」。

2 劉錦昌，《督信仰的靈修觀：人物與思想》，新竹市：臺灣基督長老教會聖經書院，二〇一二年。

道明、多瑪斯、大德蘭、十字若望等大師，作者也寫盎博羅削、賈仙、伯納德、文德、艾克哈、朱莉安、高薩德、紐曼、德日進、牟敦、盧雲……等天主教的聖德之士。

為什麼這位長老會的牧師對天主教的靈修情有獨鍾呢？可能有些特殊的際遇，使他容易接近天主教吧。不錯，在他另一本名為《神學的知識論》（二〇一一）之序中，[3]他提及求學過程中與天主教學者交往的經驗。他先在政大念哲學，後赴輔大念哲研所及神學院，其間接觸到的老師計有：羅光、柴熙、趙雅博、李震、孫振青、房志榮、張春申、谷寒松、溫保祿、武金正、黃懷秋、陸達誠等，幾乎囊括了所有天主教神哲學的教授，而這位年輕的學生暢開胸懷大量吸收天主教對聖經的詮釋，且與新教神學不停對話，而增加了對課程的領會與消化。在靈修方面，天主教和新教幾乎沒有衝突，他可暢行無阻地在此大道上飛馳。他不但了解，且融會貫通。事實上，靈修無國界，不但基督教的，甚至佛教、伊斯蘭教、印度教及我國儒家的靈修都易交流，互通有無，在誠懇的對話中不同信仰的與談者逐漸成為莫逆之交。

劉院長在聖經書院出版的其他書籍和期刊也富有天主教的氣息。他出版過二本李純娟修女的作品（《追夢築夢——靈修本土耕耘三十年》，[4]《耶穌也夢蝶》[5]）。名為《心靈饗宴》的四本期刊，一本

---

[3] 劉錦昌《神學的知識論：理性在信仰中的定位》，新竹市：臺灣基督長老教會聖經書院，二〇一一年，頁八——一〇。

[4] 李純娟編著，《追夢築夢：靈修本土化耕耘三十年》，新竹市：聖經書院，二〇一〇年。

[5] 李純娟，《耶穌也夢蝶：默觀祈禱手冊》，新竹市：臺灣基督長老教會聖經書院，二〇一二年。

專題是奧斯定，另一本討論牟敦的社會正義與靈修。[6]《文德的基督論》是李純娟修女譯作。[7]《寧靜的改革者：十二世紀明谷伯納德》有譯文及創作，包括劉牧師自己的文章。[8]

劉牧師那麼喜愛天主教的靈修，著作及出版了許多相關書籍，好像與其他的牧師不同。其實他的動作只是反映了基督教內對靈修渴求的潛在需求。新教的牧師去淡水聖本篤會院及彰化靜山避靜的消息時有所聞。校園書房借過耕莘文教院請耶穌會主持「神操」講座。中原大學前校長王晃三先生在靜山避靜後與王秉鈞神父結了深緣。還有葉寶貴老師的神操陪伴，都接觸到新教熱愛靈修人士的渴望。[9]我們也有了挑戰，是否天主教也應到新教的傳統和著作中取經，學習及吸取他們的靈修精華呢？

總之，劉錦昌牧師的作品帶領我們了解二教派之靈修交談的新世紀已經開幕了，但願這個消息帶給我們喜樂與活力，並藉此文推廣他的作品，使這朵奇葩能在所有的基督花園中怒放。

（二〇一二・八）

6 劉錦昌總編輯，《教父神學與靈修專輯》，新竹市：臺灣基督長老教會聖經書院，二〇一〇年。
7 劉錦昌總編輯，《社會正義與靈修：Thomas Merton之靈修與思想》，新竹市：臺灣基督長老教會聖經書院，二〇一一年。
8 文德聖師（St. Bonaventure）著，Zachary Hayes英譯，李純娟中譯，《何許人也？文德的基督論講章》，新竹市：臺灣基督長老教會聖經書院，二〇一一年。
9 碧岳十二世（Pius XII）等著，林霓玲執行編輯，《寧靜的改革者 十二世紀明谷伯納德》，新竹市：臺灣基督長老教會聖經書院，二〇一一年。

衆神的花園

多年前，聯合報副刊前主編瘂弦先生曾戲稱該副刊是「眾神的花園」，此稱殊妙，聯副的眾多朋友（作者與讀者）一致叫好。

筆者初聞此語，立刻想到「耕莘青年寫作會」，覺得這可成為形容本會一個再恰當不過的名詞。「眾神的花園」一語把我們如憑虛御風般攜回到二千五百年前的希臘，看到的是：香氣撲鼻的萬紫千紅、纍纍碩果、藍天白雲、和煦的太陽。這些描寫的確突顯了副刊的特色，眾神遨遊其間，得其所哉。耕莘寫作會何嘗不是如此。眾多的神明（老師和學生）漫步遨遊其間，樂不思蜀。耕莘寫作會與聯合報副刊的規模固然不可同日而語，但確有類似之處。

一九六三年耕莘文教院在台北溫羅汀文化區（台灣大學附近的溫州街、羅斯福路、汀州路）落成。院內除了住著在大學授課的十多位神父以外，還有英美文學圖書館、心理輔導中心、原住民語言研究中心、多媒體教室、展演用的大禮堂、不少教室、中型聖堂，以及大專學生的活動場地。它很快地成為台北年輕人最愛的文化中心之一。

四年後（一九六六），耕莘創設了兩個社團：一個是深入山區窮鄉僻壤耕耘的山地服務團，另一個是可譽為「眾神的花園」的寫作會。兩會的創辦人是美籍張志宏神父（Rev.George Donahue, S. J., 1921-1971）。該二團體甫成立即為耕莘帶來大批青年才俊，使原本靜態的研究中心從一層到四層充滿了喧囂嘻笑之聲，整幢房子變得年輕活潑。隨著各種講座的開設，文學的氣氛亦變得濃厚起來。

我們要稍微介紹這位創辦人，為了解這個文學花園的特色。張神父創辦寫作會那年約四十五歲，在台師大英語所授課。他左眼失明，右眼弱視（看書幾乎貼鼻，他最後一次回美探親時，學了盲人的讀字法），聽覺味覺均欠佳。這樣一位體弱半老的人如何會有此雄心壯志，令人感到不可思議。

張神父在一九七一年二月寒假期間，帶了一百廿位年輕人去縱貫公路健行時，因躲閃不及被一輛貨車碰撞，跌落崖谷去世。追悼大會在耕莘文教院的教堂舉行，參禮的人擠到水泄不通。下面筆者願意引述數位名作家的話來說明張神父給人留下的印象。

謝冰瑩女士用對話的口吻說：「張神父，您在我的心中，是世界上少有的偉大人物，您是這麼誠懇、和藹、熱情，有活力；有為人類犧牲一切的博愛精神。」[1]

朱西甯先生說：「初識張公這麼一位年逾花甲[2]的老神父，即備受中國式的禮遇——那是一般西方人所短缺的一種禮賢下士的敬重，足使願為知己者死的中國士子可為之捨命的。命可以捨，尚有何不可為！我想，這十多年來，耕莘青年寫作會之令我視為己任，不計甘苦得失，盡其在我的致力奉獻，其源當自感於張公志宏神父的相知始。」[3]

張神父那天聽了朱老師講張愛玲的小說課後，幽默笑說：「我今天才知道我們張家真的了不起——沒法子，我也跟朱老師一樣，成了張的fan了！」[4]

---

1 謝冰瑩等著，陸達誠、趙可式編，《葡萄美酒香醇時：張志宏神父紀念文集》，臺北市：耕莘青年寫作會，一九八一年，頁二。

2 張神父去世時僅五十歲，朱西甯先生說「張公年逾花甲」，是因為寫此文時正值張神父去世十週年，冥壽六十，六十年為一甲子，故可稱「年逾花甲」。

3 《葡萄美酒香醇時：張志宏神父紀念文集》，頁一一。

4 《葡萄美酒香醇時：張志宏神父紀念文集》，頁一三。

張秀亞老師記得張神父如何尊師重道。她說：「為寫作班講過課的朋友都記得，課間十分鐘的休息鈴聲一響，著了中式黑綢衫的您，就會親自拿著一瓶汽水，端著一盤點心，悄悄地推開黑板旁的小門走了出來，以半眇的眼睛端詳半晌，才摸索著將瓶與盤擺在講桌上。下課後，有時講課的人已走到大門外，坐進了計程車，工作繁忙的您，卻往往滿頭汗珠的『追蹤』而至，您探首車窗，代為預付了車資，然後又將裝了鐘點費、同寫著『謝謝您』三個中文字的箋紙信封，親自遞到授課者的手中，臉上又浮起那股赧然的微笑，口中囁嚅著，似乎又在說：『對不起！』」秀亞老師加了一句：「您是外國人，但在中國住久了，也和我們一樣的『尊師重道』。」[5]

冰瑩老師文中引過司馬中原先生的話：「他的道，就是他生命中人性的光，直接地輻射給你，使你學習寬厚，學習愛人。」[6]

這「道」與他生命中人性的「光」，映示那「永恆的光」吧。難怪王文興老師會說：「張神父未指導過我宗教方面的探求。但，近年來，我始終認為，在我有限的宗教探索中，張神父是給予我莫大協助的三五位人士之一。他默默之中表露的風範，使我有心追隨宗教生活。希望有朝一日，我能進一步的了解宗教，進而踏入宗教。」[7]

張神父去世已有四十五年的今天，也是他創立耕莘青年寫作會五十週年的大節日。五十年來，寫作會藉著多位園丁的耕耘，這個花園的確經歷過數次盛開的季節，也綻放過不少美麗的花卉和鮮甜的

5 《葡萄美酒香醇時：張志宏神父紀念文集》，頁九五—九六。

6 《葡萄美酒香醇時：張志宏神父紀念文集》，頁七。

7 《葡萄美酒香醇時：張志宏神父紀念文集》，頁一八。作者按：王文興四十六歲領洗入天主教（一九八五年復活節），他的信仰歷程可參考康來新編，《王文興的心靈世界》，臺北市：雅歌，一九九〇年，頁一〇—二四。

果實。而這個團體一直保持某種向心力，使許多參加過的學員不忍離開，因為我們一直有愛的聯繫。是愛文學，愛真理，愛真情之愛把我們繫在一起，而這愛的源頭是創始人張志宏神父，還有通過他深刻穿透在我們中間的無形的、無私的、永恆的愛。

為慶祝耕莘寫作會創立五十週年，我們邀集了可以聯絡到的從第一屆開始的學員，他們中有些是已成名的作家，有些與本會有深厚的感情，一起策劃慶祝內容。在本會任教超過三十年的楊昌年教授之指導下，我們決定出版七本書及拍攝一部紀錄片。後者由陳雪鳳負責，聚點公司拍攝，書籍由夏婉雲擔任總主編，凌明玉、白靈、羅位育、許春風、陳謙、許榮哲、莊華堂、朱宥勳、顏艾琳分頭助編各書。半年過去，七書陸續成形。在編書過程中，通過e操作，把久違的「候鳥」一一找了回來，從他們的文章中，我們看到他們從未離開過耕莘。這次，我們的文學花園因這慶典又回到當年的熱鬧狀況，百花齊放、百家爭鳴。從他們的文章中我們讀到諸遠方候鳥對耕莘的懷念和認同。這塊沙洲是不會有人滿之患的。新的神明還在不斷地光臨：我們每年舉辦的「搶救文壇新秀再作戰」（二〇〇六開始）及「高中生文學鐵人營」（二〇一〇始）吸收了一批又一批的新秀。他們遲早要在文壇上大顯光芒。

感謝五十年來曾在耕莘授課的作家老師，您們的努力使這個花園繁榮滋長，生生不息。張志宏神父在的話，一定笑逐顏開，歡樂無比。五十年來在本會費心策劃過課程和活動的祕書和幹部們，也是令我難以忘懷的。您們使寫作會一直充滿朝氣，使它成為名符其實的「青年」寫作會。

感謝《文訊》雜誌的封德屏社長，使同為私人企業的耕莘能有發表文字的平台。為這次金慶，她還給我們使用紀州庵的優雅場地。我們永遠會記得《文訊》和「耕莘」密不可分的緣份。

為這次金慶慷慨捐助的恩人，我們也不會忘記您們。您們的付出玉成了未來作家的文學生命的資糧。眾神的花園中因您們的施肥，花卉必將永遠地盛開，不停提供國人靈魂亟需的芬多精。

「眾神的花園」五十年來之所以沒有解體，是因為其中有愛，愛是生命力和創造力的泉源，為這愛而犧牲過的人都享受著真正的幸福，相信讀者也感染了這份愛的熱力。讓我們一起發揚這愛，滿懷希望地繼續向前邁進吧。

（二〇一六・七）

書序

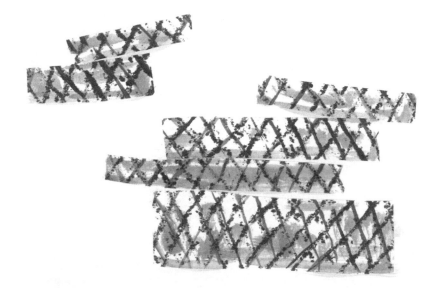

《人的現象》校後跋[1]

校訂這本譯著的興趣來自一段「神交」。

一九六九年二月翻到刊在《現代學苑》上的一篇文章〈德日進著《人的現象》淺述〉（即本書〈譯序〉）[2]，一讀之下，大為讚賞。作者李弘祺敘述他翻譯該書的心路歷程並介紹主要內容。由於筆者在馬尼拉攻讀哲學時深受德日進思想的震撼，因此看到國人翻譯介紹此書時，倍感親切。此外，李弘祺以獨到的手筆異常細膩地把德日進的人格勾畫出來。從他的字裡行間，我們可以發現李氏不但在迻譯德日進，並且與德日進有極密切的內心交往，他們之間不只有著者與譯者的關係，而且是知己好友，或良師高足，他們分享同樣的靈感、情緒、發現的喜樂，以及對人生觀和宇宙觀之基本信念。讀這篇文章的時候，我們感到德日進在中國找到了一個知音，找到了一個最能詮釋自己思想的青年學者。他們之間心靈與智慧的交流激發出美麗的浪花波濤，令讀者神往不已（去夏在香港會晤李先生時，他提及這篇文章已承美國德日進友好協會主席的邀請譯成英文，在美國發表）。

筆者認識李弘祺並為他的譯書作修訂工作都緣起於閱讀這篇好文章。這份神交在沒有接上線的

---

1 作者按：德日進（Pierre Teilhard de Chardin，1881-1955）《人的現象》此書，由李弘祺翻譯、陸達誠校訂的中文版，有繁體本與簡體本二種。繁體本由聯經一九八三年在臺北出版，簡體本由新星二〇〇六年在北京出版。《人的現象》另有耶穌會士鄭聖沖編譯的簡縮本（亦為繁體字），由先知一九七二年在臺北出版。

2 李弘祺，〈德日進著《人的現象》淺述〉，《現代學苑》六卷二期，一九六九年二月，頁一七——二六。

情況之下保持了十二年。由於留法六年，不諳國內出版情形，回來後又忙著授課和其他工作，無暇過問該書與其譯者。一直到二年前，筆者有意在「當代歐洲哲學」課中介紹德日進時，才開始尋找李弘祺；那時才知道他在香港中文大學歷史系任教，乃直接寫信詢問該書下落，不料李先生回信說十年前譯完的書稿至今仍壓在箱底，因未經校對，不敢把它出版。筆者就答允為他從頭用法文原本校閱，這樣，這本譯稿終於漂洋過海降到筆者手中。

原想譯者既有如此生花妙筆，校訂工作大概輕而易舉。不料，一開始就發現這是一件非常吃力的工作。一方面，由於法文英文間的差異，同時，筆者覺得譯者（至少在開始時）對原文的領悟及在文字表達上不算太高明，這種感觸特別會在與他本人的文章相比後產生。翻譯這本書時的李弘祺尚是在哲學中摸索並在表達上求突破的年輕學生，等他譯完該書再寫〈淺述〉時，他的文技已再上一層樓，他的思想也達到了「見林」的境界，所思所寫為切身所感，故娓娓動聽。但他的譯作，其前一部分是初譯者的嘗試，加上內容的限制，所以筆者校訂時步履維艱，寸步難行。尤其發現在譯稿上已塗滿其他校訂者的手迹，有鉛筆的、鋼筆的、紅色、藍色不一而足。其中一位似乎是異國人士，然而他所改的也沒有依據法文原本，因此屢次弄巧成拙，畫蛇添足，更增加了最後校訂者的麻煩。筆者校訂本書，費時一年，本來也有一番心路歷程可以寫，但還是省去較好。可慰的，是發現譯者的譯筆愈來愈順暢，思路愈來愈豁達。實覺譯者在譯書後期心智和文字的成熟，這是從事文化工作者最大的酬勞。

今天的李弘祺先生已是學界翹楚，備受文化界重視。他現在的文學修養已非筆者能及，更遑論校訂。筆者能作的只是對他初入譯途時的成品稍作修飾而已。李氏接受校者所作一切修改，可見他的謙虛胸懷。我們因十多年來的神交到使本書出版有了一段實際交往而達到了知交，實托德氏之福蔭。我們都願是促進中國文化繁榮的小兵，但願這本曾燭照過西方廿年的巨著能給中國讀者帶來啟示，使這朵在北平初開的花卉（本書是作者在一九三九年至一九四〇年間困居北平時撰寫），今天能在中國遍地盛放，為中國的人權自由與文化發達的春天報曉。

（一九八三・一）

《微笑的面容》序

五、六十年代出現了一位天主教女畫家，她的聖像很快地在華人地區廣為流傳，成為大家的最愛。這位女畫家就是劉河北教授。[1]劉教授留歐十二年，深諳西方藝術的精髓，又自創一格，畫出東方韻味，作者並不諱言：「歐洲人極喜歡我的聖像。」（見「前言」）[2]歐洲人激賞劉教授的畫，中國人也是，只是國人比較保留，不直截了當地讚美心儀的人，不過，畫家心知肚明：「為數不小的中國人也是喜歡我的畫的」。

五十年代是戰爭和大遷移的年代。它的後遺症是：鄉愁、疲憊、焦慮、懼怕、窮困、不安全感……。而在此時，突然天降一批優美的聖像，尤其是聖母像，使大家如獲甘霖，通過形相的美體會到天主的撫慰，解脫了心靈的壓力，而回歸精神的故鄉。劉河北用素樸的筆鋒勾畫出這種有治療效果的作品，不斷感動和振作凡夫俗子，使後者略窺天境，知道希望就在那裡，而我們是可以活下去的。

劉河北的畫真是神來之筆，是有天助的。不過為得到這份天助，她花的工夫亦不少。除了長期鑽研、練習、精益求精之外，她更通過祈禱滲入天主聖三的核心，默會天主聖三愛的交流和喜悅。通過長期的靈性修持，逐漸使自己與天主同化，培育出同一心、同一眼、同一手，好像是天主握著她的手

---

1 作者按：劉河北教授二〇一六年十二月卅一日在臺灣新竹逝世，享年八十八歲。

2 劉河北，《微笑的面容》，香港：真理學會，二〇〇〇年，頁一〇—一一。

和畫筆，至少是內在地推動了她，使一幅一幅畫作終於誕生。這些畫不論有沒有人讚美，都是金不換的。文藝復興時代的大畫家安覺理各（Angelico）也通過冥想契入要描繪的神聖人物內心，而給後世留下不朽的遺產。劉河北教授如此描寫：

（我們）最需要的，是一個由天主性浸透了的人性。在這世紀末，我們仍能找到安覺理各式的：純潔的、快樂的，由內憂外患所鍊淨，由深刻的祈禱生活所照明，由對肉眼所不見，科技所無法衡量的愛，神聖的愛抱持堅定的信心，因而面呈微笑的人性。這人性，不是一般藝術家所能把握的，唯有生活「在父懷裡」，與「那獨生者」緊緊結合的藝人，能為世人詳述。[3]

這是本書第七章的結語，安覺理各成為宗教藝術家的典型，劉教授在描繪安氏時，不是也在作自我畫像嗎？

在劉氏的眾多畫品中，最受人喜愛的當推聖母像。聖母在劉教授的筆下活生生地顯露出來：脫俗、超逸、光輝、純潔、冉冉上升，但因「愛」與「慈」，是非常入世、關切子女福祉的母親。大部份人喜歡了劉河北，因為喜歡了她的聖母。因為這是大家似曾相似的面容啊！

劉河北教授用十章的篇幅來描述東西藝術間的相似性。比較有趣的是羅馬地下墳場壁上的基督和印度犍陀羅之佛，都是年輕無鬚，著牧童短衣，面帶微笑。原來它們都接受了希臘王亞波羅和喜爾美斯的真傳。亞波羅的神情由印度通過絲路傳入中國，在五世紀的大同雲崗的石刻大佛身上保存下來。劉河北從大同追溯到印度、希臘，再比較羅馬，形成一曲跨三洲的大型因果關係，可謂創舉。

3 《微笑的面容》，頁四四—四九。

其他的似曾相識式的比較，計有敦煌與拜占庭（第五章），[4]魏晉與歌德式的藝術（第六章），[5]王維與林布倫（第九章），[6]奧林匹克及九歌（第四章），[7]不單跨空間，且跨時間之對照，極富靈感和創意。只有這樣一位精通中西藝術的專家才能找到中國藝術的靈魂。中國宗教藝術的領導者，非劉河北莫屬，這是筆者敢放膽說出的肺腑之言。

本書中關於禪的描寫第（第八、九章）令人百讀不厭，回味無窮。[8]其他如郎世寧二幅流落在北京域外的聖像，他與乾隆的師生關係，Icon與國畫之比較，剛恆毅樞機提倡中國宗教藝術之努力，以及香港道風山、南京金陵神學院及加州沙勿略會之成果都是寶貴而有趣的資訊。閱讀本書不單可以豐富生命，且能增加鑑賞力，或許不少宗教藝術評論家會脫穎而出，可期一個中國宗教藝術對話和再生的新紀元即將來臨！

（二〇〇〇）

4 《微笑的面容》，頁三四—三七。
5 《微笑的面容》，頁三八—四三。
6 《微笑的面容》，頁五六—六一。
7 《微笑的面容》，頁二八—三三。
8 《微笑的面容》，頁五〇—五五，頁五六—六一。

宗教學不可或缺的導航書：《神的歷史》序

這是一本非常可愛的書，一位女性描繪一位「男」性神祇，右腦試圖修正左腦的成品，作者用輕鬆的筆調敘述不輕鬆的話題，贏得廣大讀者群的回應，高居英文暢銷書排行榜一年之久，讀之，可知實至名歸，偉哉，阿姆斯壯女士。

廿世紀歐洲二次世界大戰幾乎摧毀了四千年的精神堡壘：許多信念與信仰不翼而飛，整套理論被解構，虛無主義橫行，「神」被宣稱死亡，倫理之基礎動搖，人要往哪裡去？

一群猶太領袖在奧斯威茨審判「神」，定以「殘酷和背叛」之罪，並認為後者沒有酌情減刑的條件，故判他應受死刑。這是本書第十章之尾聲。不過作者在故事後加了幾句話：「猶太教士宣讀了判決書，然後他抬起頭說：『審判結束，晚禱的時候到了。』」[1]

很機巧，也很幽默地，作者把「這個神」與另一個「神」作了區分。被處死的是「這個神」，但他們回去向另一位「神」繼續表示忠誠。作者要說：我們對「神」所製造的觀念，我們給「神」取的名，都非「神」自己，因此「神」的觀念有所變動是非常正常的事，只要變得好，「神」是不會死的。在本書導論及末章〈「神」有未來嗎？〉作者坦誠地交代撰寫本書的目的非他，乃要告訴我們：

---

1 阿姆斯壯（Karen Armstrong）著，蔡昌雄譯，《神的歷史》，臺北縣新店市：立緒文化，一九九六年，頁六一四。

「每一代人必須創造適合於他們自己的神意象」，而身處廿一世紀前夕的我們，應當參考四千年來神的歷史，「創造一個充滿生機的新信仰」。[2]

阿姆斯壯女士是美國人，信天主教，曾入修院修道七年（一九六二至一九六九），學了許多天主教神學，但因缺乏切身體驗，始終未入信仰堂奧。當她擴大自己的研究範圍，涉獵了大量伊斯蘭教和猶太教的典籍之後，她對神有了比較全面的了解，也走出理論，試圖與理論建構者的偉大心靈契交，她在這些宗教家的信仰根源處，找到了那位超言說的神聖者，她不描繪祂，但從頭再把有關祂的理論細訴一遍，並鼓勵新時代的人類與她一起完成創造新神的巨業。在這樣一個大氣派的思想脈絡上，她置放了三大一神教關於「神」的所有的重要資料，從巴比倫到迦南，從以色列到耶穌時代，然後穆罕默德登場，加上希臘哲學、佛教、印度教、神祕主義以及當代存在主義等資料，使三大一神教之神觀有極寬廣的幅度。讀她書的人，驚訝加讚嘆，佩服她超人的毅力和智力，因她能把重要的信仰思想言簡意賅地介紹，一針見血地品評，她實能站在巨人的肩上發言。

由於作者早期對宗教的經驗偏向抽象與客觀式的理論，因此，她的書就發展出宗教另一向度，強調美、藝術、音樂、想像力、具像語言、女性主義、神祕經驗的重要性。宗教不能被哲學取代，天人合一及「無」的體驗都超越言說。卡巴拉教聖徒路里亞（I Luria, 1534-1612）用「收縮或退縮」的方法解說上帝內產生非他的地方，「一個他可以藉自我啟示兼創造的過程來填補的虛空」。[3]這種對神的理解可與新約之「神」自空（Kenosis）對照，是了解「神」之洞見，值得大家注意。有關女性主義，作者一面指出「神」人格化之後，難逃被定為男性之命運，而各宗教偏向父權也其來有自。作者提出

2 《神的歷史》，頁七，頁六五四。
3 《神的歷史》，頁四四一。

〈神曲〉作者但丁與女友比亞翠絲的邂逅及伊朗神祕家阿拉比與妮匝姆的關係來說明對女性之美及愛的神往，可助男性直通「神」，這是「神」自顯（Epiphany）的一種方式。[4]

人類承受苦難的事實是「神」存在之最大考驗。何以全善全能的神不能造一個更好的世界？也不能減少眾生之苦？然而作者似乎沒有招架「惡」之詰難的能力，大概她要把這難題留給其他神學家罷。

其實，神的歷史就是猶、基、伊三大一神教的神學史。要把神的歷史寫下去，就需要此三宗教之大德大智繼續詮釋及演繹符合新時代的神學，這樣才能滿足宗教「消費者」的需要，而神的歷史不致於中斷，神也不必死亡了。

阿姆斯壯女士帶引我們走向另一山頭，她的書堪稱為宗教學不可或缺的導航書，尊意如何？

（二〇〇一）

[4] 《神的歷史》，頁三九〇—三九一。

《存有的光環》自序[1]

本書原名為《馬賽爾的光環》，是筆者廿餘年來陸續發表的文章。每篇文章，不論主題有否提到馬賽爾的名字，都與馬賽爾的思想有關：或將他與另一位哲學家比較，或取用他的概念來發揮一個專題，或介紹馬氏本人的一個關鍵思想。總之，十八篇文章除了一篇是馬氏演講的譯文外，其他都是受到馬賽爾的啟發而寫成的。將本書命名為《馬賽爾的光環》可謂實至名歸。但在付梓前，發現馬氏一生關切的焦點不是他自己，而是存有，因此毅然將書名改成了《存有的光環》。既然不以「馬賽爾」命名本書，書中若干不以馬氏為主題的文章就更能得其所哉了。不過在「存有的光環」後加一副標題：「馬賽爾論文集」，倒是可以的。因為如上所述，本書各文都受過馬氏的啟發。

在台灣教哲學的同人中，教馬賽爾的不多。早期有項退結、鄔昆如、鄭聖冲等教授，稍後筆者加入陣營，不久關永中兄自魯汶大學念了雙博士回國，在台大開現象學、詮釋學、形上學、知識論等課，其中不少都提及馬賽爾。他也寫了很多馬氏的專題，以「與馬賽爾對談」為名結集成《愛、恨與死亡》（商務，一九九七）一書。[2]他在接受《哲學與文化》編輯採訪時，坦認自己最心儀的哲學

---

1 作者按：拙著《存有的光環》有繁體與簡體二種版本，繁體本名為《存有的光環：馬賽爾論文集》，（臺北縣新莊市：輔仁大學出版社，二〇〇二年），簡體本名為《存有的光環——馬塞爾思想研究》（上海：復旦大學出版社，二〇一六年）。

2 關永中，《愛、恨與死亡：一個現代哲學的探索》，臺北市：臺灣商務，一九九七年。

家是馬賽爾，並說馬氏尚有很多「寶」可供我人去「挖」。有這麼一位同好，實是筆者的大幸，可謂「學」不孤必有鄰也。感謝永中兄為本書作序。他謙稱為「代序」，謹按原意發表。文中提及的本書書名現已改了，既有上段解釋，不予修正。

筆者於六十年代叩入哲學大門之後，曾遇二位恩師，其一是唐君毅，其二是馬賽爾。兩位老師幫助我了解存有、關心「他者」以及認同民族文化，使我爾後能在世局和宗教的變亂期中找到安身立命的基點、體會非直線式成長的另類幸福。因此我在撰文時難以把他們兩位隔分；結果，一連串的反思多少變成了唐、馬兩位哲學家的對話了。方家可從此角度來體認筆者思維的經緯。

本書十五篇文章中有兩篇是演講稿，〈從存在到希望〉是於一九七六年九月在台北耕莘文教院講的，由當時輔大哲四唐蓓蓓同學筆錄，稍後刊於《鵝湖月刊》；另一篇是〈比較沙特與馬賽爾〉，亦於耕莘開辦的暑期寫作班上講授，由沈錦惠小姐抄錄，此文雖與稍後寫的〈有神及無神哲學對比下的宗教觀念〉有類同之處，但因場合不同，內容有異，不割捨兩文之一，似乎有其需要，謝謝謄稿的二位小姐的優雅文筆，使二稿流利順暢，甚至好過筆者自己的文體。〈馬賽爾〉一文是拙作《馬賽爾》（東大，一九九二）一書之撮要，為輔大《哲學大辭書》撰寫，此文可對不諳馬賽爾的讀者提供全面的了解。若先選讀，能較易進入其他專題的內容。譯稿〈存有奧秘之立場和具體進路〉是馬賽爾於一九三三年在馬賽市作的演講。他曾兩次向筆者強調此文對了解他奧祕哲學的重要。它幾乎是馬氏形上學的袖珍本，細讀該文的朋友一定能體會它的魅力。此譯文在十九年前在台灣發表後一直未受到應得的注意，希望藉本書的出版，喚起更多關切。

馬賽爾對存有的詮釋是「臨在」及「互為主體性」。筆者自幼從家中及天主教信仰中對臨在有過刻骨銘心的體驗；稍後與許多「他者」持續接受臨在的恩澤，因此接觸馬賽爾的思想時，似乎找到了自己。今日能有機會將這些體驗訴諸文字，首先該向上述的親友與恩師們表達深邃的謝意：是他們幫助我體認了絕對關係的可能，並使我亦能協助存有散發其臨在於他人。這是一個一生的工程，要在這條路上走到底，需要忠信和堅持，但我相信這條路一定走得通。

今天我們（讀者與作者）有幸藉文字會了面，但願這份文緣能藉這次交會而擴大，使臨在的場域融合更多朋友，讓存有的光環瀰漫於華夏。

（二〇〇二・十）

昭昭乎若揭日月[1]

幼時讀「陋室銘」，有一段依稀記得，好像是這樣的：

山不在高，有仙則名，
水不在深，有龍則靈。

本書作者曹敏誨女士住台北市近郊碧潭，依山傍水，風景秀美。碧潭的「山」和「水」雖不能稱「高」或「深」，但其中住有這位能排難解紛的諮商高手，三十年來救助過無數瀕臨失望邊緣的生命。對這些人而言，她不啻是神通廣大的「仙」。受益者口耳相傳，眾生乃紛至沓來，求教於她。她提到，在她輔導的一萬左右的個案中，只有一次失敗。許多夫婦來看她時已決定要辦離婚手續，焉知一席話談下來，這對怨偶竟牽著手，恩愛地回家。她似乎有套魔法，可置已瀕死者於新生之地。

因此筆者大膽引用〈陋室銘〉作本序的開場白，為說明曹敏誨是一個無為式地有為者，頗似隱於山中的仙，但她又像龍一般地會扭轉無數生靈的乾坤，使他／她們豁然開朗，終能履險如夷，重

---

1 本文是為曹敏誨女士新作《活得歡喜、活得帥》寫的序，該書於二〇〇三年三月由黎明文化出版。

見天日。

認識敏誨女士已有七年多了。

那次她蒙輔大經濟系戴台馨教授邀請，給該系學生講兩性差異。戴、曹二位是台大同窗好友。而後者的「憨兒」龍龍當時就讀該校經濟系。聽同學的媽媽演講，滋味一定很特殊。筆者覺得主題饒有趣，加入了這個熱情的集會，企圖獵取一些輔導秘笈。

敏誨女士終於從容不迫、氣定神閒地走進了教室，向切待的眼神掃了一遍，已有恃無恐地可以進入話題了。

不料她要作的是另類演講，不從言語開始，卻從唱歌帶入。曹女士一連唱了二、三首她自己作的情歌，好像要通過歌曲把人帶入自己當初的浪漫情懷。

了不得！服了她。這種進路為專事理論探究的我是絕對做不來的，不過它把年輕人的心真的活化起來了，可以想見，二小時過得一帆風順。

除了演講者帶來的活潑和青春氣息，內容更出人意表，概念新穎奇特，令聽者頻頻頷首，若有所悟。原來兩性的差異是如此微妙。得知其中要領，就可避免事倍功半，而能撥雲見日。為維持及發展良性的兩性關係，按此指南，可以遊刃有餘。

概念中比較有趣的是她引用「苯乙胺」說明熱戀中人體會在浪漫過程中分泌的化學元素、「人身品質」和「相待品質」在男女身上有不同的比率，以及「愛的七訣」等。看到在場的學生聽得一楞一楞，陶醉在新發現之中，好像被吸引到一個神祕王國那樣。總之，這次演講似乎澈底滿足了聽眾的期待。

認識敏誨女士後，筆者曾經連續三年邀請她到輔大宗教學系的「哲學概論」課給大一學生開示，每次都產生同樣的效果：學生獲得澈底的滿足。

曹女士三十年的輔導經驗不是蓋的。說她有扭轉乾坤或四兩撥千斤的法力，一點也不誇大。讀者如果平心靜氣把《活得歡喜、活得帥》一頁一頁讀下去，一定會同意我的看法，也必能受作者的感召而潛移默化。什麼是她的感召呢？

中國文化重視內聖外王。曹女士諮商的成果無話可說，但其行是否與其言一致呢？諮商師有不少是職業化的，他們在輔導別人時，體貼入微，溫和可親，回到家裡，變成了另一個人，或沈默寡言或暴跳如雷地不能自控，使人懷疑他（她）是否真能療傷助人。

曹敏誨女士絕對不是這樣的人。讀其文可確知：她是內外一致、時時刻刻達到百分百的真、心口合一、表裡一致，是一個非常整合的人。她勸導別人的，自己先信、先做，誠如莊子所言：昭昭乎若揭日月。她是光潔透明的一位女性。

她有諮商的經驗和技巧，能助人排難解紛，不錯；但她在心靈深處有虔誠的信仰。從信仰處，她得到天主給她日月般的照明，所以她能作正確的判斷、有勇氣講實話、會寬恕人故亦能助人寬恕。她以神的大愛包容別人的缺點，尋找最有效的救治方式。通過她與天主的深度默契，她把造物主的愛和能量帶到人間，故她能開發他人的愛的潛能。

在她與受傷的心靈接觸時，她把他們直接帶往愛的本源，因此她的輔導無往而不利，所向披靡，是不可能不奏功的。

內聖外王之內聖主要是修身，而為度婚姻生活的人而言，此「身」包括了家庭。修身齊家是一體的二面。修齊得好，必有外王之果。

敏誨女士在本書中簡樸地描繪她的家居生活，記載她與丈夫和兒子的互動。在互動中修練。她沒有刻意說教，或賣弄心理學術語，她用的是心靈之術，是愛心術：家中每天發生的大大小小的家事，都是她的「生活禪」功課。這種潛修模式可為一切度家庭生活的男女作借鏡。

天主教的聖人聖女大部份是修道人，他／她們帶著聖潔的光環，是普通信徒可望而不可及的。曹女士走過的一條路不是這樣的，是生活在紅塵中的眾生都可取法的。她走得嘻嘻哈哈，一點不累，好像是去名勝古蹟耍玩，一切自然天成。她寫的實在是一本度平凡生活者可活得不平凡的指南。

敏誨女士用日記體把兒子成長過程發生的點滴記錄下來，沒有什麼了不得的大事，但每字每行都顯出作者內心的乾坤，所以沒有一字一語是尋常的。兒子犯了錯，她可用罰但亦會用賞來回應，常常不按牌理出牌，奇妙地贏得兒子的心，成了兒子的大情人。「馴夫術」亦然，亦夫亦友。很好笑的是全家一起練習說人好話，有時講得太明顯而引發哄堂大笑。這類情況天天都有。

很意外的是讀者在本書中會看到一種叫「感情銀行」的機構。每人把別人做的好事講的好話存入帳簿中，有零存也有定存，但因愈積愈多，因此永遠不會透支。

啊，這真是神奇的發明。

把銀行的利息散放出去，也一樣用不完。這樣，這個核心家庭形成了另一個大家庭，基本成員至少五十位，他們每星期二聚在新店姐姐的大廈中探索和分享生命，追求永恆的真理。一圈又一圈、一波又一波的熱流播射到一個既麻木又冷漠的台北叢林中去。

「我為人人」是他們的座右銘。數年前，曹女士從媒體得知一位在車禍中喪失丈夫和二個女兒的婦女，立即尋找後者養傷的醫院，趕去照顧和安慰她。是什麼力量催迫她如此做？毫無疑問的是她的靈性具有特殊的敏感度，常比別人快半拍，趕上助人的列車。

正因為她的良知昭然若揭，晶瑩剔透，故能成為受苦者的「及時雨」。昭昭乎若揭日月，非耶？

很高興看到本書終於出版。這是一本好書，人人可看，人人可以得益，人人可以追效而使自己亦昭昭乎若揭日月。是禱。

（二〇〇三・二）

《候鳥之愛》自序[1]

這本散文分三部份：〈真善美贊〉、〈靈性偶拾〉、〈雲遊四海〉。前二部份可稱筆者的「所思」、「所言」，後者為「所行」。

筆者的專業是哲學，教課之餘，帶領一個名叫「耕莘青年寫作會」的團體，迄今廿八年（一九七六—二〇〇四）。教哲學必須閱讀許多書，透支個人的心力；帶社團卻是分享一個「大我」生命。後者佔去的時間遠遠超過前者。在一個活生生的團體中成長與單純的教書生涯截然不同。筆者度的是獨身修道的生活，但在社團中與年輕人認同，得到了無數親情，不覺孤獨，也不知老之將至，真是得天獨厚。生活的點滴化成了文字，遂成了這一本書。

耕莘青年寫作會的資深會員楊樹清先生看了我前一本散文集《似曾相識的面容》（光啟出版）後，鼓勵我再出一本，務要把〈「候鳥之愛」的啟示〉一文收入。現得輔大出版社的協助，終能與大家見面，筆者為感激楊君推薦，決取《候鳥之愛》為書名。

候鳥是一種不定居的鳥。它們隨著氣候和獲取食物的便利，擇地而棲。一塊沙洲，不論風景多麼優美，蟲果多麼繁茂，都只能短暫地吸引它們。一旦候鳥要遷居時，說走就走，絕不流連。不過它們很可能明年還會飛回來。

---

1 陸達誠，《候鳥之愛》，臺北縣新莊市：輔仁大學，二〇〇四年。

從事教育的同人對候鳥的經驗太習以為常了。不論在正規的大／中／小學，或校內外的社團，參加的成員都是這樣：一批來了又去，一批去了又一批來，川流不息，真像候鳥。為長期以愛心投入此類工作者，有時難免有挫折和失落感，好像多年的辛勞，付之流水。筆者帶領耕莘寫作會頗有此感，大部份學員飽饗盛宴後，遠走高飛，音訊全無，守候綠洲的人卻不會離去。老會員回來的話，他會喜出望外，但這是少數的意外。還好，新來的學員一樣很可愛，陌生感很快地消失了。原來喜歡文藝的青年都很相似，所以守候沙洲的老鳥自有療傷止痛的祕方。

散文與小說和詩不同，散文直接表達作者的生命點滴，是作者所思、所言、所行的再現。散文作者脫下面具，面對面地與朋友交談。筆者這本文集大部分已在《恆毅雙月刊》、《教友生活周刊》、《見證》和《旦兮》上發表，原是給朋友寫的，故不遮掩個人的行旅和感受，或許新朋友把我一眼看透，這樣也好，緣可結得快一些，如果會結的話。

廿多年來在文學圈中爬梳使我與許多作家與學者結緣，書中提及的名字，文學界有：無名氏、思果、張秀亞、徐訏、夏元瑜、三毛、王鼎鈞、朱西甯、楊子、馬森、李家同、姚宜瑛、尉天聰、南方朔、陳曉林、平路、白靈、封德屏等；哲壇名師有：馬賽爾、唐君毅、牟宗三、劉述先、項退結、韋政通、傅偉勳、蔡仁厚、曾昭旭等；宗教界人物有：聖嚴、德蕾莎姆姆、龔品梅、張伯達、陸達源、單國璽、勞達一、昭慧、蔡石方、張志宏、區紀復、劉小楓、遠志明等人物。其他未有直接交往的人物計有：卡山扎基、達賴、雷鳴遠、德日進、希克、高行健等。在與他們（本人或作品）的互動中，本書各文的構思逐一浮現。筆者借序提到他們，為向他們表達一份由衷的感念。

最後要謝謝輔大出版社社長李匡郎教授和他可愛的助理們，他們鼓勵筆者出版本書，並力促此書的問世，就像前年（二〇〇二年十月）助我出版《存有的光環》（哲學論文集）一樣。求天主降福他們，使他們努力的成果常常有口皆碑。

本書附上四篇別人寫的文章，二篇由耕莘寫作會會員名詩人白靈先生和應芝苓修女所撰，二篇由旅居紐約的散文家王鼎鈞先生和神修小會曹理帆小姐提供。前者描述筆者與台北候鳥共處的一段幸福時光，後者是二位遠地朋友對筆者前一本散文集《似曾相識的面容》所寫的讀後感。[2]四位的溢美令筆者受之有愧，但他們表達了一份誠懇的心意，並為宗教與文化的融合提供了極寶貴的見地，值得吾人關注。他們的話是期許也是鼓勵，我會銘刻於心。

求仁慈的天主降福輔仁大學，使它常堅持真善美聖的創校理想，而永能成為「校友／候鳥們」的最愛。我也衷心感激啟發我寫此書的耕莘諸候鳥，您們實是我的最愛。何日君再來？

（二〇〇四・八）

2 陸達誠，《似曾相識的面容》，臺北市：光啟，一九九六年。

0的魅力

友人從新竹芎林給我帶來《祈禱的美麗境界》譯稿，[1]他說這是一本由日本聖衣會神父所寫有關佛耶交談的靈修書，現由台灣聖衣會劉里安修女譯成中文，[2]將在啟示出版社出版。劉修女希望筆者為此書寫序。

劉修女在三十年前在輔大修過我教的存在哲學，她的報告頗有存在感，所以我把它送到輔大的一個刊物上發表，對其內容我記憶猶新。

既然是這樣一位優秀的學生的請求，我感到義不容辭。

讀這本書給我二個感覺，首先是單純。東方靈修通過打坐或禪修叫人潛入「空」與「無」的境界。該書作者奧村一郎神父以「0」來解說這種單純，他要學習祈禱的人放空自己，讓神主動。筆者就把它作為本文的標題：〈0的魅力〉。

其次筆者對譯者的筆觸印象深刻。讀這本書一點都不費力，因為它像行雲流水，又像山泉一樣清明。作者和譯者都是聖衣會會士，該會的傳統把他們陶冶成祈禱的專家，他們彈奏的是天籟。譯者如

1 奧村一郎著，加爾默羅聖衣會譯，《祈禱的美麗境界》，臺北市：啟示，二〇〇六年。

2 作者按：芎林聖衣會劉里安修女隱修時從事翻譯（隱修院修女終身住於鐵欄杆內不外出），天主教加爾默羅會的靈修經典過去十年由星火文化出版，其中許多譯本皆出自劉修女之手，每一本都有劉修女撰寫的導讀，並由修女親自邀請重量級的專家學者寫序。修女二〇一八年八月十二日安逝於耕莘醫院。

果沒有加入聖衣會當修女，她會依著她大學主修的哲學來斟酌，就不會用如此素樸的文字來詮釋。這本書像是譯者自己的靈修告白。每一字、每一句都在透露譯者內心的祕密。她廿多年來的祈禱生活使她能昇華及蒸餾出如此秀美的文字。

十年前智庫出版社出版《寂靜之聲》一書，筆者亦應邀為之寫序。《寂靜之聲》與《祈禱的美麗境界》簡直異曲同工，二位靈修大師都從神聖空間中汲取靈感，所以都富詩質，成功地把讀者帶入他們體驗過的聖境。筆者為《寂靜之聲》之序取名為「一首探入仙界的長詩」。僅錄該序之前面一部份供諸位參考：

《桃花源記》的作者把讀者一步一步地帶入仙境，教人忘掉了還有一個塵囂的俗世。《寂靜之聲》的作者通過天主教聖樂的詮釋，把聆聽者領入一個神聖世界，此為修道經驗的神聖空間。葛利果聖樂本來夠美，加上絕妙的文字，竟譜成一首無與倫比的長詩，它反映了每個人內心深處那份寂靜，使人人感到熟悉親切，因為人人心中都有這樣一個神聖空間，只有最純淨的音樂能引領我們進入，我人也在那裡找到了自己的故鄉。

本書作者深透天主教的靈修，對音樂、藝術、文學、哲學、神學的造詣極深，他從多年的修道生活中淬鍊出一份卓越的氣質，如今藉他誦唱過、默思過、同化過的葛利果聖歌的詮釋，解放了這份凝聚多年的氣質，終於把他的靈魂赤裸裸地呈現在讀者面前，教人看到：宗教和靈修如何可使血肉之軀達到超凡入聖的境地。作者用的是人世言語，但表述的是神聖空間內的感受，使筆者覺得，若是天國有神仙降凡，也不會比他申述得更好，因此只能用文字中最為精純的詩來稱呼它。全書一氣呵成，是一首長詩，是一首教人愛不忍釋的長詩。[3]

筆者在閱讀《祈禱的美麗境界》時有過相同的感觸，因此把上面一段話引述一下，可免重複。希望大家閱讀本書後，可同意我的想法。

「0」為什麼吸引人？我想廿一世紀的人實在太忙碌太緊張，時間少，事情多，腦袋塞滿資訊，所以對靈修的取捨來說，「無」比「有」更具魅力。打坐和參禪不給資訊，還叫人把自己挖空，變成一無所有：思想真空，面對真空，自己亦變成真空。內外皆空時，壓力不見了，情緒和記憶一起消失，人像從死中復活，或像從母胎中再生，欣見天日。

相反，基督徒的祈禱是有內容的，我們讀聖經，瞻想奧蹟，企盼聖神的充滿。總之，我們祈禱時渴望「有」天主的臨在和恩寵。

歸「0」是解脫：從責任、煩惱、負面情緒中解脫。東方的靈修叫人歸「0」，打坐既容易又有效，打坐者只要姿勢對，就能逐入安寧的佳境。其實，哪一個基督徒不嚮往解脫？黃昏或深夜，當人極度疲乏，要祈禱時，無法思想，但能靜坐面對天主，在天主內平安休息，甚至沉入夢鄉。

空無寂滅不可能成為基督徒祈禱的終極目的。歸「0」只能成為更上一層樓的準備。巴斯噶（Blaise Pascal, 1623-1662）說得對：人是介乎有限及無限之間的存有，人不能不需要天主。教宗若望保祿二世說：

3 史坦德─拉斯特（David Steindl—Rast）、勒貝（Sharon Lebell）著，周靈芝譯，《寂靜之聲：進入葛利果聖歌的幽微境界》，臺北市：智庫，一九九六年，頁三─六。

聖十字若望……講的解脫不只是從這個世界解脫，而是為了使自己與那宇宙之外的天主結合，不是涅槃，而是一位「位格的天主」。……佛徒的反省，以及對靈修生活指導的終點，就是嘉爾默羅神祕主義的起點。人類靈魂積極與消極的淨化，感官與心靈的黑夜，聖十字若望認為，是為了讓人類靈魂被愛的火焰所滲透燃燒，而必有的準備。這也是他主要著作的名稱：「赤愛的火焰」。[4]

教宗一面肯定佛教，一面指出赤貧的靈魂更能體會天主，需要天主。本書鼓吹單純祈禱，為使我們更能讓天主進駐。這與西班牙神祕家提出的明路的單純是類同的。已歸「0」的純淨靈魂毫不困難地、分秒不缺地活在天主內，祈禱的內容，似有實無，似無實有。

很高興能接觸本書，先睹為快，欣賞它提供的「0」的魅力。相信它會受到大眾的歡迎。希望藉著它更多的人能潛入神聖空間，而使自己的生命更靈動，更寬厚。讓我們一起推動歸「0」運動吧！

（二〇〇六・四）

4 若望保祿二世（John Paul II）著，梅梭里（Vittorio Messori）編，楊成斌譯，《跨越希望的門檻》，臺北縣新店市：立緒文化，一九九五年，頁一一五。

神婚靈修的祕笈

芎林聖衣會劉修女送來一本近譯《主臨我心——真福聖三麗沙的生平與訊息》[1]，邀請我為之寫序。她在二年前已請過我為她當時的新譯《祈禱的美麗境界》寫序。那是一位日本聖衣會神父的作品。幸而很快就寫成，以後在誠品書店的新書部份見過此書的展出。頗令我驚訝的是誠品展覽架上不是放該書一冊，而是放了十餘冊，表示該書銷路不錯。如今又來一本聖衣會的新書，它是否會有上一本同譯者所譯的書那麼受人歡迎呢？筆者無法預估。但至少可以想像喜愛聖女小德蘭的教內外朋友必會歡天喜地地捧讀它。一方面因為小德蘭太有魅力，另一方面因為聖衣會的大德蘭和十字若望最近愈來愈成為大家的靈修新寵，層出不窮的書籍出籠，表示聖衣會領受的恩典歷久不衰。

小德蘭和聖三麗沙二位傑出聖女有太多相似之處：二人都是活在十九世紀末的法國，前者（一八七三——一八九七）與後者（一八八〇——一九〇六）相差無幾。二位都冰雪聰明，都在弱齡參加了聖衣會，都只活了廿多年，但都留下了文字，供人揣摩、讚嘆和則效。

聖三麗沙是何許人也？

---

1 作者按：聖三麗莎已於二〇一六年十月十六日列聖品。加爾默羅會士Fr. Conrad de Meester OCD《主臨我心——真福聖三麗沙的生平與訊息》的中譯本出版資料不明，目前僅有「加爾默羅靈修網」電子版http://www.carmelangel.org/2014/08/09/%E4%B8%BB%E8%87%A8%E6%88%91%E5%BF%83/

聖三麗沙從八歲開始學鋼琴，一直到進聖衣會，共十三年。十三歲時在鎮上舉辦的演奏比賽中得首獎。地方報紙刊登此消息，賀其為明日之星。她喜穿美服，講究髮式，擅長舞蹈，喜歡演戲，又能寫詩，為同儕之中心人物。但她的心早在十歲之前已交給天主了。她寫道：「我決心只愛祂，並且為祂而活」。[2]十一歲初領聖體日，她說：「我們澈底地互相給予」。十四歲時在一次領聖體後，她矢發了貞潔願，「選擇祂做我唯一的淨配……我們互相給出自己，彼此如此地深深相愛，致使決心完全歸屬祂」。[3]這樣的女孩，雖然有時周旋在有眾多帥哥的場合，亦不為所動。他們知道「這一位不是屬於我們的，只要瞧瞧她那注視的模樣！」。[4]有一次，參加舞會前，她寫道：「祈求祂要深深地在我內，使得人們在靠近祂的小未婚妻時，能覺察得出來，也會想到祂」。[5]

在距家僅一百五十公尺遠的地方，有一所聖衣會的會院。麗沙一家搬來第戎（Dijon）時，她只有八歲，她簡直是在隱修院旁邊長大的女孩。母親雖與修女相熟，但反對女兒入聖衣會，曾給她相過親，當然沒有結果。麗沙在廿一歲時終於得到母親首肯（父親已去世），跨入了聖衣會的門檻。從此她真的實現了童年的夢：度一個名符其實的天主淨配的生活。

修道生活給她無法言宣的喜樂，「基督是那麼的可愛，我的未婚夫，我深情地愛祂，在愛祂時，我被轉化為祂。」[6]

請注意最後一句「我被轉化為祂」。神婚的極致，是婚約的雙方因結合而變成一體。公元四世紀

---

2 作者按：寫序當時引文在此書頁八。
3 作者按：寫序當時引文在此書頁一一——一二。
4 作者按：寫序當時引文在此書頁二二。
5 作者按：寫序當時引文在此書頁二二。
6 作者按：寫序當時引文在此書頁三五。

的聖國瑞・納祥主教（330-390 AD）描寫他和巴西略的友誼說：

我們有兩個身體，似乎只有一個靈魂。我在他內，他在我內。我們二人所專心從事的只有一件事：修德行。[7]

而聖方濟・薩威如此祈禱說：

我的天主，我愛慕祢，不是要祢救我升天而愛祢，也並非不愛祢就要下地獄而愛祢。主耶穌，我愛祢，只因為祢受了無數痛苦、以至死亡，這一切都為了我罪人，都為了我罪人。我的天主，我愛祢，我愛祢，因為祢早已先愛了我。我願把我的自由完全交付給祢。求祢用愛情的鎖鏈把我和祢繫在一起，好使我永遠跟隨祢。[8]

啊，我終於了解了：靈魂是無性別之分的，聖戀的確可在男性間及男性與天主間發生。這些有福的聖人在升天前已分享了天主聖三間聖愛的幸福，難怪他們渴望福傳，為使更多靈魂與天主結合，與天主化為一體：「轉化為祂」。

---

7 作者按：參閱一月二日的日課經。

8 達樂編，《心聲》，臺中市：光啟，一九七二年，頁一四——一五。

可愛的朋友，這本冊子雖小，但內容包含了神人相愛的祕笈，讀它，愛它，實踐它提供的資訊，則你會愈來愈快樂，愈來愈自由，因為你將像聖母一樣，成為小型的「滿被聖寵者」。讀它吧！

（二〇〇九・四）

形上日記[1]

法國哲學家馬賽爾（Gabriel Marcel, 1889-1973）於一九二七年出版《形上日記》（*Metaphysical Journal*）。此書使他晉入廿世紀最偉大哲學家之行列。沙特（J. P. Sartre, 1905-1980）稱他為法國存在主義思想的開山祖師之一。馬賽爾未拜胡賽爾（Husserl, 1857-1938）為師，但自行發展一類陳示現象的方法，而獲現象學史家的肯定，例外地恭稱他為法國現象學的先導者，這都拜《形上日記》之賜。

馬賽爾於一八八九年生於巴黎，家境富裕，大學時選了哲學系，因天資聰穎，讀書順利，二十一歲已得碩士學位，隨即進入博士班，撰寫「宗教之可理解性的形上基礎」的論文。在閱讀和撰寫的過程中，他把個人心得和靈感用日記方式記錄，這些資料不進入論文，但保留靈感的原汁，書寫的格式比較自由，不受學術論文的拘束，也不考慮文脈的連貫要求。這是一份觀念初生時的記錄，充滿新鮮感和意識的濃度。

《形上日記》分二部份。第一部份從一九一四年一月一日啟寫，同年五月八日止。歐戰（一九一四年八月三日）前後引發的混亂使他停頓一年零四個月。第二部份從一九一五年九月十五日起到一九二三年三月十六日訖，篇幅佔全書三分之二。第一部份費時不到半年，第二部份卻有七、八

1 《哲學大辭書》第五冊，臺北市：至潔有限公司，二〇〇九年，頁二五三一。

年之久。

二部份時間的間隔配合了作者思想之轉變。第一部份是嚴密的理性思索的成果，抽象艱澀，馬賽爾在自傳中曾說該部份日記令他自己亦難以卒讀。但他認為研究者不可疏忽這一百廿六頁，因為它包含了他未來哲學思想的雛形。

《形上日記》的二部份間中斷了一年半。歐戰發生時，他被徵調入伍。因體弱而未上前線，留在後方紅十字會作失聯士兵的調查工作。他每天接觸許多尋找士兵下落的家屬。這些不同年齡的婦女（母親、妻子、姊妹），臉上流露著焦急的神情，她們是有血有肉的真實個體，不是無名無姓可以歸類的「她」。她們的痛苦敲碎了哲士的理性硬殼，使他從客觀思維的旁觀者，蛻變成全心投入生命的新人。原先的「他」在眾多「妳」的感應下，變成了他人的「你」。他終於體認：人的真諦是「我與你」，存有的定義是互為主體性。戰爭使他經歷了一次「皈依」，使他不再纏身於抽象的義理，而追逐真正的存在。他停寫博士論文，展開蘇格拉底式的旅人生涯。

戰爭期除了上述的「我與您」的經驗以外，他還接觸到了通靈的經驗。他看別人做，自己也試著做，結果是異常符合事實，使人無法懷疑。他以後沒有專事這類經驗的探索，但一直強調它的重要，並鼓勵同人去研究。通靈的資訊顯示亡者循存，並仍能與關心他們的親人相通。至於靈媒則是讓自己身體作為「他者」的工具者。在通靈的過程中，一個身體可以住入二個或更多的主體。「同主體」的概念油然而生。

其他副心理學的現象，如心電感應、神視（voyance）、預言、奇蹟，一一出現在《形上日記》的第二部份中。這些主題也變成他劇本裡的情節，如「升F二重奏」、「打破偶像者」等。稍後他出版《是與有》（一九三五），《臨在與不死》（一九五九）、《哲學片簡》（一九六一）均用日記體寫成，可謂是他的《形上日記》一書的延伸。在《是與有》中馬賽爾細敘他的宗教經驗。與「絕對您」

的默契，使他的哲學得以完整。而他的希望哲學和超越死亡的思考終於有了顛撲不破之形上基礎。

（二〇〇九・二，《哲學大辭書》）

利瑪竇的奇俠異行[1]

稱利瑪竇為奇俠好像有點過份，因為利瑪竇是中西文化交流的巨人，怎麼可以以「俠」稱之。其實所謂「俠」包含了一切有英豪氣概、能劃破長空，直衝宇宙終點的鵬鳥型人物。如此來看，利瑪竇實至名歸。利瑪竇用奇計敲開了古老中國的大門，以其謙虛誠摯的性格、淵博的學識贏得了中國士大夫的尊敬和喜愛，從澳門出發，經過廣東的肇慶、韶州、梅嶺、江西南安、南昌、南京、天津，終於到達北京，這條今日坐飛機只需三、四小時的路程，他卻花了十八年才完成（一五八三—一六〇一），但在這十八年中，他為一生的事業奠定了基礎：學會中國話、熟讀經書、廣結善緣、開發各地的福傳、培育本地神職、譯作豐富，這一切使他變成一個西方的特級大使。他只活了五十八歲，在中國二十七年，但為隨後的諸俠打開了東亞大國之門，他完成了另一大俠聖薩威的遺志，不但在教會史上留名，還被中西文化史不斷歌頌著。稱利瑪竇為奇俠一點也不過份，他真是此後四百年一切有大俠雄志的文化福傳者的超級典範。今年（二〇一〇）是他去世四百週年（一五五二—一六一〇），各地有盛大慶祝，台灣也不例外，輔仁大學將於四月中舉行國際研討會，來加強對利大俠的了解和則效，使基督的神國更能在我國廣揚。

利氏於廿五歲離開羅馬學院時，受過C. Clavio老師（德籍會士）的栽培，諳熟數學、天文、音樂

---

1 此文為臺灣耶穌會通訊《俠客行》（二〇一〇年五月）而寫。

等，又因聰慧異人，看書過目不忘，且能倒背。故到中國後，寫了廿多本書，有關幾何、哲學等，介紹天文曆法、畫世界地圖，製作自鳴鐘及西琴，也把我國四書翻譯成拉丁文，寄往歐洲發表。他的著作和談吐吸引了許多頂級的知識份子，如徐光啟、李之藻。他們不但信了教，還與利氏合撰不少書籍。利氏初來中國時，為了入境隨俗，穿僧服，不留髮鬚。後來知道中國文化和社會以儒為主，遂把已穿了十一年的僧袍換成儒服，而優遊於學者之間。他的北上之旅一直有儒家的貴人相助。在北京九年中雖未能覲見萬曆皇帝，但常出入宮殿，為修理自鳴鐘等貢物，而他的耶穌會後繼諸俠如龐迪我、湯若望、南懷仁、郎世寧等都能逐一進入明清深宮，且受封官爵。梁啟超讚利瑪竇的《幾何原本》說：「字字精金美玉為千古不朽之作」。利氏非奇俠乎？

（二〇一〇・五）

空無所有的親密感

聖女大德蘭（一五一五—一五八二）和聖十字若望（一五四二—一五九一）是加爾默羅靈修的作者。他們造就了聖女小德蘭（一八七三—一八九七）、聖女聖三麗莎（一八八〇—一九〇六，二〇一六年十月十六日列聖品）、聖女艾迪・思坦（一八九一—一九四二）等聖德女性的出現。小德蘭的自傳，清晰易讀。另外四位不這麼好讀，尤其是胡賽爾的徒弟聖女思坦的作品。大德蘭和十字若望留給後世的都是大部頭的經典之作。若無專家引領，大概不易深入了解。英人瑪麗・麥克瑪修女的近作《居於此山》[1]，雖篇幅不多，卻把加爾默羅的靈修的要點充份地介紹給讀者。它不祇是一本入門書，還真能領人深入其堂奧。讀這本小書的人會知道這二位大師把我們引入一條非常簡易的路，它不要我們「多有」，而是「空無所有」，俾使在空和無之赤貧之處，我們可與天主有最親密的交往。

麥克瑪修女是倫敦市內一座加爾默羅修女院的院長。由於長期的祈禱、閱讀和從事培育，她已把前述二位聖師的靈修融會貫通，而用自己的言語勾勒出這本撮要。因它簡單樸實，使無暇閱讀大部頭作品的人也能應用該靈修的方法而使祈禱容易起來。

1 作者按：Mary McCormark的*Upon this mountain*，加爾默羅聖衣會中譯名為《居於此山——加爾默羅會傳統的祈禱》（星火文化公司出版，二〇一一年四月），二〇一三年改名為《走進倫敦諾丁丘的隱修院：體驗加爾默羅會傳統的祈禱》。

與天主發展親密關係的出發點是靈修人感到無法做好默想。作者說：「大德蘭之所以得到她的內在自由，係由於她終於停止強迫自己做慣例式的默想，讓自己單純地享有和耶穌基督的友誼。」什麼是慣例式的默想呢？這是指一套相當嚴格的規定，使初學者學會心禱。它要求默想者善用記憶、想像、推演、理解、情緒、意志等功能，使人通過祈禱穿上基督。

這類方法是中世紀神師們發揚的。但是祈禱有進程，到某一階段時，上述的默想方法可以變成阻礙。要得到與天主建立親密關係的目的，必須採用默觀的祈禱方法。

默觀與默想最大的不同，在於前者不是靈魂的大量活動，也不借助概念經驗，而是直接地與天主來往，像朋友會晤朋友，像慈父會見兒子，在天主和靈魂間空無所有。靈魂只渴望天主，把天主作為焦點，全神貫注地聆聽，毫無保留地開放自己，讓天主長驅直入，讓天主完全自由地在我內行動，讓天主愛，也向天主示愛。這是絕對的親密共融。

分心和各種正負面的情緒免不了還會侵入，但不必為之心煩，平靜地轉回來就好了。這些因素反而成為我們與主更深結合的契機。修女說有人覺得感覺不到天主的臨在，那是我們沒有回到靈魂最深的內室所致，天主只在那處與我們相會。淺層的我，或帶著面具的我不配與天主談情說愛。當我脫掉假我，剝除一切偽裝，真實的天主才與真實的我交往了。

加爾默羅靈修雖然強調「空」與「無」，但也不全然放棄一些輔助的支援，如注視聖像、默誦聖經中的一句話，虔誠的禮儀等。作者提到大德蘭很愛注視耶穌在山園祈禱中強烈的淒苦形像。可見想像也能協助默觀，與天主意志的結合更不必談了。

作者又說默觀者不會停留在自己的進益上，他們一定會關懷眾生。就像大德蘭說過她甘願留在煉獄中直至世界末日，只為了救一個靈魂。而作者也強調人際關係的深度和強度取決於人和天主的關係；「我們想要從與天主逐漸親密的模式中，學會什麼是人際關係的動力，並如何使之倖存。」

「空無所有的親密感」應能刻劃加爾默羅靈修的特色。據此，靈修人不但可以克服祈禱的瓶頸，更可逐入密契的蹊徑，或許終能踏上神婚的高峰。

（二〇一一・四）

聖母每天顯現

回溯一九八一年六月廿四日，聖母在南斯拉夫的默主歌耶顯現給六名青少年：一名十七歲，四名十六歲，還有一名十歲。其中四名是女生，兩名是男生。三十一年過去了，他們都四十歲出頭，乃至半百了。這麼多年來，我們不禁要問，聖母是否還在顯現，是否這六位幸運兒還能每天看到聖母？

一位長年住在默主歌耶的法國修女出版了一本新書《給七至九十七歲的孩子們說美麗的默主歌耶故事》[1]。這位修女作者在書上說：「直到今天，聖母仍然每天來看他們其中的三位，即：伊凡、瑪利亞及維卡。」其他三位，有的在自己的生日當天看到聖母。三位天天看到聖母的幸運兒中，二位男生，一位女生。

年紀較長的那位叫伊凡，他來過台灣，受王秉鈞神父之邀在聖家堂作過見證。那天傍晚，聖堂內擠滿了教友，但王神父帶他先到旁邊的小堂，讓他在那裡安靜地與聖母會晤，十分鐘後回到大聖堂開始宣講。想不到十多年後，聖母還是天天顯給他，不論他在地球哪個角落，時間都在當地下午六時四十分左右。

此書作者厄瑪奴耳修女是巴黎人，曾在耶路撒冷等地傳教，後來轉到默主歌耶擔任法語朝聖團體的解釋員。迄今逾廿五年。她一來就與這六位年輕人締結了深厚的友誼。後者與她無所不談。而聖母

1 此書為教會內部流通讀物，無出版項資料。

顯現給孩子們時，她也常在最旁邊，雖然她看不到聖母，但完全沐浴在聖母的臨在中，從孩子們的虔敬聆聽或高興大笑中，她一而再地感受到聖母。她可以呼吸到聖母的氣息，感受聖母的撫愛，聖母完全認識她、愛她、降福她，要她做自己顯現的見證人。

厄瑪奴耳修女已出版多本書介紹聖母在當地的顯現，原文是法文，其中有些已譯成英文。她也出版電子通訊，有英、法文版，報告當地最新的消息。這份通訊也登載每月聖母通過見證人向世人做的簡短談話。據悉，教廷已開始對默主歌耶展開正式調查，為確定其真實性，並向全世界公佈聖母真在該地顯現的事蹟，使之成為如同法國露德和葡萄牙法蒂瑪那樣被教會正式認可的聖母顯現地。

誠如厄瑪奴耳修女在這本書的封底所說的：「聖母是這麼愛你，愛我們每一個人，她只想著幫助我們。所以，你一定會很興奮地想要知道，聖母透過他們，要給我們說什麼。你會看到在默主歌耶有許多人痊癒，無論是肉身或靈魂的痊癒，如同在露德一樣。這是一個探險的故事，只是這個故事是真實的，而且為了你，故事還在發生呢！」

（二〇一三・二）

女性、男性、神性

黃懷秋教授為她的新作《身體・女人・神聖》向我索序。我說我對此類論說毫無概念，不易落筆；但她希望書序中有男性作者，（另三位為女性），筆者勉為其難地答允了。這本書的電子檔就出現在我的信件中；閱讀了，就試著寫序，希望不負黃教授所望。

對男人來說，「女性主義」一詞有些刺耳，好像是自己不懂或不愛的名詞。或許有男人是女性主義者，就像廿多年前一位外省籍的教授完全投入台獨陣營，頗令人稱奇一樣，但我認識的男性都同我一樣，從未聽過有人自稱為女性主義者。這是可以了解的。他們中可能有許多是尊重女性主義者，或以開放的胸襟接受這個潮流的，但不見得願意把自己定位在這個潮流中。

那麼女人是否一定是女性主義者呢？也不必然。女性中可能有對女性主義提出的一些議題非常關切，但不見得會照單全收，因此可能也不想被貼上女性主義的標籤。而女性主義的領航者不單信服這個主義，並且竭盡全力要傳揚這個信念，要給人類社會引發一次不流血的革命，使人人知道女性從古以來忍受的不平等的遭遇，要喚醒女性的良知，響應這個革命。這一類的女性才是真正的、狹義的女性主義者。

女性主義者發現人類社會中最傷害女同胞的因素是父權主義。不論它的根源多元到什麼程度，可說都與不同宗教的教義有關聯，其信仰的對象以有男性形象的天父為主。神是父，則人間的父亦隨之升級，父權被強調是理所當然之事。在這樣的文化傳統中，女子是沒有聲音的，是躲在男人後面的存在。女子忍氣吞聲，不見天日地活著。終於有具先知性格的女性挺身而起，要與不合理的「意底牢結」（牟宗三教授譯Ideology「意識型態」之方式）作殊死戰。

上面已經講過壓迫女性的歷史因素是多元的，不能以宗教一以概之。我們羅列一些女性在全球各地的痛苦遭遇就會稍有了解。譬如中國的纏小腳和貞節牌坊，印度的寡婦自焚，非洲的陰蒂切除……；佛教的八敬法、轉身成佛、女身污穢之說；主為男性補陽的房中術；女子必須全身包住的伊斯蘭教規定；基督宗教不遑多讓，女子就是「第二性」，是隱在男身後面的影子。

不過在提到基督宗教時，突然出現了一位光芒萬丈的女性：瑪利亞。她不在男人的背後，她是完全的自主，可愛可親，足為女性主義的終極理想的人物。她身上散發著「永恆女性」的光暈，她是天主創造的極致。讓我們試著從「永恆女性」的角度來瞻仰瑪利亞一下吧。

文藝復興之前，歐洲出現一位意大利詩人但丁（Dante, 1265-1361），他在長詩《神曲》中刻劃了一個至美的形象：貝緹麗采（Beatrice）。《神曲》分地獄、煉獄（或稱淨界）和天堂三界。詩人維吉爾（Virgil）帶領但丁漫遊地獄和淨界，到了淨界最高層「地上樂園」時，維吉爾隱身而去。貝緹麗采在天花紛紛、仙樂飄飄中降臨。她紅衣白紗、戴著橄欖枝的冠冕，嫣嫣行近，多情的但丁驚鴻一瞥麗質天生的貝緹麗采，無法自制地隨她上行，「從伊甸園向天堂的聲籟和大光明飛升」[1]。這位女神集諸美善於一身：

> 她了解但丁，含笑向但丁解釋，她朱唇柔啟，有時發出一聲慈憐的嗟嘆，眼睛望著但丁，就

[1] 但丁・阿利格耶里（Dante Alighieri）著，黃國彬譯註，《神曲》，《神曲》，臺北市：九歌，二〇〇三年，〈煉獄篇〉頁四六五—五三〇，〈天堂篇〉頁七—一二。

像慈母回望神智昏迷的兒子一樣。她是最美麗的女子，是最慈愛的聖母瑪利亞。[2]

但丁的生花妙筆啟動了多位大師的靈感。米開朗基羅是其一，歌德是其二，德日進是其三。米開朗基羅在西斯汀教堂畫天主創造亞當時，天主身旁有一位美少女。她是誰呢？是智慧（女性）的化身嗎？還是貝緹麗采？

歌德在浮士德第二篇尾聲中，合唱團齊詠：「永恆的女性攜我上昇」，再下去便是《神曲》的末句：

見旋於大愛，像勻轉之輪一般，
那大愛，迴太陽啊動群星！[3]

此處，有無比威力的美少女若隱若現在推動乾坤呢！

德日進（一八八一——一九五五）有「現代先知」的雅號。他是法國耶穌會神父，古生物學家，曾住天津和北京廿三年（一九二三——一九四五）。為紀念他去世五十週年，自二〇〇〇年起一連五年，每年二次，在他曾工作過的十大都市舉行十次國際研討會。二〇〇三年十月中旬在北京舉辦的是第五次。

---

2 黃維樑，〈在解構的後現代揚起古典崇高——黃國彬翻譯但丁的《神曲》〉，《香江文壇》第十二期，二〇〇二年十二月，頁一八——二〇。

3 但丁・阿利格耶里（Dante Alighieri）著，黃國彬譯註，《神曲・天堂篇》，臺北市：九歌，二〇〇三年，頁五一一。

德神父不單是科學家，還是神修大師。第一次世界大戰時，他應募入伍當擔架兵。退伍前他回里昂會院發終身願。發願前兩個月（一九一九年三月）他花了六天時間寫了一首長詩，取名為「永恆的女性」（L'Eternel Feminin）。他把但丁的靈感吸入自己的生命中，從貝緹麗采身上窺望聖母的形象，而在聖母的慈愛引導下義無反顧地自獻於天主。詩中用永恆女性的口吻述說她如何以貞潔吸引了天主降凡，而後成了母親。基督有的是瑪利亞的面容，他有她的眼眸，她的笑容……。

在聖母身邊，德日進神父學會了童貞式的愛人方式。他一面相信男性的成熟和創造力的開發需要女性的媒介；另一面堅持只以非肉體的方式、並在天主內締結並完成。女性的愛能協助男性走出自我，開向宇宙，擁抱宇宙。德氏認為貞潔式的友誼是一種宇宙間尚未開發的能量。一旦開發，人要發現「新火」（new fire），此新火可促進天主的創造巨業。德神父認為貞潔之愛是人類更高形式的愛，是人類進化的新里程碑。

黃教授大作第五章的主題是〈女性神學與聖經詮釋〉。[4] 她介紹奧絲卡（Carolyn Osiek）主張的五種釋經類型中，有一型是「崇化女性型」，她說：

> 崇化女性型的特色就是把女性抬高，於是，舉凡傳統社會歸給女性的德行或能力，如生產、乳育、照顧、安慰等，都予以讚賞，甚至認為比傳統男性的強壯、權威、命令、與秩序等特性更為優越。有人把這種女優於男的原則應用在聖經的象徵世界，他們甚至認為，聖經中的各種男性的象徵，終極來說，都只是永恆女性（Eternal Feminine）的象徵性表達而已。

---

4 黃懷秋，《走一趟身體的朝聖之旅：從當代女性思維解讀身體・女人・神聖》，臺北市：星火文化，二〇一三年，頁一五九—一九六。

> ……崇化女性型的女性神學經常走進宗教的象徵世界，並且用這個象徵世界的女性象徵來肯定聖經的宗教在本質上不唯不是仇視婦女，反是崇尚女性的……。許多崇化女性型的神學家……專注於聖經的象徵世界，除了喜悅於天主的女性面貌外，她們還致力於聖經世界的其他女性形象的研究，如作為童女的以色列、作為神聖智慧的蘇菲亞，發現空墳的瑪利亞瑪達肋納，最後更以童貞聖母瑪利亞達到最高峰。她們都是永恆女性的表徵。[5]

如果有人問我對女性主義的看法，我會說，我很認同崇化女性型的類型，我是崇化女性型的女性主義者。我會尊重其他型的主張，但我無法投入其中。對不同的立場，我不會隨意批判。通過閱讀黃教授的新書，我對女性主義的各派別有了不少新的了解，我覺得獲益匪淺。希望本書之問世，引發華人學者的深層思考，使他／她們終能在不同領域和著作中推波助瀾，使其中許多可行的觀點能變成社會的共識。

（二〇一三・三）

5 《走一趟身體的朝聖之旅：從當代女性思維解讀身體・女人・神聖》，頁二〇四——二〇六。

《心的勝利》導讀

超自然的跡象，教會常小心翼翼地審查「奇蹟」的真實性，不輕易立即認可之。最近，教宗方濟各宣布將為若望・保祿二世及若望廿三世立聖品。教會本來要求為立真福及立聖品各需有一個奇蹟，真福若望・保祿二世已有了兩個，而真福若望廿三世只有一個，但教宗方濟各免除這個規定，仍願給若望廿三世立聖品。話說聖母顯現的超自然跡象也不少，本文所提默主歌耶聖母（Medjugorje）有很多奇蹟故事，教會仍在審查中，在此煉靈月之際，筆者分享一些默主歌耶的故事給大家。

巴黎初遇艾瑪・馬雅

筆者曾住巴黎六年（一九七〇——一九七六），到巴黎後第一位認識的法國教友就是尚未修道的艾瑪・馬雅（厄瑪奴耳），她那時在巴黎大學讀藝術研究所，常去東南亞採購有異國風味的紀念品，回法後再郵購一批貨在巴黎出售。由於她的東方經驗及熱愛助人，所以，她在一些教會場所張貼歡迎外國學生去她家聚會的告白。筆者初抵法國，人生地不熟，就按圖索驥地去馬小姐住處按門鈴。主人年紀很輕，但成熟大方，非常熱情地把筆者迎入，裡邊已有兩位外國學生，其中一位是非洲人。那次聚會的情形已淡忘，但從此以後我與艾瑪成了莫逆之交，在法國的六年如此，離法迄今三十七年也是如此。我有急需時，常會向她求助。留法期間有機會認識了她的全家。離法廿多年後，也曾帶隊去默主歌耶朝聖。所以，厄瑪奴耳修女願意在台灣出版她的《心的勝利》（*Medjugorje, Triumph of the Heart*）一書時，立刻想到了我。這本書的中譯本很快就飄洋過海來到了台灣，由聞道出版。書中所提聖母顯現故事，在此分享之。

話說一九九八年……

一九九八年耶穌會給我一年進修假，我在法國待了兩個月。一天下午，有個上海家庭來看我。他們不停地說著他們一家三口在默主歌耶看到的異象：

> 約有五十個人，朝向克瑞茲瓦克山上的十字架看去。我睜著大眼看到圍繞著十字架的無盡光芒，洶湧澎湃達一里之遙。蒼天在十字架的周圍舞蹈著，好像無數用粉蠟筆畫的藍色太陽，時起時落……那巨大的十字架還在旋轉，越轉越快，它轉得那麼快，以致成了透明的，最後消失了。[1]

黃先生夫婦和他們十一歲的女兒在朝聖地看到了類似的鏡頭。他們回法後在自家的窗口又看到一次，兩次都約十五分鐘，並且是三人同時看到的。難怪他們那麼有興趣地向我介紹默主歌耶。

黃太太有癌疾，朝聖後不藥而癒。她在朝聖地領到過一種「聖母的特殊降福」，她說領受過這種

---

[1] 厄瑪奴耳（Emmanuel Maillard）著，方濟譯，《心的勝利：聖母在瑪裕歌耶傳給世人的信息》，臺南市：聞道，二〇一三年，頁二。

降福的也可轉給別人，所以她也給了我。她用她的雙手按住我的額頭，一下子就完成了。這種降福在本書頁四三至四七有記載。黃太太說我也可以給別人，但我忘了。這次看了書，才記起來。我與默主歌耶的關係是從與黃家的邂逅開始的。半年後，我帶了一團法國人去了默主歌耶朝聖。

有關聖母特殊降福還有一些補充。聖母在一九八一年六月廿四日顯現給六個年輕人，其中一位名叫馬麗雅，她提到聖母說神父的手傳過聖油，他們的祝福會從天上帶來大量的恩寵。她說：「假如神父知道當他們祝福時所給予人的，以及如果他們能看見祝福的效果，那麼他們將會不停的祝福。」[2]

另一則厄瑪奴耳修女記下與神父稍有關係的故事如下：一位來自紐約的S神父，為了解聖母顯現實況，問妥了聖母顯現的場所，就帶了聖體去參加，因為他要確定顯現的不是魔鬼。聖母顯現時，大家聽一位長輩的話都跪下，但S神父跪不下去。晚上共祭時他的腳卻行動自如。第二天他又帶著聖體前去，同樣的事又發生了，別人都跪下了，只有他跪不下去。他終於忍不住地問聖母為什麼會這樣？他好像聽到聖母說：「我不願我的兒子在我面前下跪。」[3]

超自然的跡象

上面提到的故事，都有超自然的跡象。這種情形在露德和法蒂瑪也有。教會常小心翼翼地審查「奇蹟」的真實性，不輕易立即認可之。

我們知道，耶穌的啟示除了道理外，還有奇蹟。祂甚至肯定所行奇蹟足以證明祂的話是真實可

---

2 《心的勝利》，頁九五。
3 《心的勝利》，頁一三六。

靠的。教會初期不斷地有奇蹟。以後，一些聖人和有聖德的傳教士也屢行奇蹟。因著他們的聖德和祈禱，天主一直使不可能的事成為可能。

厄瑪奴耳修女的書中敘述很多超自然的事蹟，這些故事一定有助於將來教會正式認定並宣稱聖母在默主歌耶的顯現是真實的。下面讓我們來看看厄瑪奴耳修女提供的若干奇蹟吧！

一九八九年十月，真福團創始人埃範決定委派幾位會士去默主歌耶服務時，厄瑪奴耳修女也在名單中，她給聖若瑟寫了封信，他們需要一輛四人座汽車。真福團做了聖若瑟九日敬禮。第九天，一通電話告訴他們，有位住在露德名叫若瑟的教友願意送一輛雷諾三〇五的汽車給聖母，但不知如何送去。厄瑪奴耳修女叫他們送到真福團，因為最近就有一批人要去默主歌耶，不久這輛車就開來了。[4]「求則得，覓則獲，敲則為你開」，在這故事中我們看到信德的驚人效果。

一九九五年威克全家去瑪裕歌耶朝聖，他兩年前有個兒子因車禍去世，兒子的七歲女兒也在車內。他們在默主歌耶的最後一天，去山上向聖母告辭時，居然看到了已去世的兒子。下面是威克的告白：

忽然間，我看到從山下的村莊升起一團小彩雲，它的四周閃閃發光。它是那樣的亮，使我無法轉移視線。那時天空萬里無雲，天氣好極了。那塊彩雲漸漸地向我站著的方向飛翔，飛到山上來，令我驚奇的是它剛好停在我前面，離地面有三尺！雲中有二個人，不如說有一個人和一個人形的輪廓。那另一個人戴著好像白色的面巾。那個人是他，他是……他還跟我說話：「爸爸，我是唐給，沒有把你忘記的兒子，我很快樂。告訴他們為和平祈禱，特別告訴

---

4 《心的勝利》，頁一五一——一五三。

我的兄弟姊妹們，也告訴我的小女兒。」我看見他的腳沒有接觸到地，他說完了話，雲彩就往上升，直奔穹蒼。[5]

此後，這個兩年來一直抱怨天主的爺爺，變成了一個完全不同的人。

再講一個通靈的故事吧！

一位知道自己不被母親疼愛的女士，她原是雙胞胎中的一個，母親拒絕生育。

一個死在母胎中，她卻生下來了。從小得不到母愛。她二十歲時嫁了人，生了一個女兒後離婚。她又結了婚，但無法與丈夫溝通，再生了個孩子。以後她患了「自體免疫症」，加上膠原症、風濕症、貧血症……她痛苦不堪，屢次想自殺。後來她認識了一個江湖郎中，教她自動書寫以通神。她學會後，無法控制地一直要寫。厄瑪奴耳修女寫道：

> 一天晚上，當她正在自動書寫時，恍惚間，她驚醒過來，渾身流汗。怕得要死。接著她看到了撒殫正站在她面前，向她伸出那又黑又醜的手。牠是那麼的可怕，讓她怕得喊出來！她生平第一次呼喚天主的名字，並求天主來救助她。這是她從心底發出的首次祈禱！上主竟俯聽了她的請求，並讓她感到了上主的臨在。她從此明白了這位天主是活生生存在的天主，是美好的，是平安的。從此她的生活完全改觀了。[6]

---

5 《心的勝利》，頁二一一。

6 《心的勝利》，頁二二九——二三一。

這個故事還沒有完，但重要的一部分已交代了：一個用自動書寫來通靈的女子把魔鬼引出來了。一九八一年，三毛在丈夫去世後回到台灣，看了一本書，也用此法與荷西溝通。結果也把魔鬼通來了，以後我在耕莘文教院聖堂幫她解除；有興趣的讀者可參閱拙著《誤闖台灣藝文海域的神父》（該書第二版改名為《你是我的寶貝》）。[7]

英國作家魯易師（C. S. Lewis）曾說魔鬼最成功的伎倆便是使人相信沒有魔鬼。基督信仰絕對肯定魔鬼的存在。聖母對一位神視者說：「一天，魔鬼去見天主，要求天主把默主歌耶的地盤讓給牠：為了這個交換，魔鬼願把世界的其他地方放棄。」[8]可見默主歌耶在天主末世計畫中的重要。法國的神祕家瑪德羅賓（Marthe Robin）極力推崇聖蒙福著的《真誠孝愛聖母》，[9]並強調末世時期聖母要大顯威能，就像《默示錄》記載的，那條在聖母腳下的蛇要咬她的腳跟，但聖母要用她的腳跟踏破蛇的頭。這腳跟就是聖母的忠僕，他們要為信仰受苦，但他們一定會凱旋。書名《心的勝利》取的是聖蒙福的字義。關於五傷瑪特的資料可參閱頁一三，頁八六，頁一六三，頁二一一。

聖母之心得勝利

一九八一年六月廿四日聖母首次在默主歌耶顯現迄今已有三十二年，當年的六位有神視特恩的青

7 陸達誠口述，Killer撰稿，《誤闖臺灣藝文海域的神父》，臺北市：耕莘文教基金會，二〇〇九年，頁一九八—二〇四。本書修訂版為《你是我的寶貝：陸達誠神父口述史》，秀威資訊二〇一六年出版。
8 《心的勝利》，頁一六〇。
9 聖蒙福（St. Louis Mary Grignon de Montfort）著，待示村魯譯，《真誠孝愛聖母》，臺南市：聞道，一九九九年。

少年，現在年紀都不小了，目前都已結婚，住在義大利、美國或本地。其中三位還每天見到聖母，其他三位則在生日或某些特殊日子看到聖母。其中一位神視者伊凡曾來台北聖家堂證道，由當時的本堂王秉鈞神父陪同到隔壁小堂與聖母會晤，然後再出來證道。

聖母每日顯現的時間是當地傍晚六點四十分。換算華東、台灣、港澳時間是晚上十一點四十分；不實施夏令時間的國家還要晚一小時，即清晨零點四十分。時間允許的情況下，我們可以與默主歌耶的教友一起參與聖母的約會，歡迎她，奉獻孝愛之心，也可求我們急需的恩典。願默主歌耶的大風通過厄瑪奴耳修女的《心的勝利》吹到華人地區。願我們能以孝愛之心聆聽她，並奉獻自己，為與她結合，而使「心的勝利」在華人世界中得以充分實現。

中華之母，為我等祈！

（二〇一三・十一）

從十字若望對死亡之高見談起

天主教有一個聖人，名叫十字若望（一五四二—一五九一，西班牙籍）。他有一個「三層紗」的理論。他認為天人之間有三層「紗」，除非把它們一一掀開，天人合一無法達成。

第一層紗是「存在的紗」，這是受造物所共有的紗；第二層是「人性存有之紗」，此為人本性的能力和傾向所形成的紗；第三層「靈性之紗」，此紗雖輕薄，仍把天人隔開，必須將它撕破，才能達到天人合一的終極理想。

前面二層的紗靠存心養性，自我超越及昇華，人可逐一將之撕裂。但最後一層紗是什麼呢？為何要將之撕開，如何將它撕破呢？

輔大哲學研究所聶雅婷的博士論文有下面的解釋，她說：

十字若望認為這層感性之紗又薄又細，它是甜蜜美味的，不能以粗魯的方式來將它撕破。當人越嚐到它的甜蜜美味，越會想把這層紗儘快地撕破。當他到達這個境界時，他同時也準備結束此生旅程。這等人的離世與其他人不同，他是在溫和和甜蜜中，且是在愛的歡愉中過世。靈魂清楚知道自己的純潔富有及充滿德行。他自覺站在分離點上，除了撕破這層紗外，別無所求。而當神為靈魂撕破這層紗後，靈魂得以進入神的國度中。在那兒，他得以與神面對面地同在，再也無法與神分離。[1]

聶女士又說：

撕破指排除障礙，非指切斷或毀壞。因愛之渴望超強，撕破的動作簡潔快速，使得愛火焚燒的靈魂渴望快速撕破，相反，切斷或破壞需要花較多的心力，遠不如撕破比喻之確當。[2]

筆者在十五年前曾寫過一篇名為〈快樂得想死〉的文章。文中提到有不少虔誠的基督徒，因渴望與天主持久、緊密地結合而渴望去世。他們不單「視死如歸」，並且是回到最親愛的父親的家，面見慈愛的天父和聖母。

陳秀丹醫師的新書《向殘酷的仁慈說再見二》像一座顯微鏡，把人最隱沒的思念坦露出來。[3]每個故事後面都有害怕死亡的脈絡，作者用說理和委婉的方式解除病人及其家屬對死亡的怕懼，與他們一起做好的判斷，使病人的痛苦減到最低，死亡乃可不再使人害怕。這是一本醫務工作人員及所有關心死亡問題的人必讀之書。

筆者從一位作「器官捐贈」的研究生處聽到陳秀丹醫師的名字。一、二次信札交往之後，筆者

---

1 聶雅婷，《從「默觀」看東西文化交流與對話——十字若望與莊子的對談》，輔仁大學哲學研究所博士論文，二〇〇六年，頁一六四—一六五。

2 《從「默觀」看東西文化交流與對話——十字若望與莊子的對談》，頁一六四—一六五。

3 陳秀丹，《向殘酷的仁慈說再見二：給愛的人沒煩惱，被愛的人沒痛苦！》，臺北市：三采，二〇一四年。

竟被邀為陳醫師新作寫個推薦序，這是我非常樂意做的事。陳醫師沒有把自己的信仰鋪襯在本書談及的個案背後，但她的佛心仁術實一覽無遺，她雖未像筆者一樣鼓吹「快樂得想死」，但她一定在推展「快樂地死」的真諦。筆者與她「教」不同但未不相為謀，更好套用唐君毅先生的話說：「在遙遠的地方，一切虔誠終當相遇」。

謝謝陳醫師寫這本好書，希望讀者深思之，且向有心人大力推介之，使善終之觀念終能在同胞間普遍落實。

（二〇一四）

另類西遊記

玄奘法師於七世紀時去印度取經，他沿著西域諸國經過帕米爾高原，在異常險惡困苦的條件下，以堅韌不拔的英勇氣概，克服重重艱難險阻，終於到達天竺。後人不斷歌頌玄奘的壯舉，認為他是有宏志的宗教人的典範。

近讀陳愬先生新書《一個人的Camino》。該書記述他四次從法國邊境步行至西班牙的西端聖地雅各・德・康波斯特拉（Santiago de Compostela）的故事。這是一條長達八百公里的西歐朝聖步道，用今日的交通工具一、二天就可抵達，但作者背著大旅行袋跋涉長途，終能到達目的地。或許我們可以把他和古代大僧作一比較。

玄奘出發時已是僧人，而陳君還未信基督呢。行行復行行，美麗的大自然、友愛的同伴和莊嚴的教堂使他碰觸到了超自然。走完全程，他不會離去了：他不單愛這條路，他還愛上了啟發他走此路的基督。從本書的字裡行間我們可以看到他心靈的演變，很像柏拉圖在「愛的饗宴」從山麓拾級而上的求道者，逐級超越了塵世的一切有限美善，終於登上「至善」的山巔。陳君的朝聖路也是立體的，他一直在往上爬，他的心靈與神不斷地契合，而完成了一次非塵世的壯舉。這是他朝聖的特色，值得一切宗教人取法。

書中有不少有趣的故事、對話、笑話、神話……，令讀者興趣盎然，不忍釋手。

他同二個西班牙女生結伴而行，在泥濘山路上走了一整天之後，到了一個庇護所，門外寫著：

「入內請先洗腳」。此時大家汗流浹背，累到不能動彈，都坐在路邊休息。

Barbara帶著聖母似的慈心接收我泥濘的雙腳，很堅持的說要幫我脫鞋，並洗淨我的雙腳。我知道，我再無法拒絕她們這樣虔心的朝聖者，我猜想，也沒有人能取代這種既甜又澀的突發狀況，只是我有點尷尬，不知如何是好。[1]

作者隨著反省說：

東方人一向有隨遇而安的從容慣性，我只好乖乖接受她彎起腰，默默不語地洗滌我的腳丫子，有如一種儀式中的靜默，我好奇地凝視她捲起衣袖時，所懷有的喜樂和謙卑的重量。……多年後，我總算在神學院聽見記憶的回音，那是當時一個非基督徒無法體悟的洗腳的神聖性。[2]

真的，這種謙卑的服侍對天主教教友來說，可說司空見慣，因為每年在聖週的禮儀中，主祭神父，不論他是教宗或主教神父都會效法耶穌在最後晚餐中給門徒洗腳。二〇一二年筆者在高雄聖文生堂參加聖週禮儀，目睹患末期肺腺癌症的單國璽樞機（近九十歲）雙膝跪下給十二位平信徒洗

1 陳墾，《一個人的Camino：資深導遊遊歷全世界，抵不過這條路》，臺北市：星火文化，二〇一五年，頁四五。

2 《一個人的Camino：資深導遊遊歷全世界，抵不過這條路》，頁四五。

腳。耶穌不乏傳人，但為陳君來說，這是他第一次目睹耶穌藉祂的門徒以謙卑和愛德來對人類啟示祂的價值觀。

另一次，有位義籍的Maria在一個小教堂裡，用異語為作者祈禱。她「唸起一堆咒語似的拉丁語」，像個有權威的神父在他額頭上畫了一個十字符號。這是作者第一次與十字符號有所接觸。隨著，她向他說：「一位朝聖者，他所做的事是將朝聖的愛栽入人的靈魂裡，而且必須依靠懺悔的力量才能使這項使命圓滿。」[3]她勸陳君閱讀聖奧斯定的《懺悔錄》，因為這本書能給朝聖者大量的內在補給。

從這些談話中我們多少可以窺聞到朝聖者旅途中的交談內容，他們在放鬆而有目標的行旅中，因聖神的默導而交流許多非文字所能傳遞的道理。許多人因此獲得了信仰或悔改之恩。他們的精神得以充電，心靈具有方向，對神聖事物的吸引力更敏銳，也更渴望度與天主結合的生活。

我稱其書報導的是另類的「西遊記」，實因它從歐洲西端帶回來的不是要翻譯的洋書，而是活生生的靈魂經驗，每一位讀者都會受他感染。

陳先生文學造詣極深，文字流暢，加上許多風趣的故事和精美的圖片，可以想見讀者翻閱時毫無困難，欲罷不能。

對異國有著浪漫遐思的朋友都該人手一冊。

（二〇一五・二）

---

[3] 《一個人的Camino：資深導遊遊歷全世界，抵不過這條路》，頁五一。

杜公逝世廿五週年文集序：主，祢為何對我這麼的好？

杜華神父（Louis J. Dowd, 1911-1990）去世時，賢坤的淚流了三天。浩中畢業旅行，經過新竹，拜訪杜神父，神父一見到他，就張開雙手，緊緊地把久別的他抱住。他們不會忘掉神父對他們的愛：「神父，你為什麼對我這麼的好？」

這本紀念杜神父逝世廿五週年的文集，[1]每篇文章要講的是同一句話：「神父，你為何對我這麼好？」

點點滴滴的回憶，或強烈深刻，或瑣碎小事，都在記錄神父對自己的好。

最深刻的愛是無言的，因為這是心靈的言語，這是靈魂的流露。但它還是要說出來，就像這首「為何對我這麼好？」的歌詞一樣。歌詞中的言語是超過言語所能承載的，所以能激發眾多人的回響。這是造物主安排的奇妙之處。

天主自己也對眾多摯愛的靈魂講：「你／妳為何對我這麼好？」祂先愛了我們，先感動了我們，然後我們回應，我們才會大聲唱出：「主，祢為何對我這麼好？」而聽到的人也聽到了耶穌在給他／她唱這首歌。

---

1 黎建球等著，《阿督仔老杜：杜華神父逝世廿五週年》，臺北市：甦聲雜誌社，二〇一五年。

杜神父在八十年前，聽到了自己內心湧出來這句驚心動魄的禱詞，他一而再、再而三地誦念，一次又一次地深入，直到透入他靈魂的根層，他澈底地被基督征服，被基督同化，從此以後，他變成了傻子，傻到遠離家鄉，到揚州、上海、南京，新竹，把耶穌的愛傳輸到年輕學生的心裡。這些青少年認識了神父，也認識了基督，他們開始向耶穌，也向神父從心底溫柔地唱：「你為何愛我這麼深？你為何對我這麼好？」

可愛的朋友，當你／妳念這本文集中每篇文章時，你／妳或許也會被這些作者的真情感染，那麼同他們一起唱吧：「主，祢為何對我這麼的好？」

為何對我這麼好？（詞／曲：盛曉玫）

走過熙攘人群，踏遍海角天涯，
找不到一份愛像耶穌。
祂撫慰我心，祂懷抱我靈，
測不透的　不求回報的愛情。
愛到為我降生，愛到為我受死，
愛到體恤我的一切軟弱。
祂柔聲呼喚，祂耐心守候，
永不停息　無怨無悔的愛情。
祂為何對我這麼好？
我雖然不配　祂卻聽我每個祈禱，

或在寧靜清晨，或在傷心夜裡，
祂為何對我這麼好，
我雖然不好，祂還愛我如同珍寶，
此情山高海深，
主祢為何對我這麼的好？

（二〇一五・四）

安寧療護的聖召

今年暑假我有三年一次的探親假，去了溫哥華和上海。在加拿大重逢了久違的老友許建立伉儷。先生是台中人，夫人碧瑜是菲律賓華僑，我在碧瑤念書時曾多次被邀請去她家作客。他們二位均就讀於台大中文系，相識相愛而結成連理。一九六九年我晉鐸後不久曾被這二位新婚之幸運兒邀至聖家堂奉獻感恩祭。他們的虔誠與謙和使我印象極深。四十多年飛馳而過，如今他們同我一樣都自教職退休。二位在溫哥華不同的單位做志工。建立慈眉善目，配上一小束鬍鬚，頗顯長者風範。夫人碧瑜在菲律賓夏都長大，性格宛如該市的氣候美景，和顏悅色，笑容可掬、人見人愛。他們有一男一女，都已婚居他處。他們把我與舍妹達安從機場送到老人公寓，覺得舍妹住處太小，希望我們住在他們家中，但因種種原因，我們婉辭了。接下來的三個星期中，他們多次帶領我們去勝地遊憩，最後還給我送行。我覺得與他們相處就像家人一樣：親切而無壓力。與他們為侶給我的溫哥華之旅大大加分。

建立做了七年多志工，他一篇一篇地把安寧病房所見所聞訴諸文字。他中文造詣極高，所寫的文章都可發表。幾年來，他積累了十幾萬字，要出書了，他請我寫篇序。我從台灣九二一大地震開始，在輔大宗教系開一門「生死學」的課，教了十幾年。因此對生死問題不會陌生。

建立與末期病人談話，是用同理、同情和關愛三管齊下進行的。他常在這些末期病人身上看到去世的父母親，以照顧父母親的心情撫慰他們。他說他看到高貴的氣質：自信自謙、尊重別人，不亢不卑……，[1]他認為他們的美德都是在平常生活中不斷陶冶、培養出來的。他遇到過結婚了七十一年還鶼鰈情深的老夫老妻。

建立不避諱地同病人告白：他從前信天主教，後來轉向佛教。遇到困難時，他會緊握佛珠念佛。他學過按摩，可讓病人放輕鬆。但每次給人按摩後，他渾身冒汗，表示一點也不馬虎。

他從佛學課程裡學到了許多訣竅，譬如「能量治療」、「自他交換法」、「茶禪」、「頗瓦法」。他皈依了佛（我想他的母親在這方面影響他很大）。他書中多次提到「神佛的恩寵」，表示他沒有把神棄之不顧。可見不論是「神的恩寵」或「佛的加持」，他都拳拳服膺，他所作所為完全遵照新約福音的精神，恐只有過之而無不及。我相信有一天建立會在一次神慰中，再次投向天主的懷抱，也繼續孝愛他前半生一直對之有孺慕之情的聖母瑪利亞的。

書中的故事，並非都是溫馨的；也有一些否定性的遭遇，如一次去望彌撒，看到一輛豪華車輛停在救護車的格子內，勸說無效，建立很生氣，或許這樣一個教友的倨傲是使他逐漸傾向改信的外因之一。

一個瀕死的父親，天天想著要看他的愛女。但女兒截然拒絕，因為爸爸同媽媽離婚，她恨他，永遠不要見他。[2]

有人在BC大學附近建了一座安寧療護的醫院，結果那區的房地產的銷售量一落千丈。可想而知這些原要在此地購屋的富豪都是迷信的華人。[3]

---

1 許建立著，羅東聖母醫院安寧病房編，《陪伴，在離別前：加拿大、臺灣安寧病房志工體驗》，臺北市：光啟文化，二〇一五年，頁五〇—一〇〇。

2 《陪伴，在離別前：加拿大、臺灣安寧病房志工體驗》，頁一〇六—一一二。

3 《陪伴，在離別前：加拿大、臺灣安寧病房志工體驗》，頁一六二—一六七。

一個十七歲的青年用釘書機釘自己，最後上吊，幸而未果；卻因腦部缺氧過久……。[4]

最後讓我們講個積極的事件，來結束這篇導讀吧。

建立的媽媽是虔誠的佛教徒，一九八七年臨終時寬恕了爸爸的外遇。自稱「重情」的建立，在廿幾年間一定常與母親溝通，就像唐君毅教授講的「真情通幽冥」，也從母親身邊吸收了慈愛待人的生活態度。

「安寧療護」是聖召嗎？以愛心做的服務絕對是神聖的，安寧療護的志工們使瀕死的弟兄姊妹得到溫暖和希望，他們像德蕾莎修女一樣把神（佛）的恩寵播傳給許多需要照顧和安慰的朋友。我們一起戮力推廣這樣的聖召，好嗎？

（二〇一五・十一）

4 《陪伴，在離別前：加拿大、臺灣安寧病房志工體驗》，頁一二六——一二九。

你是我的寶貝[1]

本書原名為《誤闖台灣藝文海域的神父》，是台北「耕莘文教基金會」及台南「百達我為人人協會」於二〇〇九年聯合出版的書。「誤闖」指主修哲學的我誤打誤撞投入了文學天地，且在其中航行了四十年這樣一個故事。

耕莘寫作會在一九六六年由美籍張志宏神父（Rev. George Donahoe, S. J.，1921-1971）創立。張神父謙虛有禮，贏得了授課作家和學生的愛戴。可惜五年後，半瞎的他在帶領一百廿位學生去中橫健行時，因閃避不及被一貨車撞跌山谷去世。寫作會因有如此一位前輩的開創與帶領，一直保持深厚的友愛氣氛，歷五十年而不衰。

繼任的鄭聖沖神父是光啟出版社社長，帶了五年後就把棒子交入甫自巴黎歸國的敝人手中。一九七六年（我接任會長職那年）迄今，寫作會起起伏伏、經歷了許多滄桑，多次瀕臨生死關頭，卻能死而復生。今日文創空前發達，耕莘還能繼續生存，在文藝界佔有一片天地，實是奇蹟。轉捩點是二〇〇六年寒假期間我們舉辦了「搶救文壇新秀再作戰」文藝營。每次消息一上網，很快就招到一百五十個名額。該營已舉辦了十一次，盛況一直空前。想不到一個民營的文學社團在e世代還有如許的魅力。

---

[1] 陸達誠口述，Killer撰稿，《你是我的寶貝：陸達誠神父口述史》，臺北市：秀威資訊，二〇一六年。

本書在寫作會五十年金慶時再版是有其意義的。本書前一部份稍多涉及個人的生平，似乎與文學無關。但從這些篇幅中讀者可以了解那位後來要帶領寫作會四十年的會長的成長背景。他有那樣的家庭、信仰、聖召及隨之而來長達二十年的修會培育，使他終於有這樣一個生活和工作的格調，此為該書後半部報導他在台灣藝文海域衝撞鋌險之經歷埋下伏筆。

在校稿及增訂時，體會四十年來我對寫作會的會員的情感是那麼的深摯，令我自己也驚訝不已。我雖用一生心血在攻讀及教授哲學，但我天生的感情豐富，通過信仰和靈修瀰漫到整個生命。十八歲時決定修道，在修道過程中我領受了大量的恩典，我一再把自己奉獻給天主，並願為愛天主而奉獻給眾生。我對天主的愛是無條件的，所以我從不考慮還俗。對天主的愛轉到人間，就是對人的愛，也可以達到無條件的程度。

我一再聽到天主同我說：「你是我的寶貝」時，我也開始向天主託付給我照顧的人，特別是年輕人，說：「你是我的寶貝」。我確可對每一個寫作會會員講「你是我的寶貝，我對你的關愛是無條件的」。新的學員報了名，參加寫作會，雖然我還不認識他們，但我已經決定要一個一個去認識，我心裡對他們的關懷已經是無條件的了。我的最大的幸福和痛苦，就是當他們有一天像候鳥般飛走時，我會難過。但若彼此心靈還很相契，即使從空間上看是分離了，實質上還在一起。這種關係已使我與寫作會化為一體了，我再也不可能離棄寫作會了。

最近一位會員聽我說：「每一位寫作會的會員都是我的寶貝」時，堅持要我把本書改名，不用「誤闖台灣藝文海域的神父」，而改成「你是我的寶貝」。要作這個改變不是很容易，但略略反省，就發現這正是我一生對待學生的標的，因為我天天在心裡說：「天主給我的每一位寫作會朋友，都真是我的寶貝。」我對寫作會的明天充滿希望，因為有愛的地方，就有光，就有希望。

（二〇一六・七）

雷煥章神父著《上海教友生活史一九四九——一九五五》序：天主使一切協助那些愛祂的人

教會初期有五旬節，那是耶穌復活後第五十天在耶路撒冷發生的事。耶穌被釘十字架之後，第三天復活了，此後四十天多次顯現給門徒們，許下要打發聖神的承諾。果真，在祂升天後第十天，耶路撒冷發生了驚天動地的大事：地震，門徒的頭頂出現火舌，不同言語者可以溝通。聖神好像一把大火，把在場的人燒得熱情洋溢。充滿聖神的伯鐸，滔滔不絕、激昂慷慨證道，責斥猶太人出賣耶穌。當下三千人領了洗。教會於焉誕生了。皈依的新教友在聖母的慈暉下度愛的新生活。教會初期有五旬節，以後二千多年來一再還有大大小小的五旬節，天主用五旬節的方式來淨化及重振祂的教會。

六十年前（一九五〇——一九五五）上海天主教徒經歷了一次媲美初期教會的五旬節。寫《這座城市裡的兒女》的法籍雷煥章神父（Fr. Jean Lefeuvre, S. J., 1922-2010）當時身在上海，親身經驗了這段歷史。他目證上海青年的非比尋常的智慧和勇毅。他們在龔品梅主教（一九〇一——二〇〇〇）領導下，用和平的福音與信德，依靠天主聖神武裝自己，成為可以為正義殺身成仁、大無畏的勇士。他也目證了他熟悉的許多青年因信仰天主教而被拘捕並被發放邊疆的鏡頭。本書於五十年前寫成，在巴黎出版，今日終能以中文問世，饗國人，是為大幸。

耶穌復活後五十天的五旬節，聖神把畏首畏尾的平凡人轉化成信仰的巨人，從戇頭戇腦變成能夠引經據典的福傳者，從大難臨頭時逃之夭夭的懦夫變成可為真理流血殉身者。聖神的大火把他們鍛鑄成了真正的門徒。

上海天主教教會的經驗雖沒有初期教會那麼壯烈（被釘死，被餵獅），但細察之後實有很多類似之處。

一九四九年北京新政府成立，公開說的是給予基督徒信仰自由，但居然亦說「政府更應為了絕大多數人民而保護攻擊信仰的自由」[1]。共產主義社會最終是不允許宗教存在的。政府先從基督新教下手，以相當快的速度成功地建立了一個三自（自選、自養、自治）的革新教會。之後就把矛頭指向了天主教。

一九四九年被祝聖為蘇州司牧的龔品梅主教，在一九五〇年被教宗調回上海統管江南三個教區（上海、蘇州和南京）。龔主教為了膺此重任，先做了為期三十天的依納爵神操，以便好好面對那些天主交託給他的人，並在避靜結束前寫了遺囑，他願為捍衛教會的未來奉獻自己的生命。龔主教的高風亮節很快地感染了整個教區的氛圍。

一九五一年七月政府驅逐了教廷公使黎培理主教。兩年內驅逐了所有的非國籍的教士。中國神職被迫做政治學習，政府有雙重目的：改造神職的思想，並從中挑選可做革新領袖的人。

該年夏天出現了兩位人物，他們開創了為信仰而不怕死的先例。他們是董世祉和張伯達神父。

董神父生於四川，在上海長大。抗戰時去雲南當翻譯員，勝利後曾在北京修道院教書。一九五一

---

[1] 雷煥章（Jean Almire Robert Lefeuvre）著，張依納、楊昕爵譯，《上海教友生活史一九四九—一九五五：這座城市裡的兒女》，新北市：輔大天主教史研究中心出版，二〇一七年，頁六七。

年六月三日他去重慶在主教座堂的廣場上發表了一篇以「兩全其美，自我犧牲」為名的演講：[2]把肉身獻給國家，把靈魂獻給天主，此為他對愛國愛教兩全其美的詮釋。董神父以後沒有再回上海，下落不明。

另一位是耶穌會士張伯達神父（一九〇五—一九五一）。[3]他是上海徐匯中學校長。由於他公開反對三自革新，而被校內共產黨團列舉十大罪狀加以批鬥。一九五一年八月九日被捕，十一月十一日死於監獄。[4]十一月十三日龔主教在徐匯大堂穿紅色祭衣舉行大禮感恩彌撒。五千餘人參加，男生手臂套黑紗，女生頭紮白花。彌撒結束時唱《謝主頌》。彌撒後，教友集結堂外，情緒高漲，無法離去，「即使彼此素不相識，也熱情洋溢地互相緊緊地握手。」[5]這不是教會初期第一次五旬節的翻版嗎？張神父的為主殉道使教友不再怕死，決志迎受最嚴峻的考驗。

「不怕死」變成上海公青的靈修目標。每人備有一個內含日用品的小包裹，一旦就擒，可以立刻上路。

許多年輕人在神師領導下開始度靈修生活：每年做三天神操，每天參加感恩祭、每天做半小時的默想、念玫瑰經、拜苦路、看聖書、省察。靈修在年輕人的心靈中引發極大的自由和喜悅。這樣的喜

2 可參考：董世祉，〈兩全其美〉，《神學論集》八三期，一九九〇年，頁六四、一〇二、一一八、一二六。

3 可參考：蔡忠賢，《共黨的「勁敵」：張伯達司鐸》，澳門：華明，一九五三年。

4 作者按：張伯達神父殉道後，作者自己和另一位青年朱恩榮得到了聖召，進入耶穌會，可參考朱恩榮口述，譚壁輝等撰稿，《天恩主榮一世情》，臺北市：耕莘文教基金會，二〇〇九年；陸達誠口述，Killer撰稿，《你是我的寶貝：陸達誠神父口述史，臺北市：秀威資訊科技，二〇一六。

5 《上海教友生活史一九四九—一九五五：這座城市裡的兒女》，頁八五。

悅在往後的歲月中，包括在勞改營，一直滿溢在公青（公教青年）的心中。[6]

距離上海五十公里的佘山是教友最喜愛的朝聖地。每年五月成千上萬的教友赴佘山敬拜聖母，從半山腰的中山聖母堂跪拜苦路一直到山頂，在高聳的進教之佑聖殿內恭望彌撒。值得一提的是網船教友，他們在每年聖母月從不缺席地來佘山朝聖，有一次多到六千舟，[7]可見其壯觀。聖蒙福著的《孝愛聖母的真諦》帶引很多教友把自己奉獻給聖母。他們把自己的未來都交給聖母安排，如果他們須去監獄或遙遠的勞改場地，他們知道聖母一定寸步不離，一切無足慮焉。

政府為了加快政治學習效果，揭發所謂「天主教徒的叛國作為」，無所不用其極：報紙的頭版、電影院播放紀錄片、大型展覽會……。展覽的有被查獲的發報機、手鎗、行刺政府領袖的計劃書、虐殺孤兒的照片等。有一個叛教的信徒供認自己曾接受二萬元為做假見證。[8]

為了加深教友的信仰，耶穌會長上組識了「系列信仰講座」，一連三天或五天的在同一座教堂舉行。講道的神父都是精挑細選過的。每次講四十五分鐘，講完由主教主持聖體降福。由於道理講得太精彩，佳譽遠播，吸引了比聖堂所能容納的多上四、五倍的聽眾。因此必須在堂外及禮堂、教室增設許多擴音設備。每位神父的道理都出自肺腑，把聽眾吸入他自己的靈修核心，把他們帶向一個集體的高峰經驗。禮儀結束後，教友都在堂外熱情洋溢地分享心得，忘掉時間的存在。這不是初期教會曾有過的信仰經驗嗎？

這些道理和熱心的內修神工使上海公青邁入了耶穌摯愛的門徒的行列，他們有「頭可斷、體可

---

6 《上海教友生活史一九四九—一九五五：這座城市裡的兒女》，頁九〇，頁一八八。

7 《上海教友生活史一九四九—一九五五：這座城市裡的兒女》，頁一九八。

8 《上海教友生活史一九四九—一九五五：這座城市裡的兒女》，頁二二五、二七六、二七九、二九三、二九六、三〇五、三〇八、三二七。

毀，志不可屈」的雄心。

一九五三年一月一日下午有全教區的公青在君王堂的大操場上大會師。出席的有一百廿座大、中、小學一千三百個學生。主教佇立在主席台上，檢閱各校的隊伍。之後，一位醫學院的學生上前致辭說：

> 尊敬的主教，請允許我向您致詞。一九五二年榮耀鬥爭的光輝仍將照亮新的一年。一九五三年等待著我們在精神鬥爭的內在戰役中聖化自己。這一年，天主的愛將在教會中豐收鮮花。而您，正如一位優秀的園丁，將負責使它們長得更加旺盛，更加芬芳。
>
> 我們自豪地承擔起教會的希望。您，主教，就是這顆充滿希望、堅忍不拔的大樹扎根並獲得滋養的土壤。在上海教區中，您就像是太陽，放射出光芒和溫暖；或者，更應該說，正是由您從聖城羅馬，我們心愛的聖父，教宗那裡給我們傳遞了他的熱情和光明。……[9]
>
> 在勝利的道路上，總會有血跡的，而勝利的果實都經歷過淚水的洗滌。……[10]

最後，他用祝願的方式結束致詞：

> 一九五二年鬥爭的光榮依舊照亮這新的一年。這是在鬥爭中生活的偉大時刻。但是，這生活的偉大來自於完成主教的願望和天主的聖意。祝尊敬的主教享見天上耶路撒冷的榮耀。祝尊敬的主教

9 《上海教友生活史一九四九—一九五五：這座城市裡的兒女》，頁二〇一—二〇二。

10 《上海教友生活史一九四九—一九五五：這座城市裡的兒女》，頁二〇三。

在現世生活的日子裡，能夠看到教友以聖愛照耀世界。願整個世界歸化。願法蒂瑪聖母的轉求能實現您的願望。願和平降臨到我們身上。願罪人能夠悔改。願天主的神國來臨。[11]

這位致詞的學生以他和聽眾熱烈的對話作為結束，而這些祝願在歡呼和鼓掌聲中被突出了，並以強烈的節奏表達了眾人的興奮心情。

這位大學生代表了所有的上海公青和上海教友表達了對教會、教宗和主教真切愛慕的心聲，這是一個共識和誓言。上海教區有幸以受難的方式被天主寵愛，亦宣了誓決不辜負天主。

暑假中聯考揭曉，許多公青被拒在大學門外，這是不足為奇的。另一些上榜的，被分發到南京、北京、杭州、保定、漢口、廣州等地。他們一到那裡，就去接觸神長，給他們加油。一次在杭州的諸聖瞻禮彌撒結束時，一位同學上前誦讀上海神父的講道，那座教堂長久以來停止了一切講道。[12]他們也在自己的周圍建立虔誠的小團體，南京與杭州都有三十多人。北京在聖誕節後十二月廿八日，五百多名大學生參加由德化隆主教（Bishop Joseph Julian Oste, C.I.C.M., 1893-1971）主持的彌撒，重申了領洗誓願，誦讀了上海主教的一封信。一位同學寫道：「北京三百位神父中最多只有十八或十九名革新分子，他們沒有什麼大的影響力。」上海教友出去以後重振了其他地區教友團體已喪失的勇氣。誠如作者所言：「上海教友團體起到天主上智所安排的、激勵其他教友團體的作用，這也許並沒有完全被人注意到。因此它的覆滅引起了整個中國教會災難性的結果。」[13]

---

11 《上海教友生活史一九四九—一九五五：這座城市裡的兒女》，頁二〇三。

12 《上海教友生活史一九四九—一九五五：這座城市裡的兒女》，頁二一一。

13 《上海教友生活史一九四九—一九五五：這座城市裡的兒女》，頁二一二。

現在我們要談談上海教會面臨了怎樣災難性的覆滅。

一九五五年九月八日下午，龔主教外出回家時，教堂門口有幾個外國人等著。汽車停下來後，那幾個外國人告訴主教他們是英國大使館來的，他們希望主教立即跟他們去大使館，因為上海教會那天晚上有浩劫臨頭，主教最好去英國使館以躲過難關。主教立即回答說他不去，他不能讓自己的屬下受苦而自身逍遙。當天半夜，主教被捕，開始他長達廿八年（一九五五—一九八三）的鐵窗生涯。

九月九日「解放日報」首頁大幅刊登：「龔品梅反革命集團在帝國主義間諜特務份子指揮下，披著宗教外衣，利用天主教『上海教區』機構為掩護，在全國各地積極進行搜集情報的活動，盜竊我國重要軍事、政治、經濟情報，供給帝國主義間諜情報機關。……龔品梅反革命集團分子還建立了『救國革命黨』，『中國少年同志革命委員會』等反革命組織。」

隨著主教被捕，還有二、三十位神父修士，及五百位教友入獄。過了二個星期，第二次大逮捕又把八百位教友送入囹圄。幾乎每一個監房都有天主教友。這批最積極的神父教友被一網打盡之後，上海天主教進入靜默無聲的時代。一九六〇年三月龔主教被判無期徒刑。一九八三年獲假釋。一九八八年赴美就醫。一九九一年榮升樞機，二〇〇〇年在美東安息主懷。

上海教區在一九五〇至一九五五年有過五旬節式的信仰經驗。在普通情況中無法忍受的壓力下，教會在龔主教領導下度過了最精彩的五年。苦中有樂，有聖神的引導，聖母的保護，這座城市勇敢地為天主作了證。他們在受苦中深深體會天主的聖愛。我們可說上海教會那五年的靈修是受苦基督方式的靈修，他們從每天傍晚拜苦路中吸取了基督的精神，而勇往直前地隨祂一直到十字架山的頂峰。感謝天主和聖母用這常人難以理解的方式照顧上海教會，也照顧整個中國。「天主使一切協助那些愛祂的人」（羅八：二八），主愛的靈魂深刻體驗到：現在的苦楚，比不上將來與祂面對面的滿足與喜樂。

（二〇一六・九）

快樂得想死？

一九九九年初我去美東耶魯大學進修，開始踏入生死學研究者的行列。

某天早晨，我寫了一篇〈快樂得想死〉的文章，是台灣《恆毅》雙月刊的專欄。

進入我思維中的第一個記憶，是二、三個月前我在英國北威爾斯做神操時的感受。在寒冬的一個月中，三十八位來自世界各地的共修，嚴守靜默，（其中有不連續的三個半天，可外出郊遊，不守靜默），每天要做四次到五次一小時的默想，見神師一次，報告默想成果並接受下一天的默想資料。

這個西方「禪修」的操練很快地把我帶離塵世，而藉神師的指引逐步潛入神聖空間。其間展現的開脫、自由、忘我、專注、被天主接納與愛都是前所未有的經驗。在一次又一次的默想中我體會的喜樂實在無法形容。

第一次休息日，在等待與同組朋友出發郊遊前，我坐在一個搖椅上，對望不遠的半山，看到無數胖胖的綿羊，徘徊在山坡上，垂著頭，埋頭苦幹地吃著草。

我想到耶穌最喜歡講羊的比喻，他愛眾生尤如自己牧放的羊。這時一首四十年前在上海唱的譜上音樂的聖詠（第七十三首），不知不覺地飄入了我的腦海中：

你握住了我的右手，我要常與你同處。

在天上除你以外，我還能有誰？

在地上除你以外，我一無所喜。
我的肉身和心靈雖已憔悴，
天主卻永遠是我心的福份和磐石。
親近天主對我是多麼的美好，
只有上主天主是我的安所。

那時我覺得極深沉的平安及與天主同在的無比喜樂，在這種氛圍中，我想：如果這樣死去，是何等的好啊！因為要保持這種與天主同在的幸福，除了脫離肉身和這個塵世是別無可能的，這真是一種快樂得想死的經驗。

後來有位年長的教友姐妹看了我的文章同我說：「說『快樂得要死』還行，絕不可說『快樂得想死』」。

真的，一般而論，死為華人是忌諱的字，是大家能不提，就儘量不提的字。現在我卻不單要提到它，還把它當作「最愛」地想望它，豈不荒謬！

雖然撰文的時候，落筆超快，沒有故意地棄「要」挑「想」，但潛意識中一定別無他選：要講當時的強烈的平安與喜樂，願意永遠留在那個境界，只有「想」這個字可以配合我的心情。

這就使文字變得很古怪，如何解釋這個「人人喊打的過街老鼠」，可以變成寵物呢？

以當時的心情來說，我個人因著經驗天主的愛與恩寵，不單不怕死亡，還真的懇求天主，讓我在死亡時有這種不可思議的平安與幸福，使我真的會快樂得想死。就在做神操的那時，如果天主要結束我的生命旅程，我也ok。

「親近天主對我是多麼的美好，只有上主天主是我的安所。」

回台後，那年的下學期，我在輔仁大學開了一門「生死學」。不少宗教系內外的學生都來選修。我一開始就在黑板上寫了「生生學」三個字。死亡不是絕滅，而是生命的另一個開始。很明顯的，這種想死與厭世而想死是完全不同的。前者是被天主吸引，渴望不再與天主分離；如果要達到這種境界，非與自己的身體或世界分開，也在所不惜，所以這種想死是積極的行為，是聖愛經驗的後果，當然沒有基督信仰的人是不容易懂的，誠為不足為外人道也。

黃瀅竹小姐在十多年前看過我寫的〈快樂得想死〉一文，她為她的新書《告別練習》向我邀序。[1]我有機會在數天中把她的新書閱讀一遍，覺得獲益不少。該書前後二部分，非常溫馨，選登的資料引人入勝，作者心思細膩，導人深入探祕，學會告別練習。至於中間的一大部分，有關法律的居多，對少看這類文字的人稍嫌困難。但內容既重要又豐富，字字珠璣，巨細靡遺。相信大部分接觸此書的讀者，都會感激作者給他們的啟發。

筆者是天主教的出家人，在大學教的是哲學，故對財經法律完全是門外漢。此書在緊急需要時使像我這樣的門外漢給自己和親友提示不能遺漏的事項，而使大家避免因疏忽而遭受的嚴重損失。

書上提到許多功課都不是局外人很熟悉的，如拒用維生醫療、病人自主權利法、器官和大體捐贈、六種合法遺囑的撰寫及遺囑執行人的委任、去法院公證處或民間公證事務所辦手續、分財產有關的特留分和應繼分、遺產稅的免稅或申報期限……。筆者建議可建立一種新的職業，專門協助亡者家屬辦理一切有關事務，提供像旅行社、婚禮社或殯葬社的整套服務，一定大受歡迎，因為省去了喪家在悲痛中無法卸下的重擔。

身為一個天主教神父，讀這本由居士寫的告別練習，覺得毫無困難。我們二教對死亡的看法雖不

---

1 黃瀅竹，《告別練習：唯有學會告別，人生才能繼續》，臺北市：三應股份有限公司，二〇一八年。

一致，但對人生大事的關懷及願協助的心意是完全相同的。感謝作者細心，照顧到非佛教徒的感覺並為配合這些讀者的心理需要而增加一些篇幅，使此書的應用面擴大到可為全民使用的幅度，是台灣居民之幸。

（二〇一七・九）

隨筆

巴士奇遇記

持了張補票，踏上赴台中的中興號。還好，前面只有廿來個人，找個位置準沒問題。由於旅行太少，不諳行情，看到前面的人都往後走，而第三排尚有空位，便當「仁」不讓，近水樓台，坐了下來。未幾，乍見第二排的二位起立讓座，敢是執有劃票的真主駕臨，一想不妙，免蹈覆轍，先讓為安，就起立轉身，往後移動。視線一掃，發現中間靠左的走道位子空著，靠窗那邊坐著一位妙齡女郎，臉上漾著淡淡的微笑，煞是少見，不知究竟，但至少不是排斥人的姿態吧！筆者前面還有三位男士，似乎都無意佔此空位，而向大後方探索、蠕動。等我行近空位時，本可佔而有之，然似乎染上了「華裔民風」，不坐為妙，找個後面的空位吧。不料，交通阻塞了，大概最前面一位已找定位子，在安置他的大包小包。一念之差，就決定坐下來，把小包及傘置之高閣，把旅途中可能翻閱的書報放在膝前的網袋中，屏息靜候車子發動。

那位小姐坐在右側。礙於禮規，不便端詳，更沒有寒喧，只是有個芳鄰倒也不錯。

車子動了，先後退，又左轉，掙出車群，駛出西站，不久已上忠孝大橋，直赴三重。很快地就進入高速公路，這時，心情放鬆，高枕無憂，可以好好休息一下了。

車子幾乎坐滿，最後面大概還有空位，但周圍已座無虛席，理所當然的，大家的關係只是咫尺天涯，唯一的例外是前排的小家庭。此小家庭只有三個人員，夫妻一對加上個小女兒，大約四歲，穿一件紅色風衣，健康活潑，不斷發聲，大部份是同母親講話。小孩的爸爸坐在筆者的正前方，大約三十來歲。

左邊同排的二位旅客倒有了一番交換；靠走道的一位中年婦女津津有味地讀著她左邊那位青年上車片刻間買的「翡翠」畫報，看她逐字逐句的讀，似乎鄰座的青年買這份畫報就是為給她念的。反正，這是別人的事，煩不著我管。

自然地頭也轉向右側，看看高速公路的風景，但是已看過不少次了，沒有什麼值得特別欣賞的東西。

可是在側頭外窺時，無意地見到右座芳鄰把一個編織大提籃放在膝上，頭往正右方三十五度處佇留，視線也停留在那個方向，毫無移動跡象。她在沉思？在欣賞？不得而知。

好了，現在可以安排自己，既無熟人，又不想閱讀，就閉目養神，由丹田提功，使自己神清氣爽，好好地過一天吧！

恍恍惚惚，搖搖顛顛，徜徉在有意識與無意識的邊緣，似思考、似回憶、似凝禱、又似一片混沌，在車子上坡突加速時「醒」了過來。一看手錶，一小時已過去了。真快，還有一個半小時可以打發。休息夠了，那段寶貴的混沌把一些理念在有意無意之間作了一番整理，現在覺得清楚多了，這是旅行的意外收獲。

右邊那位芳鄰還是正襟危坐，安詳地正視她的三十五度。

翻開聯合報，讀副刊上三毛的〈傾牆〉一文。這是她在西柏林讀書時的一些奇遇。較突出的一是冒險深入東柏林；二是她有一次類似「雷恩的女兒」那種豔遇。對象是東柏林一位英俊軍官，一見鍾情。雖然他們只有幾句話，但那對火焰般的雙目似乎在閃爍永恆之愛的火光。三毛自己也有回應，放得開，走得進去的話，該是又一次天地玄黃、曠世奇緣。然而冷靜的理智把她拉了回來。這篇文章除了這個纏綿故事外，還有許多有趣的軼事，令人噴飯叫絕，讀著讀著忘了周圍，逐漸進了三毛描寫的東柏林，在冰天雪地中觀看中國少女與東德軍官的無聲電影。

文章看完了，有股滿足感，心中也暖暖的。摺起聯副，不想再讀其他東西，安然品味那份滿足。

隔座芳鄰還是紋風不動凝視她的三十五度，偶而在車子小轉而顫動時，她就用手抵住前方，免得傾觸旁人。好一個專心的女孩，真不多見。

終於，車子駛近台中。出高速道後，車身開始有晃動的現象。先是前一排左側走道的旅客下車，後有前排小家庭的傾動。坐在正前的男士動了一下，就慢慢地站起來了，伸手提取架上的行李。

這時，突然右側的小姐也開始動了起來，她的身體先動，從保持了二個多小時的右側三十五度，轉向左側十五度，視線也有焦點。那位男士帶白色寬邊眼鏡，臉上有些青春痘，似乎對我的芳鄰也有回盼的印象，大概他們重覆了一次交會吧。

這位男士把行李放到走道那邊的空位上，把自己原來的位子讓給女兒，自己也走到走道左側坐下，一切又歸於安靜。右側芳鄰的注目活動也告一段落，至於她內心的餘波是否方興則不得而知了。

背後癮君子忍不住了，吞雲吐霧，向前座噴射。我一向不忍污染，就起立，提起行李向前移動，坐上第二排的空位，把與我同車二小時半的芳鄰留在後面，心中倒有一份解脫和即將到站的喜悅，又似乎解了一個謎：是有關那女孩子淡淡的神祕微笑。

後記

由於某些朋友讀了上文以後感到一頭露水，不知所云，或覺得奇遇不奇，使我不得不作下列解釋。

筆者在最後提到的解謎，說實在，只是把一個原本散佚的故事片段串聯起來而已。從右側芳鄰的神祕微笑到二個多小時的沉默專注，末後突然有所反應以及前座男士的含蓄回盼，都似乎在說明這兩位乘客應該有過一次筆者未曾見到的心神交會。本來這類情況不算少有，但相互擊撞可深可淺。筆者描寫的一種該算不淺。徐志摩的「偶然」和曾昭旭教授的〈論一見鍾情〉[1]都屬此類，難怪那位女孩喜不自禁而莞爾有加，且「為之眷戀低迴不已」（曾語）。奇遇奇不奇都要看讀者是否是有心人來定了。

後記的後記

二〇〇四年九月把《候鳥之愛》散文集付梓前，對收入本書的最後一文〈巴士奇遇記〉忽生疑惑。該文原發表於一九八五年五月五日的大華晚報，迄今已廿年。廿年來，時風日變，家庭生活愈來愈不穩定，外遇與離婚率大幅提高，本文似乎在推波助瀾，罪不可赦。其實廿年前已有朋友置疑，不贊同我拿去發表。廿年後，小三問題更為嚴重，使我更難決定是否要把本文抽去。

一切問題都看您如何看：色狼的眼睛、學者的觀點、純樸的心靈、愛的夢想者……讀此文都會有不同的反應。只為了避免色狼更色而逃避面對「來電」的問題，不見得是最好的態度。生命中滿佈此類經驗。這類事故對當事人一則以喜一則以憂。喜者因人心相通，天橋搭成，喜樂洋溢；憂者因這類故事的真實性很低，美景速成過眼雲煙，一不小心，會構成嚴重的混亂，甚至重組整個的社會關係。本文中筆者記錄的是一個故事，並無其他意向。以這個故事敘述的內容來說，它不涉及倫理，它可成為生命的一份美麗的記憶，釋放一股能量。一切端視當事人的修持：心清者見事皆清，心濁者一

1 曾昭旭，〈論一見鍾情〉，《鵝湖月刊》九二期，一九八三年二月，頁五三—五六。

切皆穢。

不過本文的爭議性倒可提供讀者一個文字遊戲的機會，就像電影《羅生門》一樣，讀者可以繼續寫下去，一篇一篇小說就要脫胎而出了。

寫到這裡，筆者覺得前面提出的疑問不見了，似乎不必自本文集中抽去該文了。

中國文化中少了些什麼？

三年前六四天安門事件，由於媒體的報導，全世界人民悚然瞪著電視畫面，看天人共誅的悲劇一幕一幕地迫進，心中充滿憤怒、同情、恐懼及茫然的情緒。中國人何其可憐，成千上萬無辜人民的訴求，由於手無寸鐵，只憑嘶喊，結果在機關鎗及坦克的淫威下，瓦解成碎片，多少人被殺至今無法統計。這個事件影響世界性政治至大，使人看到表面弘大穩固的體制，不論蘇俄或中共，都是中空的紙老虎；缺乏人民愛戴及支持的政府，早晚必會崩潰。更重要的是共黨的謊言不再能蠱惑視聽，尤其對歐美理想主義式的知識份子來說。一、二年內東歐及蘇聯的共黨大本營完全解體，只剩中共及少數幾個小國死持著紅色旌旗，不過為了苟存，它們不得不進行一些改革，不論在經濟及政治制度上，使馬克思主義名存實亡。我們不能不想最近世界情勢的變化實肇始於天安門的六四。中國人的覺悟反共，本身沒有結果，但引起世界性的共黨破產，這樣的犧牲還是划得來。不過，我們要問的是中國為什麼不能脫離運用鎮壓的獨裁政治？是否中國文化中缺少了什麼因素使民主運動無法推動？

二二八的紀念日又來到了。這個日子給台灣的居民每年帶來極大的壓力，叫大家再一次回到四十多年前在台灣發生的大悲劇裡去。一萬八千人（？）被殺死，這是最保守的估計。我們可以想見當時的人民活在如何恐怖悲慘的氛圍之中。由於當時缺乏現代媒體的傳播，加上新聞的封鎖，這個比六四天安門事件大得多的悲劇，竟然未能引起世界注意，甚至連活在台灣的人民對其細節也不甚清楚。最近行政院公佈《二二八事件研究報告》，把這事件作了公開說明，由於時間的距離以及當時人大部份已去世，情緒的反應失去對象，因此無論如何不會激起六四同類的撼動感。不過受難家屬的第一代尚在人間，因此四十多年積壓的冤情傾囊而出，這是難免的事。受苦者要求賠償及平反完全是合理的，政府不能拖延其責，應愈快愈好地把這件事妥善處理，不然抗爭沒完沒了，整個社會將捲入更大的混亂不安之中。

在面對二二八事件之餘，我們不能不想一想，為何海峽兩岸的中國政府，姑不論肇事之際何人當政，都會在廿世紀的文明時代給世界展示如許巨大的反民主反人權的鎮壓人民的「壯觀」景象，執政者以人民為芻狗，把權力主體從國民移至掌握軍權的政府身上，本末倒置，還自以為是國家的功臣呢？

不論六四和二二八，兩個事件都牽涉太多的前因後果，永遠分析不盡，加上羅生門式的主觀立場，真相被解釋搞混，使人難判黑白。大陸上的動亂及鎮壓或許有人會歸之於舶來品馬列主義作祟，但台灣版的鎮壓出自什麼呢？出自人性潛有的殘暴或出自中國文化本身的內在缺點？中國文化中是否少了些什麼，使執政者不能不用鎮壓來維持政權，而理性的思考和對話一直不能成為氣候？

天安門的六四多少收到了效果，台灣的二二八影響了多少執政者的心態呢？二二八是由意外引起的突發事件，但冰凍三尺非一日之寒，突發事件之能引起如許後果，顯示該事件前之政府是個澈底失敗違反民心的政府。在這之前就應受到懲辦，事後更不用說，這才合乎公道，平息眾怒。一萬八千怨魂仍在追訴的這筆賬誰來結算？

站在信仰的立場，我們一面支持正義原則，要求平反，同時也主張寬恕，不能以惡報惡。不過，令人困惑的是究竟為什麼幾千年來提倡人道，重視品德的中華文化傳統竟能一而再地出現最野蠻的政治行為？中國文化中究竟缺乏了些什麼使無辜的老百姓一再遭殃？

（一九九二）

神父看《神父》

《神父》這部電影給我的印象就像台灣現在所講的新新人類，新社會就有新新神父，而新新神父的面貌當然跟老老神父是不一樣的。今天參加座談會包括我在內的三位神父，應該算是介於新舊神父之間的，我們有老精神也有新作法。一九六五年天主教受「梵蒂崗第二屆大公會議」影響，起了很大的變化。而外界資訊和權力的解放，使高高在上的權威結構開始動搖，社會化的最大的轉變是走出以前的安定生活，進入社會之中去影響世界。這位新新神父處在社會的劇變中，要保持不變著實困難。他有入世的神學觀，可是他卻用舊的方法，缺乏創造力；他有信念有理想，可是他化解不了面臨的社會問題。他對修道院的生活與實際生活不能適應得很好，他沒有靈活的創造能力，也就是沒有新的適應能力。總之，如果要當一位新新神父必須要有獨創的生活方式，不然一定無法承受外來世界的挑戰。影片中的神父因為念的神學與所受的教育環境與老一代的神父不一樣，所以與後者有代溝。他用老方法去訪問，社會卻對他冷漠。同事馬修神父有位女友，他沒有。在修道院時，同年紀的朋友相當多，他們一起運動一起念書，不會感到寂寞。進入社會工作後，處處碰壁，就強烈地抱怨天主，質問自己為何不能像耶穌那樣能顯奇蹟，以致於他不能改變世界。這讓我想到舊約裡的約伯的抱怨。他怪天主不給他顯奇蹟。

天主教也有原則，但外界並非全盤了解，特別是有關告解的問題，保密是為了安定人，不是壓迫人。在同性戀方面，每個人都有情感問題，修道人也有情感，而情感有同性戀異性戀，如果情感過於強烈，是不適合修道過獨身生活的。這部電影對於天主教是把很多偶然會發生的缺點都集中在這位神父身上，所以有很多天主教朋友看後反應非常的強烈：為什麼電影中神父只有壞的？比如影片中有個神父與女傭同居；有個神父是同性戀；有一個神父高高在上大權在握，壓迫年輕人。還好導演、編劇手下留情，沒有講行賄、酗酒、殺人、竊盜等，如果把這些都提出來，那麼可能大家更不能忍受了。天主教現在正處在過渡時期，個人需整合神修、信仰、專業進修等；教會也需整合，這些都需要時間。

最後要提到的是導演、編劇，他們對天主教受苦者的同情沒有原則，沒有從天主教的信仰來了解，誤導觀眾，對天主教有不好的影響，雖然描述了新新神父的內心痛苦，可是因為缺乏對天主教的真正了解，不能產生正面的影響。

最後，我們看到這位神父在送聖體的時候，感到一個女孩的同情，他哭了。當時坐在我旁邊的一位朋友也在哭。為每一個人，愛是非常重要的。修道人選擇獨身之後，並不代表他就不需要感情了。如何處理好自己的感情是一門重要的學問。其次是神父並不是一生下來就是神父，他要經過也許是廿、三十、四十年的時間，才會變成真正的神父。這個過程，即使有再多的曲折、困難、跌倒，都不是很重要的，重要的是天主愛他，接受他，給他學習和進步的機會，教會也是一樣。

（一九九五・十）

依納爵的祕笈

一五四〇年耶穌會正式成立，會祖依納爵稱它為「最小的修會」，它既資淺，人又少，不是樹，是一根嫩芽。想不到四百年後，竟成為一棵茁壯的大樹：一九六〇年會士達三萬六千人。今日雖降至二萬餘，但仍是世界第二大修會，緊隨方濟會之後。除了人數較多外，耶穌會給人的印象，尚有深入蠻荒，如電影《教會》所刻劃者，以及文化福傳，光在美國就有廿八座大學、四十六所中學。

今天耶穌會不是嫩芽，亦非小樹，稱它為最小的修會，無人相信。有人開玩笑說：耶穌會的，耶穌會士都不會，耶穌不會的，耶穌會士都會。西文字典把耶穌會士與狡猾者等同，或許歷史家可以考證，無風不起浪，不過此處從簡。

依納爵心目中的理想會士是由神操薰陶出來的。每一個會士應當成為第二基督。不論他有什麼職務、佔什麼位子，他應效法基督，做最小的一個。這絕非開玩笑。神操第一週淨化靈魂，第二週開始集中火力在則效基督上：效法祂度窮苦的生活、效法祂忍辱，背祂的十字架，成為名符其實的「小」者。第三週是耶穌的苦難週，更一再要求舉行神操者澈底與這位受苦者的價值觀認同。依納爵在這方面絕不讓步，他要他的會士洗心革面，成為新人。神操從潛意識起改造舊人，使人通過一次又一次的深度默想，達到與主密切結合，與基督成為二位一體。

在人內心的「基督第二的潛能」一旦開發出來，神操的目的就達到了。每個領過洗的教友都有此潛能，頗似佛教講的人人都有的佛性。神操就是開發此項潛能的祕笈。這是天主親自通過依納爵贈送給人類的禮物。一五二二年在卡陶內河畔，發生了下列不可思議的大事：

依納爵的明悟之眼張開了，他並沒有什麼神視，只是他領悟了許多事情，靈修方面的、信仰方面的以及學問方面的事，這種種似乎都很新奇。他剎那間所領悟的細節很多，但不能一一說明，不過他頓覺明悟清晰，集他六十多年的人生，[1]綜合來自天主的幫助以及他所知道的種種，全部加起來，他認為也比不過當時（一五二二）的頓悟。剎那間給了他如此的明悟，令他感到自己是另外一個人，懷有另一種胸襟。

因為這是領受的恩寵，所以領受者絕無驕縱之理。他不論作了什麼大事，仍是一個「小」者，仍是一個「小者」團體的牧羊人。

依納爵在三十歲受傷回家養病期間，讀了耶穌傳和聖人傳，整個靈魂被愛火燃燒起來：「聖方濟能，聖多明能，我為何不能？」而耶穌的愛通過那本傳記透入到他的心靈深處，完全征服了他。依納爵不但穿上基督，還「收」取了祂的靈魂。他渴望所有做神操的人都能有同樣的經驗：找到基督，找到自己的真正的靈魂，成為「活的基督第二」。

而作窮人和忍辱是耶穌的傑出記號。本來這二點是人本性最厭惡的東西，因基督的感召，變成了耶穌門徒的超級價值。依納爵在神操中一再提到這點。他認為如果作神操者對這二點毫無感覺，更不企望它們，他要這種人在十字架前一再苦求基督改變自己，使自己逐步喜愛窮苦和受辱，成為別人眼中的「小者」。

---

[1] 作者按：依納爵出生於一四九一年，一五五六去世，一五五五（六十四歲）口述《自述》時，溪畔之光記憶猶新、歷歷在目。（見耶穌會雅魯培總會長《依納爵神恩中的聖三奧蹟》「卡陶內溪畔」，臺北市：光啟，一九九三年，頁一七—一八），卡陶內經驗在一五二二年（三十一歲）。

依納爵自認掌握一小撮真理。他要培養肯為天國一生辛勞、氣量恢弘，能單槍匹馬去天涯海角開拓基督神國的人。當有這種理想而通過重重考驗，終能服膺耶穌最傑出的價值：愛窮苦及甘願受辱時，他們已可被遣發出去了。聖依納爵頗有把握：這樣的徒弟必不辱使命。

太難嗎？是！確實不容易，但好好作過神操的人知道：天主作過更不容易的事，隨著祂，一步一腳印地向前走，難的變成容易，且甘之如飴，這是聖愛的奧祕，天主不會失敗的。

只要耶穌還在吸引人，神操是不會進入冷宮的。天主在人的靈魂中置放的那顆成「神」的種子必會催迫我們走入祂的愛的洪流之中，神操是進入此洪流的有效方法之一。既授自上主，故以祕笈稱之。

（二〇〇一・八）

聖誕的天機

一年一度最受歡迎的聖誕節又來臨了，美麗的彩燈、動聽的樂曲、溫馨的禮儀把有信仰的弟兄姊妹帶入一個充滿愉悅的神聖空間裡。它牽動的回憶是童心的歡樂。只有兒童和具有童心的人才能體嚐聖誕節的安慰。為很多人，聖誕節是一個商機，而非天機，因為在互送禮物、飽嚐美食的情況下，金錢滾滾進入商人的口袋之中，談不上有什麼神聖意識。可是隱隱地支持這個節日的原始熱情，絕不可能消失。因為聖誕節的內涵是天主愛人，並向人宣佈了希望的喜訊。那些沒有信仰只為賺錢而忙忙碌碌的人，大概也不至於全昧天機吧。

天機是什麼呢？天機是指因著這個嬰孩的誕生，人類可以聽到天主的聲音，並體嚐天主愛人的事實。古人有言：「天何言哉，天何言哉」（《論語．陽貨》）。先人要聽上天的啟示，但沒有聽到。說「朝聞道，夕死可矣」的孔子（《論語．里仁》），大概最後抱憾而終。但是耶穌的降生，給人帶來了「道」。由此道入，天國可即矣。

小耶穌如何帶來「道」呢？我們從二處福音就可知道。其一是耶穌受洗時，天主說：「這是我的愛子，我所喜悅的。」（瑪三：一七）；其二是耶穌在大博爾山顯聖容時，天主又說：「這是我的愛子，你們聽從祂吧！」（瑪一七：五）整本聖經，包括新、舊約，天主直接講話的記錄只有這二次，而講話的內容只為宣稱耶穌的身份和祂有「道」的絕對權威。天主要說的是：「你們要無條件地接受我的愛子，並從祂那裡聽到我要告訴你們的一切。」耶穌的來臨逆轉了「天何言哉」的悲嘆，天人之隔終於消泯，因為天有言了。

老子的道德經談論的道有五、六千字，天主的道只有一句話：「你們聽從祂吧！」以後便回到永恆的靜默之中，天主不再發聲，卻由聖子代言。聖子三十歲開始傳道，講了不少話，祂自己也說：「凡由我父聽來的一切，我都顯示給你們了」。（若一五：一五）祂盡完了「道」的本分，才離開人間。耶穌的道中之道便是「父」。就像天父在上述二次機會中刻骨銘心地宣稱耶穌是祂的愛子，耶穌在一切場合中講的一切道都以父為中心，祂做的一切都為了承行父旨。耶穌的救恩就是使聽祂道的人都能進入「祂與父」的親密關係中。祂告訴吾人所謂的「天人合一」就是進入天父與聖子的愛流之中。天父與聖子之愛不只強大，而且是忠實的、恆久不變的愛。天主自身因這份愛已自足，享有圓滿的幸福，人若能進入這份愛中，人必分享神本有的幸福。

這個無言的嬰孩現在躺在馬棚裡。祂的純真使所有見到祂的男女老幼歡樂無比。接觸到祂，就接觸到祂與父的那份莫可名言的幸福關係內。人終於分享了神的幸福，這是人的唯一真正需要。聖嬰的來臨保證了我們每一人都能有此幸福。

聖母與聖若瑟是首先得此特恩者。他們不只拜訪過或抱過聖嬰，還日日夜夜與祂在一起，長達十年、廿年或更久。跟著耶穌，他們進入與天父最親密、最自然之父子／父女的關係中。聖三的原始生命被人分享的歷史肇始於聖家。所以有聖家氣氛的馬槽變成了人類永世嚮往的和諧與幸福的象徵。難怪全球的居民，不論信不信耶穌，都無法抗拒聖誕的魅力，非要參與之才得心之止。耶穌聖誕帶來的是人性急切等待的天機，基督徒要，其他一切人也要。讓我們大開我們的心門吧！讓基督的愛瀰漫於一切人，瀰漫於寶島的所有同胞。祝大家聖誕節快樂！

（二〇〇三・十二）

I Do Care

暑假中去北美五週，二週去舊金山訪友，三週去溫哥華探親。

先到舊金山附近的耶穌會會院（前初學院，今為養老院）避靜八天，後去聖荷西度一個牧靈週末假，離美前由友人陪遊金山灣區。

那個耶穌會會院是在十九世紀下葉建成的，四層大樓巍立於羅斯加多（Los Gatos）的一個小山頭上。據說戰後叩門入會的人數激增，屋不敷用，有過二位修士共居一室的記錄。當時應該有一百多位初學修士吧！

我在園中漫步時，想像七十、六十、五十、四十年前費濟時主教[1]、牧育才[2]、葛華[3]、杜華[4]、萬

---

1 Eugene E. Fahy（1911-1996）。
2 Edward Murphy（1912-2005）。
3 Albar Klaeser（1918-1990）。
4 Louis J. Dowd（1911-1990）。

立民[5]、劉建仁[6]、丁松筠[7]、呂德良[8]、艾立勤[9]等神父曾在此搖籃中接受培育的情況。[10]這些會士是台灣教會非常受敬重的神長，在聖德、牧靈、領導上都有傑出的表現。美國耶穌會對修士的教育一定非常嚴謹，這從他們的傳教士身上可見一斑。羅斯加多真是一塊福地，它使許多年輕有為的會士在靜默中打下了堅實的靈修基礎。現在，八天的靜獨使我也進入這個搖籃裡，呼吸同樣的空氣，觀賞同樣的遠景，體味同樣的恩寵，我是多麼有福啊！

赴加前一天，三位久居舊金山的好友邀我出遊，我欣然接受。我來過舊金山數次，對金山橋、漁人碼頭……有模糊的印象，舊地重遊是最好不過的。

那天上午我先去舊金山大學的「利氏學社」找些資料，後與三友匯合，其中有一對是夫婦，同他

---

5 Norman Walling（1929-2015）。

6 Robert Joseph Ronald（1932-2009）。

7 George Martinson（1942-2017）。

8 David Reed（1934-2002）。

9 艾立勤神父（Louis Aldrich, 1950-），史丹福大學畢業後，放棄頂尖生物科技公司經理高薪的職務，加入耶穌會，一九八〇年到台灣，一九九七年被任命為輔大神學院院長，一九九九年創立生命倫理研究中心，二〇〇〇年開始推動貞潔教育。

10 作者按：劉健仁神父和呂德良神父在修士時期，曾到新竹公教青年中心協助杜華神父帶領年輕學子，劉修士在臺灣當時相對封閉的社會環境中，讓青年們見識到一位坐輪椅的人也可以像肢體健全者一樣從事神職工作，使年輕學子打開眼界，透過與劉修士的互動學習服務精神，並以平常心與身障人士往來。劉健仁一九五七年來臺灣傳教，一九五八年在臺灣罹患小兒痲痺，導致四肢殘障，以後又在臺灣出車禍，被截去左肢，卻將小兒痲痺與車禍視為臺灣給他的兩個禮物，在臺灣奉獻四十多年，將身心障礙者職能鑑定專業引進臺灣，促使政府在身心障礙者保護法中為殘障人士提供就業前的職能鑑定，打破殘障人士的就業障礙，使他們不受形體限制，能在各行各業發揮專長。

們相識近四十年了吧。

中午，我們選了一家上海飯館，飽饗了一頓豐盛的家鄉菜。談著談著，不知怎麼談到了那幾天彌撒讀經中的一段話。這三位朋友是每晨都去聖堂的教友。那幾日中的一天，福音提到：有人告訴在講道中的耶穌，祂的弟兄姊妹陪著聖母來看祂。

如果聖母在生耶穌後繼續活貞潔的生活，這些小孩是從哪裡來的呢？耶穌有兄弟姊妹嗎？他們是聖母和若瑟生的小孩嗎？基督教徒的回答是肯定的，聽說台北周聯華牧師如此說過。天主教一直相信聖母是終身童貞，還把「卒世童貞」立為信道，認為聖經上提到的耶穌的兄弟姊妹不是祂的親兄弟姊妹，只是祂的堂親或表親。此外，如果聖母有很多小孩，耶穌臨死之刻不必把她托付給若望了。

那位男士突然冒出一句英文：I don't care.他要說的是：聖母在生耶穌之後是否度夫妻生活，對他來說不是問題。後來，這位先生又加了一句：他也不在意有一天教會改變神父必須遵守的獨身制。

記得聖依納爵的傳記中提到過一個故事：在他往巴黎的求學路上，碰到了一個回教徒。那人認定聖母不是童貞。依納爵聽了怒火中燒，很想刺他一刀。那時他們行近三岔路口，他讓騾子自行選擇走那一條。騾子選了與那回教徒不同的岔路，他才饒了那個回人。筆者雖不像巴斯克人（Basque）那麼容易衝動，並且這位友人並無侮辱聖母之意，只是就事論事地說說自己的意見，所以不會強烈回應。不過I do care.

為五十年來深受聖母愛護照顧的小孩，如何可能沒有反應呢？如果聖母不是童貞，如何她能啟發那麼多人熱愛貞潔，選擇度貞潔的生活？教會初期有許多為信仰而殉道的貞女，如則濟利亞（Cecilia），依搦斯（Agnes），路濟亞（Lucia），亞加大（Agatha）……她們的典範是誰呢？教會沒有否定過婚姻，甚至立它為聖事，耶穌親身參與加納婚禮，表示肯定婚姻。但耶穌自己度的不是婚姻生活，同耶穌活在一起的瑪利亞和若瑟受其感染，分享愛子的選擇是極有可能的。聖家的生命是那麼豐富，那麼圓融，婚姻中夫婦的肉體之愛，不再是那麼必要。這是一種新世紀和新時代的開始，舊的已被新的取代了。如果若瑟和聖母度童貞婚姻的生活，並非不可思議，因為「為天主一切都是可能的」（路一：三七）。

什麼是正常？什麼是自然律？難道自然律不就是上主的聖意嗎？天主能使童貞者懷孕，就不能使已婚的童貞者嚮往終身童貞的生活？平凡如我們，生來就有七情六慾，也能靠天主的恩寵活獨身奉獻的生活，難道聖母若瑟還不如我們？他們既有合法的夫婦地位，就必須活一般的夫婦生活才算正常，這是什麼邏輯？

數年前筆者在《恆毅》寫過〈貞潔的神話〉（二〇〇〇・〇二），敘述家母的代女陳醫師在上海原想入聖衣會，因教難而不成，私發貞潔願。多年後一位寡夫教授向她求婚，被她拒絕。教授知道原因後許下與她度貞潔婚姻。二人婚後，從上海移民至美國邁阿密，筆者曾到府拜訪，知道他們分房而住，在教授的自傳中他敘述了當日求婚時的承諾，直至寫該書間十餘年中始終踐行此諾之事，使我人知道貞潔婚姻為凡人也可以是作得到的。那麼，誰能斷言聖母和若瑟一定作不到呢？

相信聖母是童貞並不降低婚姻的價值。筆者認為東正教允許教士自選獨身和婚姻的傳統，或許有一天會影響天主教再次考慮獨身制度的方式，但天主教的獨身傳統一定是保存聖母卒世童貞的信仰的重要因素。聖母在生耶穌後的生活究竟是怎麼樣的，我們信賴大公教會的傳承，而獨身的制度是在耶穌和瑪利亞感召下產生的。天主教內許多有聖德的神職人員會告訴我們：獨身奉獻不只是制度，更是天主的恩寵。度獨身奉獻者是效法耶穌和聖母而完成的。這種奉獻生活固然有犧牲，有代價，但天主無限的愛使祂要求的變成了人類的「新自然」，即復活後的常態自然。

（二〇〇四・十）

Should I not care?

第三次回家

家，這實是一個幸福的代名詞。

有家者不一定常有強烈感覺，但每當華燈初上，家家戶戶的窗口亮起一幅美麗溫馨的圖案時，無家可歸的浪子感受特深，因為他不知道自己要去哪裡，沒有人等他回去，沒有可以談話的人。難怪法國哲人馬賽爾會說：「人間只有一種痛苦，那就是孤獨無依。」

相反，有家的人就全然不同了。他／她回家時，有人等他，有人喜歡聽他的故事，殷切地渴望地聽他要講的一切，雙方能隨心所欲地講自己想講的話，知道親人喜歡聽、愛聽。心靈的交流與物質的交流相得益彰。家給人安定和安全感，在辛苦一天之後終於可以回到自己的窩，在那裡放鬆自己的身心靈，同辦公室不一樣，自由自在。

現代人的命運是流浪，安定和安全是很奢侈的事。人們因學業、工作等原因，家庭成員四分五散。平時親人靠電話聯絡，到了中秋節，高速公路上車水馬龍，擁擠不堪，為了享受在「家」團圓的幸福。

耶穌召喚許多人，為了跟隨祂離家出走。祂的門徒和以後的傳教士一個一個地遠赴他鄉，到陌生的地方去福傳。他們沒有自己的家，但到處建立另類的家。修道人都是這樣的。他們為天主的家而活。

筆者於五十年前參加耶穌會，五十年來，住過上海、澳門、香港、彰化、新竹、馬尼拉、碧瑤、巴黎、台北、新莊等等耶穌會會院。這是大多數修會會士的共同經驗，本來無甚奇特。不過今年九月初筆者奉會長命令又搬了一次家。此次喬遷使我有極深的回家感覺。

筆者於一九六七年與神學院一起自菲律賓的夏都碧瑤遷返台灣，開始讀第二年神學。三年後畢業於該院，赴法國進修。六年後回台，住耕莘文教院，在那裡待了十六年。一九九二年奉命去輔大宗教學系服務，住在輔大法學院的耶穌會會院。尚有半年就要退休了，想不到今年七月底長上把我調至神學院。在「紅塵」翻滾如許多年之後，又要回到修道院去「隱」修，開始時有些不安，不知自己是否還能適應修院生活。想不到搬入二週後，一直快樂自在、如魚得水。這次搬到神學院給我濃厚的回家感覺。

全院三十餘位會士，一半是陶成期的修士或神父。他們來自波蘭、意大利、加拿大、韓國、越南、馬來西亞、菲律賓、美國、法國、香港等地，台灣有三位。除了二、三位在讀中文的以外，其他讀神哲學，國語能力很好，講中文朗朗上口。筆者認為這些來自各國的菁英都是這些國家中最優秀的青年。他們謙和有禮，充滿愛心，常露笑容。

其他一半會士年事稍長，大部份是神學院老師，其中三位當過省會長：朱蒙泉（一九二五—二〇〇八）、房志榮（一九二六—）和張春申神父（一九二九—二〇一五）。他們身經百戰，但老當益壯。其他的神父是精選出來為陶成服務的，道德學問都卓絕出眾。長上管理得當，大家心滿意足，和樂共融，誠如聖詠所言「弟兄手足共居一堂，何其美哉」。處身其中，如入樂園。我回了家。

本文的題目「第三次回家」。回家指從一個會院換到另一個會院時隨之而有的正面經驗。第一次是從香港初學院調回台灣彰化做第二年初學。這是從一個以廣東話及英文為主的愛爾蘭省轉回講國語的中華省，是一個解放。第二次回家是在菲律賓省讀哲學三年後回到碧瑤中華神學院。教授均來自徐家匯，不會陌生。同學都是為台灣和越南奉獻的傳教士。碧瑤景緻優美、風和日麗，人情質樸。這些外在因素也給我舒適的家的感覺。

但願我們都有一個自己喜歡的家，一個可以讓我們活得自在的家。

（二〇〇五・十）

水和竹對祈禱的啓示

午餐時，一位韓國修士提到他的母親說：他小時候半夜醒來，看見媽媽跪著祈禱。大家可以想像他母親那幅祈禱的圖像給了他多深刻的印象。深夜祈禱的母親一定給她的幼兒一個畢生難忘的記憶。我們可以預測這位修士有一天會帶著這份記憶從事他的司鐸牧靈工作。

聽到別人講母親，勾起了筆者自己的回憶。筆者幼小時常陪母親赴教堂，參與清晨的感恩祭。記得每次她進了聖堂，一跪下，就全心投入祈禱，好像整個世界不存在一樣。她與天主有說不完的話要說。彌撒結束之後，她還會跪很久很久才出堂。

筆者和上述的韓國修士是非常幸運的修道人，從小耳濡目染母親的身教，而漸漸被天主吸引，終於決定修道。

這二位母親熱愛祈禱，為她們而言祈禱好似呼吸一樣的必要和自然。她們大概沒有看過有關祈禱的聖書吧；或許她們聽過一些有關祈禱的道理，就這樣，她們一步一腳印地潛入靈修的勝境。

我們這個時代的人不停地接觸有關祈禱的書，還長吁短嘆地抱怨不會祈禱。靈修方法五花八門，「心」不暇接。但大體而論，今日的祈禱傾向單純：聖神同禱會的自發性祈禱是其一，泰澤的詠禱是其二，東方靈修的歸空祈禱是其三。目前，不單天主教的書局，坊間非天主教的出版社亦有相當數量有關祈禱書籍的出版：立緒、商周、智庫、啟示諸出版社就屬此類。

今年春季啟示出版社將推出《祈禱的美麗境界》一書。[1]該書是日本聖衣會奧村一郎神父的著作，由芎林的一位修女翻譯。奧神父於八十五年前生於佛教家庭，二十四歲畢業於東京大學法律系，次年領洗，三年後加入聖衣會。他的佛教背景使他能深入地探索佛耶的同異，推動二教對話，而綜合成極富原創性的東方靈修。

該書內容有待讀者自己去覓取，此處僅取奧神父用的「水」和「竹」的比喻略作解釋。

奧村一郎神父認為水構成人身體的百分之七十。人要正常生活，不能不需要大量的水的補給。而身體吸收水份有三種方式：空氣內的水份、食物內之水和我們喝的水。他認為空氣內的水是天主處處臨在，與天主的互動就像呼吸一般地得到水份。不呼吸人會夭折，不在生活中體認天主的臨在，並與祂交流，靈魂亦會弱化，甚至奄奄一息。第二種是食物內之水，它與空氣中的水一樣是無形的，這是指祈禱與生活合一，把行動、談話、研究……都看成祈禱，有的甚至不再有特定的祈禱時間。第三種是喝的水，此指每天撥出一些特殊時間專事祈禱。作者對三種水和三種祈禱都予以肯定。但他指出只飲空氣和食物中無形的水，不會滿足身體的需要，因此直接喝水或規定一些時間專心祈禱是不可或缺的。基督也是這樣做的。奧神父明顯地要糾正「只要生活祈禱化不必再作狹義祈禱」的迷思。

至於「竹」的啟示是什麼？奧神父說，竹子有節，節指相似直接喝水的特殊祈禱，其他部份是光滑的竹，這是生活祈禱，在天主內生活、行動、存在。竹無節不成竹，只有節亦不成竹。節給竹力量，使竹挺拔。節就是特定的、狹義的祈禱時間。要健康需要喝水，要堅強有節需要有特定的時間，與天主會晤。總之，祈禱不能只有生活祈禱。深度的專心的祈禱能使我們的日常生活成為祈禱並散發馨香。

[1] 奧村一郎著，加爾默羅聖衣會譯，《祈禱的美麗境界》，臺北市：啓示，二〇〇六年。

文首的二位媽媽似乎從未考慮過撥出特殊時間來祈禱的問題，她們的心全在天主內。她們的整個生活已潛入天主的聖愛內，所以她們一旦進入神聖空間，立即與天主翕合無間，樂不忘返。她們的境界已非「水」和「竹」可量。但願一切公教家庭的母親都能如此，則明日教會的光輝面貌屈指可「期」焉。

（二〇〇六・一）

另類校園

輔仁大學在台灣復校迄今已近半個世紀。當初于斌樞機校長（一九〇一——一九七八）與三個主辦單位的負責人選定了新莊這一塊地作為校址。這塊地共有三十四公頃（三四三、二五九平方公尺），由三單位分配建蓋校舍。目前全校校舍總面積是六四三七九平方公尺，運動場有四八、一八六平方公尺，其他有二三三、六九四平方公尺。這樣看來校舍占全校總面積不到五分之一，但早期校友回來，還是覺得新建的大樓太多，把校園縮小了，頗為惋惜。

據說輔大是有名的出美女的大學，輔大的建築美輪美奐，輔大的校園古樹扶疏，幽雅安靜，真是世外桃源。當我們從嘈雜的新莊省道轉入輔大校園時，柳暗花明又一村，頓感心曠神怡，好像解除了都市的魔咒，可以活得自在得多。

其實，有美麗的校園及出美女的大學，台灣多得很，尤其近十年來教育部新設立的許多國立大學，它們得天獨厚，資源豐足，輔大差之太遠。但無論如何，輔大有其他大學沒有的東西，它的校園也隨之而不同，變成另類的了。

筆者曾來輔大三次。第一次一九六七年隨耶穌會神學院自菲律賓碧瑤遷來台北，住入五一四巷的神學院新宅。它雖在輔大門外，但因近水樓臺，「常」得其門而入。大學中有些課、演講、電影、宗教和體育活動，耶穌會修士都樂意參加。第二次是一九七六年筆者自法國回台後，住在耕莘文教院，每週來輔大一次，在哲學系授課。第三次是一九九二年輔大成立宗教學系，筆者自政大哲學系轉來輔大，擔任宗教學系的「助產師」。這次我終於得其門而入了。

記得十四年前（一九九二）八月初，我自耕莘文教院把行李運來輔大聖心學苑（和平男舍側），那時是清晨六點左右，覺得神清氣爽，快樂無比，有回家的感覺。八月份，校園是空盪盪的，晚餐後與官枝順修士在法管學院附近小徑上散步，其時涼風習習，吹散了多年來都市生活累積的緊繃，全身舒暢放鬆。我突然冒出一個念頭：這一塊特殊的土地每天二萬多人走來走去，有多少人會在上面留下腳印呢？是否這些腳印會使這塊土地與其他的校園有所不同呢？

輔大創校宗旨是真善美聖。什麼是「聖」呢？

于校長提倡知人、知物、知天的「三知論」。知天即信仰。如果我們把信仰輸入知識領域，則學生對人和對物的了解就不會停留在膚淺的層面，關心的領域會擴大到比有形的宇宙更遙遠的地方，待人處事較有深度。因為從永恆的角度環視萬物，胸襟自會開朗，倫理有則，生活有方向，對自己的安身立命更有信心。

六十年代，不少原在大陸高等學府當教授的神父修女或教友，如柴熙、齊德芳，輔大復校後，一一歸隊；大陸變色時赴歐美留學的修士，如李振英、錢志純、周弘道，現今學成回國，也來輔大一展其長；另有很多本地的優秀教友也來加入這個充滿活力的教育團隊。總之，輔大這塊土地承載過不少有信仰者的腳印。這些與上主有密契關係的基督徒，在各人的崗位上克盡厥職，亦把信仰的氣氛傳播開來，真善美的向度隨之逐漸綻現。有真善美聖氛圍的校園必會醞釀出另類的氣質，使校園洋溢一片濃郁的溫馨感覺。這些有信仰者的腳步就像依撒意亞先知歌頌的那樣：「那宣報和平、傳告佳音、廣佈救恩的足跡，走在山岡上，多麼美麗！」（五二：七）。

這一塊土地，這一個校園，曾被許多有深度信仰的人走過，這三十四公頃土地實是一塊恩寵之地，因為這是天主的家園。

傳福音者的腳步是多麼的美麗啊！說有美麗腳步的輔大校園是台灣的另類校園，不算過份吧！

附記

一、感謝總務處提供輔大校園面積資料。

二、一切認同輔大宗旨、愛護學校、認真負責的非基督徒教職員工生，亦日日在校園中散發真善美聖的氣息，有些甚至比基督徒有過之而無不及。他們的腳步也是異常美麗的，他們對學生的愛與服務，也促生了本校的特殊品質。

三、十多年前畢業於會計系的吳玲芬，今年考入宗教研究所碩職班，暑修「天主教靈修」一課。她在彰化靜山靈修營後，寫了她的感想，是這樣開始的：「我不是天主教徒，但天主教這宗教對我來說既熟悉又陌生。在中學與大學的求學階段，我讀的學校都屬天主教會學校，校園生活中常與神父、修女接觸，也受到神父、修女許多照顧。尤其是住宿學校期間，更蒙修女的愛護，讓那段眼睛嚴重過敏的時期得以獲得妥善的照顧。離開校園生活之後，只要想起慈愛的神父、修女就會使人內心不由得溫暖起來。」（二〇〇六年七月廿九日）。同類的話，大傳系校友李艷秋也講過，大家記憶猶新。王如玉校友近撰「天使走過人間：懷念周慕貞修女」（教友生活周刊，二〇〇六・八・廿七），感人肺腑，值得細讀。

（二〇〇六・十）

紐曼論紳士[1]

紐曼樞機（John Henry Newman，1801-1890）原是聖公會牧師，一八四五年皈依天主教，兩年後晉鐸。一八五一—一八五八年應聘為愛爾蘭天主教大學校長，發表《大學的理念》這本教育經典之作，書中提及「紳士」的觀念。

樞機除了七、八年在愛爾蘭當校長外，此前此後一生大部份時間生活在有「英國雅典」之稱的牛津。交往的朋友都是學富五車，幽默風趣的英國紳士。可以想像這一群志同道合的學者組成的教授團體是多麼的饒富樂趣。紐曼對大學的理念在牛津開始萌現。他的紳士觀也來自牛津的生活經驗。他的「紳士」即智者，既有學識又有學養。他說：

> 紳士決不做加給別人痛苦的事。他所關切的事是除去使他的鄰人不能自由自在地行動的阻礙。他巴不得他們都感到在家一般的舒適。他密切注意著他的同伴們的性格和需要：對害羞的人特別溫柔，對處在團體邊緣的人顯示溫良，對別人荒謬的行為表示寬容；他能專心地與

---

1 本文引用資料見：
1.John Henry Newman, The Idea of a University defined and illustrated (Oxford:Clarendon Press, 1976), ed. T. Ker.
2.Sheridan Gilley, "What has Athens to do with Jerusalem? Newman, Wisdom and the Idea of a University", see Where shall Wisdom be found? Ed. Stephen Barton, (Edinburgh: T&T Clark, 2005)

人談話，避免不適當的暗示，或令人不悅的話題；在談話時不鶴立雞群般地突出，也從不顯出疲憊。除非不得不說，他從不談自己，不反擊式地為自己辯護。對毀謗或八卦毫無興趣。他不輕易地判斷干擾自己者的動機，卻從正面的角度解釋事故。在討論有爭議性的話題時，他不會卑鄙小氣，不佔取不合適的便宜。在辯論時不誤解正人君子，不尖銳刻薄，或暗示一些難以啟口的損人的話。他從寬廣的角度遠視古哲的箴言：「我們面對及回應敵人時，要想有一天他可能成為我的朋友」。別人凌辱他時，他寬容以待；受人中傷，無暇記憶；對怨恨，懶得回應。有關哲學的原則，他能忍耐別人的見解，寬大為懷，不執著自己的想法。無法避免的痛苦，無法挽回的親人亡故，命定的死亡，他一一接受。他知道人類理性的脆弱，亦知其威力、影響範圍和局限。如果他無信仰，他的深沉的修養和廣闊的視野不會讓他嘲笑宗教或刻意反對之。他聰明得不會傾向獨斷或對自己的不忠著迷。他與宗教寬容為友，他這樣做並非只因為他的哲學指示他應該公正地面對信仰的差異，更因紳士身份和溫柔的氣質驅使，而這些都是文明人的本色。

紳士如此，紳士的團體亦然。在同書中，紐曼如此詮釋「大學」：

一個飽學之士的團體，每一位成員熱中於自己的專業，又是相互競爭的對象。他們或因友誼或因知性的接近，相聚在一起調節他們研究的不同主題間的主張和關係。藉此，他們學習尊敬別人，樂意向別人討教，並相互協助。

英國作家紀律（Sheridan Gilley）批判紐曼，認為紐曼此文所持的是一般智士的立場，而非基督徒立場。他的紳士觀不由信仰而由文明（civilization）所生。筆者認為紐曼的信仰有其過程，而他對智者的洞見恰好可協助我人把一般智者的想法當作起點，逐漸引渡到信仰的智者那裡去。

若紐曼的紳士觀不甚全合信仰的智者觀，至少點出了英國學者對智者的看法。紐曼的智者觀與孔子的君子觀若合符節。可見東西方世界在沒有直接交流的時代，已有超越時空的共識。不過紀律先生說得對：討論宗教智者，不能停留在紳士的階段，因為宗教有不同的，或許更高的要求。

（二〇〇七・六）

教宗的關懷

今年（二〇〇七）五月廿七日五旬節，教宗本篤十六世發表了他「致中華人民共和國天主教主教、司鐸、度奉獻生活者及教友的信」。一開始，教宗就說：

可敬的中國主教弟兄、親愛的司鐸，度獻身生活者和教友們：我在祈禱時，常為你們感謝天主。……你們深知我心中多麼牽掛你們，每天都為你們祈禱。……我很想向你們表達我對你們親切的關懷。你們對主基督及教會所持的忠誠，有時是需要付出痛苦代價的忠誠，所帶來的喜樂是豐厚的。因為基督賜給你們的恩寵，不但是為相信祂，也是為祂受苦。儘管如此，在你們國家的教會生活中的一些重要方面，仍令我感到憂慮。[1]

這一段開場白點出了教宗對中國教會五十多年來為信仰所付的代價的肯定和讚揚，但他亦對中國教會目前的情勢有所不安。他有話要說。

我們暫時停頓一下，不去分析教宗的憂慮是什麼，先看一下讓教宗那麼關切的中國教會五十多年來的實況，來了解教宗在寫「致中國教會信」時的心態。

[1] 採用教會官方翻譯義大利文的中文譯本。

筆者於一九五七年離開大陸，對一段往事（一九五〇——一九五五）有切身經驗，藉此文略加解說，使大家了解五十年來數位教宗一貫地向中國教會表達鍾愛之情的其來有自。由於個人的經驗受地域所限，只能就自己知道的部分（上海教區）向大家敘述一番。

一九五五年九月八日之前五年是上海教區最輝煌的時期。它在極度的困境中表現了英勇不屈的氣節，曾引得全球的稱許。先從二位神長來講吧！首先是龔品梅主教，其次是張伯達神父。龔主教於一九五〇年被祝聖為上海和蘇州的主教。這位達「知天命」年紀的新主教，人如其名，是一條「共」於足下的巨龍。他隨從聖神的指引，善理上海教區，並給全國樹立風範。主教就任前，做了一次整月的神操，期間他寫下遺囑，表示決心為衛護信仰而捐軀。因此主教一上任，整個教區都振作起來，勇為基督作證。

其次是張伯達神父。張神父曾得巴黎大學文學博士，回國後任上海徐匯中學校長及震旦大學文學院院長。大陸變色後，政府一直慫恿他出來領導與教宗劃清界線的愛國教會。張公一口拒絕。一九五一年被捕，三個月後在獄內去世。因張公的捨生取義，整個上海教會變得熱血沸騰，大家認為：頭可斷，血可流，志不可屈。

愛爾蘭籍莫克勤神父把聖母軍引入。聖母軍是一個教友善會。開會時先跪著念玫瑰經，每週二小時探訪病人。政府卻咬定聖母軍是一個軍事組織，要加以取締。上海所有警察局門口都掛了一個牌，要聖母軍團員前去登記，承認自己是反革命份子。龔主教衡量了實況後決定拒令。後果是：不說「成千上萬」，至少大批教友失業，年輕人無法考大學、無數弟兄姊妹被捕，不少家庭家破人亡。

在暴風驟雨的前夕，有幾件事不能不提。首先是各教堂每天都拜苦路，求天主用耶穌的苦難堅勵自己。其次是按聖蒙福《虔誠敬禮聖母》一書指導的奉獻方式把自己奉獻給聖母。赴佘山朝聖的教友絡繹不絕。最後是一批優秀的耶穌會士組織了數系列的神學或靈修的講座，輪流去各堂「開示」。每次參加者人山人海。教友走出聖堂，都不回家，在原地與左右包括不熟的教友分享心得，熱情洋溢，就像五旬節民眾聽宗徒講道後的感覺一樣。

一九五五年，政府不再忍耐，要澈底扼殺天主教會。九月八日及廿二日兩個晚上逮捕千餘神長及教友。上海教區變成了一個完全靜默的地下教會。後有政府扶植的地上愛國教會出現，主張三自，誓與教宗脫離關係。

本篤十六在這封「致中國教會書」中耳提面命地要求地上地下教會共融。他說：

> 正是由於這顆天主教徒的心，才能產生不論在各自團體內，或與其他團體的來往中，展示和實現精神上的共融、諒解和寬恕的努力。正如我們上面提到過的，這是基督信友團體真正存在的有形可見的印記。我們深信，基督的聖神將幫助今天的全體信友在合一內不斷成長。正如祂在教難的日子裡，幫助了團體保持信仰的生機一樣。[2]

這就是教宗信首提及的憂慮的問題吧。教宗願意地上和地下的教會捐棄前嫌，尤其勉勵地下教會要以從前堅忍不屈，接受迫害的堅毅精神來諒解和寬恕對方，一起重建一個合一的嶄新的中國教會。

（二〇〇七・八）

---

[2] 採用教會官方翻譯義大利文的中文譯本。

跳不出如來佛的手掌

吳承恩在《西遊記》中塑造了一個奇僧孫悟空，一個筋斗可翻逸十萬八千里，頗似莊子的大鵬鳥。此鳥之背有數千里長，一「怒而飛，其翼若垂天之雲」（〈逍遙遊〉）。明代的吳承恩一定從大鵬鳥的造形中吸取了會在高空翻騰的悟空的靈感。無論如何，孫悟空的翻筋斗給予讀者前所未有的痛快。可是孫悟空的工夫是有限的：當他要解脫如來佛的束縛，追求絕對的自由時，他翻了N次筋斗後，到一個極為開闊的新世界，周圍有數座高山，以為自己遠離塵囂了。焉知忽然尿急，就在一座山麓邊小解，自忖這泡尿可作為自己解脫佛祖控制、遠飛高走的證據。不料那幾座大山忽然震搖起來，原來那些山是如來佛的手指，表示佛祖神通廣大，孫悟空不論多麼「神」，都逃脫不了佛祖的掌控。可憐的悟空，最後還是乖乖地歸於佛門，聽順佛祖擺佈。

這個武藝超強的悟空，我們可以把他用來比喻人類的理性。人的理性本來是使人與其它動物大有差異的瑰寶。在西方，理智引發了哲學和科學的知識；在東方，良知開啟了倫理和修為的傳統。西方的知性在文藝復興時大獲解放，掙脫一切枷鎖，尤其是神學和宗教權威，甚至神的存在亦受質疑，以為人定勝天，以為人有了科學便可操控一切。神學與神話受到相同的命運，被看成落後時代的產物。總之，他們相信科學萬能，樂觀和自信，卻把宗教等同於迷信，大力撲之，棄之。法國的啟蒙運動，尼采和沙特的去神「豪舉」，變本加厲地要在西方絕滅宗教信仰。他們要像孫悟空一樣飛向無阻的無限空間，享受絕對自由。

雖然今日科學進步與發展的速度絕不亞於文藝復興時代及啟蒙時期，但宗教還是老神在在，屹立不墜，因為肖似孫悟空的科學大俠跳不出另一隻如來的手掌：人類的普遍共有的終極問題。不論理性和科學多麼神速發展，帶給人類多少福利，人還是會有生老病死的遭遇。在痛苦中人要問「為什麼」，要知道生前死後的真理、宇宙的生成及未來、永恆之有無等問題。理智踢到了一塊板塊，自己的法門變得完全無效。人類及宇宙的終極問題就是《西遊記》內如來佛的五根手指，人再聰明能幹，也跳脫不出這五根法力無邊的手指。

結果不單是凡夫俗子相信天主，連頂端科學家中相信神的亦不計其數。宗教和科學滿足人的不同需要，相輔相成，井水不犯河水。中世紀神哲學的智慧，便是當理智到其極限，有無法解決的終極問題時，信仰便挺身而出，彌補理智的缺陷，使人類藉之而能安身立命。五十年來，大陸宣傳唯物無神主義，崇揚科學和人間價值，到頭來，不單民不聊生，一旦稍啟宗教之門，原先被壓制的需求，排山倒海的捲土重來。

今年三月八日教宗接見宗座文化委員會與會人士時，譴責傲慢的理性，因為它使人追隨唯物的俗化主義。否定信仰的需要後，一味追求消費和享樂，活表面化的人生。他說：「我們迫切需要藉著提醒追求生命中更崇高的價值，來反擊這些偏向。生命中更崇高的價值給生命意義，能夠平撫人心尋求幸福的焦慮。這些幸福就是人性的尊嚴、自由、平等、認識生和死的意義，以及對現世生命之後的期待。」對於理性和信仰的關係，教宗也作了梳理，他說：「理性和信仰的對比是教會與科學界久所期待的，我鼓勵大家繼續在這方面前進。在這條路上，信仰承認理性，並使理性達到完美的地步。而理性在信仰的光照下，能夠找到提升自己到認識天主和認識精神界的那股力量。」[1]

[1] 見《教友生活周刊》九七年三月十六日報導。

基督的復活打開了人類的出路。理性若在信仰的五指山前謙誠地接受後者的引領，必能脫離困境，終如大鵬鳥一樣在太空翱翔，飛入神聖的奧祕，與上主永契。

（二〇〇八・四）

教宗與佘山聖母

今年（二〇〇八）五月十七日教宗本篤親自撰寫了一篇〈向佘山聖母祈禱文〉。該文用中文、意大利文、法文、英文、西班牙文、葡萄牙文、德文同時發表。教宗邀請全球信友於五月廿四日一同誦念這篇經文。五月廿四日是進教之佑聖母瞻禮，他定之為「為中國教會祈禱日」。為善度這個瞻禮，禮儀部還編了一台彌撒經文，使大家可以隆重地慶祝進教之佑瞻禮。

近代教宗們關心並愛護中國教會是眾所周知的事。庇護十二世、保祿六世、若望廿三世、若望・保祿二世及當今教宗本篤十六世，都一再表達對中國教會的特殊情感。是否因為中國土地遼闊、人口眾多、文化歷史悠久之故？可說是，也可說不是。中國教會（包括大陸、寶島及海外華僑）的教友人口不算很多，但教友的素質超乎尋常，表現在與教會的認同、服從教宗及不與黑暗勢力妥協上。

上海教區得天獨厚，十九世紀下旬在距市中心約六十公里的佘山山巔蓋了一座規模宏大的教堂。一九四二年庇護十二世欽封佘山聖堂為宗座乙級大殿，與法國露德聖母大殿同銜。二次大戰後，於一九四七年上海教區給佘山聖母舉行了加冕典禮。該日佘山盛況空前，人山人海，與台灣慶祝媽祖生日萬人空巷的情況相似。佘山聖母乃成世界重要聖母朝聖地之一。每年聖母月，全國各地湧來無法估計的教友，尤其是網船教友，來向慈母請安。從山腳到山頂，玫瑰經和聖歌之聲響徹了佘山的雲霄。朝聖者深深感到天上慈母就在我們中間，她愛我們，陪伴著我們，絕不離棄我們，她保護及救助我們度過一次又一次的難關。山頂教堂嵌入天際的十字架，不是由二根鋼條焊成，而是聖母抱著高舉伸開雙手的小耶穌，象徵聖母與耶穌一起擁抱中國和亞洲。她要做中國和亞洲的母后。佘山是教友真正的家，它給人溫馨、熱心和安全的感受。

教宗特別關心中國，起自一九四九年大陸變色之後庇護十二世的牧函。他對中國教會指示了一些原則。為遵行這些原則，無數神長教友「頭可斷、血可流、志不可屈」地受到空前的迫害。他們在囹圄及勞改營中，日夜與主密契，萬次地呼號聖母救助。他們中一部份在獄、營中去世，其他的始終堅持初志，度過漫長的黑夜。他們是聖母最疼愛的子女，是聖母親自陪著他們在痛苦中走過來的。青春、健康、家庭、職業……都被他們置之度外，他們心中只有滿腔愛天主和愛教會的熱火。廿年、三十年後，一個一個回到了家鄉，有些甚至幸運地移民至國外。一本本自傳終於付梓，有的也譯成外文。作者們去羅馬朝覲聖父，把著作親自送到教宗的手中。因此教宗對大陸教友為信仰支付的代價瞭如指掌。此後，教宗們一再地向中國教會表達慈父之情，並冊封坐牢三十年的龔品梅主教（一九〇一—二〇〇〇）為樞機。最後二位教宗渴望到中國，可惜一位已去世，一位迄今未能如願以償。

教宗若望·保祿二世於一九八八年八月廿一日三鐘經時說：

> 在佘山四周有許多人造河流，在河上生活的漁家，大都是天主教徒，每年五月，他們必來佘山拜聖母，今年是聖母年，全年有虔誠的信友從各地來朝聖，我也在精神上參與這朝聖行列，一同向聖母請安，並把我對普世教會，特別對在中國的教會的關心，托付給佘山聖母。[1]

教宗本篤十六世於去年五月廿七日致中國教友信上如此說：

1 見教會官方資料。

五月廿四日是敬禮聖母進教之佑的禮儀日。在上海佘山的聖母聖殿內，人們非常熱誠地慶祝這個瞻禮，我願意把它建立為全世界教友聯合為中國教會祈禱的日子。……我規勸你們在慶祝時也要重申你們在主耶穌內的信仰與共融、對教宗的忠誠……。此外我也邀請你們牢記耶穌的誡命：愛我們的仇人，為迫害我們的人祈禱。……祈求歷史的上主賜予你們恆心見證的恩寵，使你們在過去和現在為耶穌聖名所受的苦難和你們對祂在世代表的英勇忠誠終將獲得賞報。[2]

看吧！教宗們多麼疼愛佘山聖母的兒女，佘山已成為中國殉教烈士教會的代名詞。教宗選定了佘山作為他為中國祈禱的具體對象。在佘山，中國教會與教宗的心永遠聯結在一起。

佘山聖母，為我等祈！

（二〇〇八・六）

2 見教會官方資料。

思無邪

《論語・為政篇》記述孔子的話說：「詩三百，一言以蔽之，思無邪。」

這句話是眾所周知的，但要找個例子來加以說明，倒非易事。因為有些內心的經驗是無法言說的。最近讀到一篇張秀亞的文章，倒覺得蠻像思無邪的體驗，故試著給各位朋友介紹，讓大家看看稱它為「思無邪」是否適合。

六月下旬，輔大放假了，筆者就打包準備赴岷（Manila）兩個月，繼續誤人子弟。不料收到了一本同月由商務出版的《張秀亞散文精選》，是作者女兒于德蘭托書店寄來的。筆者收到這本新書，高興萬分，決定將它隨身帶走。

馬尼拉的七、八月是雨季，天氣異常涼爽。七、八月來岷，逃避了寶島的炎熱，可算是來度假了。

每週上十二小時的課，餘下的時間除備課及改作業外，還有不少自由時間，就這樣，可以品賞張秀亞教授的大作了。

這本書分三單元：深情、愛好大自然、文友與書，共有十九篇散文。本文要談的是第三單元的一篇名叫〈小花與茶〉的文章。這篇文章敘述一位老人與一位中年女士間的微妙情感，發乎情，止乎禮，姑稱之為「思無邪」。

一九八五年張秀亞去美國訪問一些教育機構。旅途中，偶然發現一個舊書店，就進去看看。該書店處在幽靜的路角，店內空無一人，她就等待著主人的出現。引她注意的是桌上一隻別緻的茶葉罐及一個插著一枝小白花的水晶玻璃瓶。店主出現了，以富磁性的英國腔問她要什麼書，聽了她要的書就去尋找。回來時看到客人還在注意茶葉罐和水晶瓶，就告訴了她二物的來歷：茶葉罐是一個親友送的，而水晶瓶中的小白花是一位老先生送給她的。這樣，女主人慢慢地向客人講了一個老人的故事。

一天下午，客人很少，店中突然出現一個戴鴨嘴便帽的老人。他要找一本書。店主幫他找時，他坐下了，帽子壓得很低，一手支頤，一手扶手杖，像「盤根錯節的古老樹幹，彎著腰坐在那裡」。店主找不到書，就給他沖一杯茶作為補償，那杯茶是用罐內的龍井泡的。老人一飲而盡，連說好茶。由茶引起了話題，老人說五十年前去中國喝過當地的茶；恰好店主的外祖母也是在中國之旅時愛上了茶，又把這個喜好傳給了外孫女。

第二天老人又來了，手中拿著一枝小白花，說是從他家後院採擷來的。店主感覺從花瓣中可以聽到詩和音樂的流溢。品茗後，老人離去，沒有買書。過幾天老人又來了，又帶著一枝小白花，但不知其名，他們給它取了一個名，叫它「無名花」。以後每隔三、四天老人會來，帶著無名花。客人多時，店主請他代為照顧，為酬勞他，又送上龍井茶。老人啜了一口，「吐出悠長的嘆息」。一次，店主同客人講話時，驀然回首，發現那老人「深湛的眼睛正在追蹤著我」，她走近他，他俯身喝一大口茶，「衰老的臉上露出孩子般的笑容」。他深情款款地注視我說：「我看到杯底一個影子，妳好像她。」

此後二個月，老人天天都來，還帶著小白花，也每天喝一杯龍井茶。高興時他會高歌一曲。他「那雙深湛的藍眼睛像兩顆晨星似的隔著透明的杯子凝視著我，這是一雙奇異的眼睛，像燃燒過的熔岩，像是老祖父的，像是情人的，又像天真的孩童般，其中有慈愛、激情、柔情和無限的依恃。……那眼神使我驚悸、惶惑……我不知如何啟齒，想再為他半空的杯子倒些茶，但我的心和我的手一同在顫抖。」老人看出了女士內心複雜的感覺，慢慢站起來，走向她，低聲說：多年前，他在友人家中遇到一個叫海慈的小姑娘，靈動的眸子就像小花，他以祖父、父親和朋友的愛愛她，她也喜歡他，有時兩人去樹林中玩耍。但不知怎的，以後小孩不見了。再也找不到了。

當他看到店主時，第一眼就覺得她像海慈，算算時間，覺得海慈現在應該也是這個年齡。老人的故事和情感常使對方心跳加速，「我真有點承受不住，因為，我的日子一向是平靜慣了，對於熱情和熱情的故事，我委實已有一份陌生感，但想不到，這位老人為我將它們帶了來。」有時她感到委屈，覺得自己是一個贗品，她想點穿，但怕看到老人失望的眼神而欲言又止。

有一天，他來了，手中沒有花。他說後院的花都採擷光了，附近又找不到。不過他聽說在遠處的懸岩上還有非常新妍的小白花。坐不久，他在夕陽西下前回去了。等店主清醒想告訴他千萬別去懸岩時，已杳無人影了。打電話去他家，沒有人，以後也不再見他到書店裡來。

那位女士因財務不佳而想來個關門大吉，但想到萬一老人回來吃閉門羹，看到他在門外徘徊的淒涼身影，就不忍心結束書店的工作。

最後的一枝小白花就留在水晶瓶裡，就像老人的臨在一樣。

故事講完了，是否可說是「思無邪」的範例？或許有人會說更像「似曾相識」。但「似曾相識」的剎那經驗一般只在心靈最純粹的時刻，或至誠的時刻才會發生的。至誠與思無邪應該聯得上吧。男女間可以無慾、及在無自我中心意識的情況下相見相識，至少在那一刻，「思無邪」的體驗是無法懷疑的，而天主也隱臨其間。「思無邪」或與「似曾相識」是可以重疊的。這樣說行嗎？

（二〇〇八・八）

郎世寧的故事

去年（二〇〇七）大陸電視台放映一部新製的連續劇「宮廷畫師郎世寧」，播出之初，收視率不高。改名為「康乾盛世祕史」後，收視率直線上升，成為家喻戶曉、人人搶看的節目。

郎世寧，何許人也？

去過台北故宮博物院或對中國文化稍有涉獵的朋友，對他並不陌生。他是十七世紀從意大利來到北京，被滿清大帝封為宮廷畫師的耶穌會終身修士。大陸去年播放的連續劇是根據加拿大華人蘇立群的名著《郎世寧傳》改編的故事。該劇由張子恩執導。他將郎修士的個性、畫風、成就、苦惱，唯妙唯肖地呈現在觀眾的眼前，使大家可以見識到這位能綜合中西藝術，兼顧寫真和意境的天才畫家，同時也被他有血有肉的生命情調所感動。這真是一部值得引進供國人觀賞的好節目。

廿六歲的郎世寧初來北京就遇到了高人指點，這是一位盲人畫家，是八大山人的真傳。後者引導他學習詩詞，並叫他從中體會中國畫內的意境。用郎世寧自己的話說，意境就是胸有成竹。經過詩書的薰陶和多年的臨摹，郎世寧終於體驗到了中國畫的意境，也找到了他胸中的竹子了。這為他未來五十年的宮廷生涯奠下了基礎。

西洋畫講究的是寫真，中國畫強調的是意境。但最吸引這位畫師的卻是人體的美。他用寫真的筆調畫出了中國傳統畫不出來的人體之美。郎世寧在康熙愛女七格格身上看到了西洋畫與中國畫的縮影，並捕捉到了他一直在尋求的美，不知不覺中愛上了這位楚楚動人的格格。他利用各種機會用手中神奇的畫筆，企圖把七格格的美貌素描在紙上。為了不引起別人的流言蜚語，他把這些素描藏在畫匣中。十四阿哥為了平定邊疆的叛亂，竟背著父親康熙把妹妹許配給叛軍的首領。七格格出嫁那天，整個皇宮都去看熱鬧，郎世寧獨自一人留在如意宮，沮喪地把七格格的素描一張一張燒掉。七格格把郎世寧心中的美麗帶走了，留給他的是一盆待滅的愛的灰燼。

郎世寧步武利瑪竇的後塵，入境隨俗，連他的畫也變了樣。他的同會伙伴覺得他愈趨愈遠，好像他只在配合皇室的要求而忘了來中國的傳教使命。這些弟兄因傳教遭遇的挫折，一個個地離開北京，使郎世寧感到無法言宣的孤獨。

香妃的到來喚起了郎世寧對故鄉米蘭（MILAN）的思念。或許因為同是天涯淪落人，來自大清帝國邊陲西疆的香妃，似乎在畫師眼中看到了他老年的落寞和鄉愁。自鳴鐘響起的悠揚鄉音，如來自故鄉深情的呼喚，敲碎了他那顆流浪的心。

隨著年齡增長，郎世寧更顯孤獨了。義子小弟的提婚，令他痛上加痛。因為小弟要把他相依為命的義女幼敏娶走了。乾隆為這對小情人指婚後，郎世寧終日以酒代茶，在斗室中藉酒精來抹去那份傷心。大概因為以心體心，乾隆似乎了解他的悲情，派太監王榮給他送來幾壺玉酒，郎世寧對王榮說：「你若是個賊就好了，我已經什麼都沒了，你想拿什麼，就請自便吧！」

這是怎麼樣的一種對話，呈現了怎麼樣的一種心情，令觀賞者一掬同情之淚。啊，情感本是藝術的靈魂，缺乏情感的藝術品，就像屍體一般。郎世寧是充滿生命力的畫家，所以他的畫作都栩栩如生，但他為自己的藝術之源，要付出何等的代價啊。

張子恩的功力實在令人欽佩，他把這位十七世紀的意大利耶穌會會士給導活了！我的朋友徐方濟修士在菲律賓用一週時間看完壓縮版的廿四集DVD光碟，感慨萬千，他寫道：「接下來的一週，郎世寧就像一幅栩栩如生的西洋畫，終日地懸在我腦海的如意館中，有時我會邀他踏出如意館中的悲哀，與我一同呼吸雅典耀大學的書香。我倆兒一起沐浴著午後的陽光，珍惜彼此的陪伴，共同告別那個孤獨的滿清年代。」[1]

（二〇〇九・二）

[1] 本文之寫成深受上述方濟修士之影響及協助，特此銘感誌記。

我的音樂

朱顏一手提手袋，一手拿著七、八片CD，走入警廣播音室，甫坐下，就說：「我看到了你寫貝多芬『皇帝鋼琴協奏曲』一段，我們就從這裡開始吧。」

哇塞，太奇怪了，這本三百五十頁的書中隱藏的三行我的心靈之語，居然被人發現了，這次訪問一定會不尋常。節目一開始，她要我朗誦這三行，當然我不會拒絕，就念了下面這一段文字：

精神好的時候，我會彈鋼琴自娛，用音樂撫慰我的心靈。有時到了傍晚，我會用家裡手搖式唱機聽貝多芬的「帝王鋼琴協奏曲」。那台唱機的音質很好，鋼琴獨奏部份（Arpeggio）每一音節都叩擊我的心肺，直到靈魂的深處。啊，音樂把我帶入了與主契合的神祕經驗。[1]

我十八歲時（一九五三年）入上海總修院讀文學。未幾，得了當時的不治之症——肺病，乃遵醫囑回家休養。每天大部份時間躺在床上，看天花板，對未來是一無所知。但前一年半的修院陶成給我的靈修打了基礎，尤其是聖依納爵的神操，他要我們把疾病和健康都看成是天主恩賜，我們都應該平

1 陸達誠口述，Killer撰稿，《誤闖臺灣藝文海域的神父》，臺北市：耕莘文　基金會，二〇〇九年，頁七〇。

心對應之。所以我在病中還能甘之如飴。就在這一段時期，我有了上面描寫的一段音樂經驗。

朱顏對貝多芬這首鋼琴協奏曲和我一樣有特殊的愛好。助理在我朗誦後播放了該曲第二樂章鋼琴獨奏的一段。我聆聽時，五十年前的出神經驗又回來了，唱片流瀉的琴音如此地沁人心脾！演奏家每個手指輕觸的琴鍵竟能產生如此令人難忘的音符，它們一個比一個更輕柔、更剔透，使人舉心向上。套句馬賽爾的話可以說：「那處在我內心景緻中心的音樂瀑布多少映現了我虔信的上天。」在寂靜中我被帶上了「無限的空間」（巴斯卡語），忘了自己，也忘了一切。

想不到那時能帶我進入神祕之境的聲音，不是交響樂或大合唱，而是寂靜到幾乎聽不到的樂音。以後四、五十年，皇帝協奏曲一直是我的最愛，百聽不厭。為我，貝多芬第五鋼琴協奏曲是令我回憶那一段時期與主契合的音樂。我希望在我生命的末刻，有人為我播放這一二樂章，它會領我平安地邁入天鄉。

是慈幼會神父給我開啟了音樂之門。我在該會的小修院待過一年半。每天傍晚六點左右，意大利籍許神父召集他的班底練歌一小時。這是一個四部和聲合唱團。女高音和女中音由童聲未變的修生擔任，男高音和男低音大多是歐美籍的修士或神父。他們身材高大，聲音嘹亮、雄厚，每人有唱歌劇的資本。我唱女高音部。我們唱過「鄉村騎士」內的合唱曲，美極美兮，心靈隨著歌聲而飛揚，真是「此曲只有天上有」，美到令人忘掉自己尚在塵世。合唱的記憶使我可說我有一個幸福的童年。

而後不論有師或無師，我練鋼琴三十餘年。我深深地愛上貝多芬，彈了不少他的奏鳴曲。我該說貝多芬給我影響不亞於我喜愛的思想家馬賽爾和德日進。謝謝貝多芬、莫札特、李斯特、葛利格（Grieg）、拉赫曼尼諾夫（Rachmaninov）、蕭邦（Chopin）……你們使我找到了天堂，使我感到沒有白白地來人間走了一趟。[2]

（二〇〇九・八）

2 作者按：上述訪談是在二〇〇九（民國九十八）年七月八日下午進行的，由「心靈世界」製作人朱顏主持。訪談有關一本新問世的口述歷史書《誤闖台灣藝文海域的神父》，此書由我口述，Killer撰稿，耕莘文教基金會出版。訪談間曾播放過三個不同版本的「皇帝鋼琴協奏曲」分別由克利福德・柯曾（Clifford Curzon）、魯道夫・塞爾金（Rudolf Serkin）和弗拉基米爾・阿什肯納齊（Vladimir Ashkenazy）彈奏。

暑假返鄉有感

七月中旬回上海探親。七年未見的上海面目全「非」：高樓大廈到處林立，街道粉刷翻新，路面鋪上新的磚瓦，巷子裡的樓房外牆全部煥然一新……，上海好像變成一個盛裝待嫁的新娘。明年它就要成為世界博覽會的東道主，各國貴賓紛至沓來。上海人最愛面子，因此多年前已提早開始給自己的門面打扮起來，要把這個老都市變成一個使人驚艷的現代化大都市。但大家還得等上二百多天，才能一窺其濃妝艷抹的新面貌呢。

探親其實就是度假，看親朋好友以外無所事事。一個月之久住在淮海中路妹妹家裡，一出門就可以悠哉遊哉地在觀光街漫步。教書、研究、改考卷、指導研究……均置之腦後，拋到九霄雲外。不過，開始幾天，覺得度假還得學一學，因為身體還不習慣完全放鬆，還未適應接觸一個沒有書本和教室的現實世界。

到上海那天（七月十四日），陳才君神父過世。雖未送到他的終，也參加了他的入殮大典。陳神父享年九十二歲，除了三十年牢獄生涯外，都從事教育和修士的培育工作。年輕時，在路上碰到他，他可以佇立一個小時，講他才看完的科技小說，什麼上月球或太空之旅。他在被逮捕前，曾向筆者透露，他非常害怕坐牢。但下一次見面時，他已從勞改之地回家，見到遠客就侃侃而談，一談至少三、四小時。客人疲乏不堪，他卻愈談愈有勁，不肯作罷。客人雖累，下次還是會去。愛他的人不少，這次計有六百多位教友來送他最後一程。相信天主一定會給他豐厚的賞報的。

碰到幾位五十四年未曾謀面的老同學，他們都已退休，每個月拿到月支，足夠開銷，有的買了新樓，享受寬裕的晚年生活。大陸規定女士五十五歲，男士六十歲退休。所以馬路上、巷子裡人潮川流不息。試想一個一千五百多萬人居住的城市，其中有幾百萬退休人員，如果他們不去兼職，不分週日週末，在街頭巷尾晃蕩，感覺上，到處人山人海。又因股票一直上漲，熱衷此道者，天天望著電視銀幕，笑得嘴都合不攏。有些人根本不看每日行情，因為他們確知他們的股票一定會漲。這是在台灣無法想像的奇觀。酒店高朋滿座，生意興隆，夜夜笙歌，就像八十年代的台灣，錢多到淹腳。唉，真是風水輪流轉。

年輕的一代是鄧小平復出後成長的孩子，衣著、打扮、髮型與台灣、香港沒有二樣。並且由於一家只有一個小孩，所以個個從小就是天之驕子，沒有吃過苦頭，絲毫沒有文化大革命的痕跡，他們不是紅的，都是其他顏色的，又酷又辣。

至於地上地下教會的裂痕明顯地在縮小。許多地下教友看了前年教宗致中國教會的信，比較不忌諱參加地上教會的禮儀。並因那邊有些神父出等優秀，令他們心悅誠服，讚譽不絕。整體看來，以前的緊張鬆弛了不少。

當然佘山朝聖不能不去。一九五七年六月在山頂聖母台台前許願求恩而立即得到所求之恩的印象驀地湧上心頭，想起了恩師嚴蘊梁神父的詩句：「慈母慈母垂顧俯聽，膝前兒歌獻童心」。聖母啊，何時我可留居佘山做一個避靜，八天間與慈母您細訴別情呢？

（二〇〇九・十）

共產黨黨員需要信仰

暑假赴上海探親有過一個意外的收獲：看到幾篇高級共產黨員的文章。他們都認為信仰絕對重要，應該開放宗教信仰及允許黨員信仰宗教。[1]計有：國務院經濟體制改革辦公室副主任潘岳的〈馬克思主義宗教觀必須與時俱進〉（二〇〇一），空軍中將、空軍副政委劉亞洲的〈論宗教〉（二〇〇七），國家經貿委經濟研究中心宏觀部部長趙曉的〈有教堂的市場經濟與無教堂的市場經濟〉（二〇〇六）及〈有十字架的變革與無十字架的變革〉（二〇〇八），中國社會科學院美國研究所研究員、北京普世社會科學研究所所長劉澎的〈中國崛起的軟肋——信仰〉（二〇〇九）。這些文章都針對大陸泛濫的貪污現象痛心疾首，認為中國改革開放後，只有經濟掛帥，拜金拜物。這樣下去，中國的文化和道德只有死路一條。這些作者出於愛國的心願，竭力鼓吹信仰的重要。本文只介紹最近一篇劉澎的作品。

---

1 作者按：關於共產黨員不得信仰宗教的規定，如一九九一年中共中央、國務院《關於進一步做好宗教工作若干問題的通知》、二〇〇二年中共中央、國務院《關於加強宗教工作的決定》等文件。二〇一六全國政協民族和宗教委員會主任朱維群的最新專著《民族宗教工作的堅持與探索》中，曾三論中共黨員不能信教。二〇一六年四月中國「全國宗教工作會議」在北京召開，被外界視為近年最高層級的宗教事務會議。中國共產黨中央委員會總書記習近平表示「絕不能在宗教中尋找自己的價值和信念」！他所聲稱的理由是：「共產黨員要做堅定的馬克思主義無神論者，嚴守黨章規定，堅定理想信念，牢記黨的宗旨」。

劉澎認為信仰首先必須是一種發自內心的、真正的相信。信仰者不允許自己對所信仰的對象產生懷疑，堅定在自己因信仰而形塑的價值觀上。其次，信仰必須是由衷的，自覺自願的，無條件的接受、認可、相信、敬仰、仰慕、崇拜和追求。人投入了信仰，內外生活和行為模式都受它決定。再者，信仰為個人、民族、國家、甚至全人類都是絕對必需的。對個人來說，它激勵和督促個人為了一個中心的目標而努力；對民族和國家來說，它是社會或國家的成員的共識、故為全國團結奮進的精神基礎和動力。國家的信仰應該是個人信仰的集合和體現。國家要在國內個人信仰的基礎上，擬定全國的信仰。國家的信仰如果與個人信仰脫節，就會失去最根本的動力，變成一張廢紙。

數千年來，儒、釋、道維護了個人和民族的精神，此三者實為中國的信仰。五四運動拆毀了孔家店，膜拜的是科學和民主，這些西方價值因未與中國文化傳統整合，未製造出一個新的全民信仰。三民主義形同口號，沒有人真正願意獻身於它。

一九四九年以後毛澤東高舉「解放受苦受難的全人類偉大的革命」的旌旗，發動各種鬥爭來摧毀阻礙的力量：三反、五反、反胡風、反右……傾巢而出。文革時，毛澤東和他的《毛語錄》成了全國崇敬的神明和聖經，紅式的海洋人潮到處沸騰，勉力掃除一切舊思想、舊文化、舊風俗、舊習慣。這顆精神原子彈震撼了全世界。文革吞噬了無數人的青春、生命和家庭，是中國歷史上最殘酷的一次浩劫。

鄧小平上台後，推動了改革開放，結果GDP上升了，中國躋升世界大國，但人人要發財致富，信仰的是拜金教。鄧小平去世後，權貴集團瘋狂地鯨吞國家的財產，貧富分化與官員腐敗以驚人的速度蔓延。但是錢非萬能，精神上的幸福無法用錢購買得到。人們開始尋找宗教的慰安和支持。身為黨員的劉澎要求黨給人民提供一個凝聚全民共識的真正的信仰。這個信仰不是一個特定的宗教，但包容各大宗教。使各宗教在「和諧如一」的原則下貢獻自己，並與黨合作，一起以中國文化為本地重建國家的信仰。

劉氏在文末大聲吶喊：黨一定要開放宗教信仰，要與各種不同的意識形態和解，使各宗教的豐厚資源可以協助黨實現社會和諧的發展目標。

劉澎的文章氣勢磅礡，石破天驚，一針見血地指出信仰為個人和國家絕不可缺。因為只有信仰才能提供中國、甚至世界，一個真正幸福和發展的遠景。

河北天主教《使徒報》在前文發表後一個月（二〇〇九年八月一日）刊登了一則消息：「中共中央黨校建議允許黨員信仰宗教的報告」。開放宗教及信仰宗教應該是今日共產黨黨員們的共識吧，我們拭目以待另類「改革開放」的來臨。

（二〇〇九・十二）

鴉片不是鴉片

小時候見過外公斜躺在床上抽鴉片，這是我對此「毒品」的唯一接觸經驗。鴉片是隨著鴉片戰爭強銷到中國來的，為使國人做「東亞病夫」。英國人不單要割我們的地，還要屈辱和弱化黃帝的子孫。隨著痛恨殖民者的心理，鴉片也蒙上了不白之冤，它在國人心頭刻上的一個烙印，永遠消除不了。

今年一月三日，筆者的右耳附近劇痛，連眼鏡都不能帶。家醫科醫生開了消炎及鬆肌藥，吃了二天，無效；改看神經內科，醫師確定是病毒感染引起的顏面神經麻痺，開類固醇五天，每天十二顆。這是最強的止痛藥了。五天不痛，之後，疼痛回來了，加上嘴巴左彎，右眼閉不上，晚上無法側睡，常半夜痛醒，挨到天亮。回診後，醫生開了一般的止痛藥，可惜無效。乃去請教給我針灸的長庚黃美涓醫師。她給我開了「及通安錠」（Ultracet），藥單上這樣寫：「作用：使用非鴉片類止痛劑無效的中度至嚴重性疼痛」。黃醫生考慮到春節期間可能拿藥不易，給了我三星期的藥。但我看到此藥內含鴉片，感到驚心動魄。

還好，此藥確有奇效，一吃就不痛。除了藥外，黃醫師給我電針灸，二位宗教系所的學生（民俗治療師）給我「穴道調治」。疼痛逐漸減輕。那些含鴉片的藥前後吃了十天左右就停服了。感謝天主！

以消除疼痛的角度來看，當一般止痛藥束手無策時，含鴉片的藥竟能妙手回春，有效地止痛，為病人真是大恩大德。鴉片沒有美名，但靠著它我們可以度過難關，使人感激不盡，沒齒難忘。鴉片能止痛，就不是人類的敵人，更是人類的撫慰者。國人對鴉片的成見與鴉片戰爭的聯想絕對有關。鴉片可以是毒品，亦可以是藥物，所以本文標題是「鴉片不是鴉片」。

大陸上有位潘岳先生，他是國務院經濟體制改革辦公室副主任，於二〇〇一年十二月十六日在深圳特區報發表一篇〈馬克思主義宗教觀必須與時俱進〉的文章。他認為馬克思的宗教鴉片論要從他對鴉片的全面了解來解讀。潘岳認為馬克思沒有經歷鴉片戰爭，故對鴉片沒有成見，反而強調它的療效。馬氏認為宗教像鴉片一樣，有給「苦難中的人民精神安慰」的功能。又說：「宗教是來世的智慧」。可見他並不把宗教看成毒品。潘岳認為馬克思未把宗教看成完全消極、反動和愚昧，更不必然是社會主義社會的異己力量。

是列寧把馬克思的宗教撫慰說改成宗教毒品說的。他說：「宗教是資產階級麻醉人民的鴉片」。他認為與資產階級鬥爭，需要工人的覺悟，所以必須除去宗教。但在十月革命成功以後，他的反宗教語調緩和了下來，他禁止黨綱中宣佈革命同志是無神論者，他歡迎基督徒，甚至神父牧師入黨。他覺得人民有太多的恐懼，需要信仰宗教來緩和。列寧在革命前後對宗教的鴉片說的詮釋是不一樣的。這就讓潘岳有感而發，認為中國的宗教政策也必須調整，即必須「與時俱進」。

潘岳又引江澤民於一九九三年全國統戰部長工作會議上的談話來加強自己的論說。江氏肯定宗教有配合社會主義發展的因素，不應被認作是鬥爭對象。潘岳乃細數宗教具有的心理、道德、文化三大功能。他認為國家應重新製訂新宗教政策。他說：「新型的政教關係一旦明確，將有益於我們完成革命黨向執政黨的轉變，以新型的執政意識與領導方式管理政府、管理社會、管理宗教。而所有這一切能否取得成功，關鍵在於馬克思主義宗教觀是否與時俱進。」

沒有鴉片戰爭背景的歐洲理論和實踐對宗教的觀點與政策一再修正，可以做國人的借鏡。筆者相信國人的智慧足以超克鴉片戰爭帶來的成見，而早晚能正面擁抱各大宗教，使各大宗教在兩岸成為社會和公民不斷發展的巨大助緣。

（二〇一〇・四）

世俗不是世俗

《恆毅》第五五八期（二〇一〇・四）刊載了拙文〈鴉片不是鴉片〉，現在筆者要用類似的標題來試談〈世俗不是世俗〉的問題。

佛教中有「煩惱即菩提」，「生死即涅槃」的說法。主詞和謂詞相差十萬八千里，卻可以排在一起，甚至將之等同。前後貌似矛盾，但了解了其真諦，便會不以為忤的。

「鴉片不是鴉片」和「世俗不是世俗」的標題是用同樣的邏輯來申述的。它們不是文字遊戲，也不違犯矛盾律。沒有經歷過鴉片戰爭的人是不會瞭解國人對鴉片的情緒。「鴉片」在我國遭到了污名化，「世俗」也是如此。本文試著要給「世俗」平反，還原它的真面目。

世俗不俗是指世俗也可以是神聖的。怎麼講呢？因為世俗為天主所造，為天主所愛。〈創世紀〉記載天主造了萬物後，頷首稱好，滿意之情，溢於言表。天主通過宇宙來傳播祂的神聖與美善。人妄用自由之後才有所謂與「聖」對立之「俗」。聖俗對立起來。聖言降生之後，把祂的神聖性深深地注入這個世界中，大量開發這個世界原有的神聖潛能，而使世界的神聖面目更易辨認。

耶穌復活後超越了物質的有限性，成為宇宙性的基督，瀰漫在整個宇宙中。祂主導著整個宇宙戮力使創造工程終能完成。祂在宇宙內，也在宇宙之上推動及吸引演化，使人類克勝一切困難，向前及向上邁向奧美加點（Omega）。整個宇宙因復活的基督的加持和人類的努力，閃爍發光，顯其美善和神聖。

有些讀者大概已讀出上文中有德日進神父的真跡。是的，是德日進神父（一八八一——一九五五，其中一九二二——一九四五在中國）給我們啟發了世界不俗的觀念。他用聖保祿的話說：「我們生活在祂裡面。」德日進神父指出：對「能看見的人」要看到天主確確實實地通透在這個世界內，一切物質都為天主所包圍，而天主又是一切物質的中心，這個世界充滿了天主。為「看得見的人」，生活在天主裡面不是別的，就是澈底生活到這個被天主所通透的世界裡去。他說：「因為創造之工，更因為降孕的奧跡，塵世的一切，對那些知道怎樣去『看』的人，沒有什麼是卑俗的。」所以今日基督徒應該積極地投入人類協助天主完成創造世界的大工程裡去，在各種職業上事業上發揮自己的力量，使天主在地上的國得以完成。換一句話說，本性和超性界不是一個絕對的斷裂，人的一切世俗活動和他的靈修不能絕分為二。我們必須通過物質世界和一切「本性」活動來聖化自己。總之，這種神修是一種向外的、動力的、創造性的神修。

其實，這樣的觀點早已在梵二的文件，特別是〈論教會在現代世界牧職憲章〉中表現出來。梵二對世界的關心應該多少受到德日進神父思想的影響。用「世俗不是世俗」之題為文，旨在再次提醒基督徒入世的使命，我們的教會也應像佛教那樣有人間宗教的性格。為實踐此使命，需要我們深刻體認世俗不俗，並結合一切力量使人類一家的理想得以達成。

（二〇一〇・六）

燃燒的火把

二〇一〇年九月十二日耕莘醫院及天主教健康照護聯盟主辦了「臨終關懷研討會」，會中有來自梵蒂岡的Zimowski總主教作的主題演講。這位總主教是宗座醫療照護牧靈委員會主席。總主教的講題是「生命結束的挑戰」。其他講題有「台灣天主教健康照護服務的簡介」（陸幼琴修女），「臨終照護與天主教信仰」（趙可式博士），「哀傷輔導與治療」（草屯療養院張達人院長）和「圓滿結局的準備」（耕莘醫院李秀惠社工師）。最後有一個綜合討論。這些題目和主講人都是耕莘醫院新院長鄧世雄醫師精心設計和邀請的。由於這些講師都是專家，而他們的講題都是生死學的重要主題，因此吸引了四百多位聽眾，把可容納四百人的演講廳擠到水泄不通。貴賓中有洪山川總主教、教廷駐華大使館陸思道（Paul Russell）代辦、駐教廷前大使杜筑生夫婦和台灣天主教醫院的多位院長等。

每一演講內容豐富，言之有物，因此場場精采。但趙博士的演講是獨占鰲頭的。她在一小時中把天主教生死觀、安寧療護的緣起及實施、安樂死之弊端、臨終病人獲得信仰的故事、基督徒往生時的平安……巨細靡遺地鋪陳出來。她的每句話、每個字都充滿聖神的力量，直擊聽眾的心坎。她把自己的信仰、對病人的關切、對醫療隊困窘的體認……，一無遮掩地訴諸大眾。她的話都發自內心，因為她的靈魂深處是一片無法控制的熒熒大火。她的信仰和靈修使她積累了大量的精神資財，已達取之不盡的程度，現在可以破衝而出。她熱情洋溢而不矯情，恰到好處地傳遞了福音的訊息。她的貌似理性的言辭掩不住她心中一片愛主愛人的熱火。她一直深被天主提挈，使她的奉獻達到絕無反悔的境地。

她的整個生命毫無保留地向天主豁出去了，所以聖神可以從心所欲地牽動她，使她能把天主的愛火播放在人間，也在這個演講廳內漫延。趙博士不是在演講，而是在用天主的愛焚燒大地。

上面的話實非浮誇之言，因為她一講完，全場聽眾長久地熱烈鼓掌，而那位來自羅馬原籍波蘭的總主教立即起立，以急速的步伐走上講台，捧住趙博士的臉，親其雙頰，而後用麥克風大聲頌讚演講人，可見他真的深受感動，到非向大眾表達不可的程度。

趙博士提到「從事安寧療護的工作者都是臨終病人的助產士」。安樂死是為了「痛苦」解決「人」，安寧療護卻是為了「人」解決「痛苦」。安寧療護是在人生總結期，面見創造者前一刻，最佳的準備方法。

深坑聖衣會謝修女患肺癌，半年無法平臥，又喘又腫，但周圍的人看她常常平安喜樂，活像天使。同會保拉修女問她如果耶穌來敲門，她第一句話要講什麼，她答說：「I Love you.」又說：「主啊！我盼等了六十三年，終於等到可以面對面，時時與祢在一起了。」劉家正神父的妹妹淑美去世前一小時向趙博士說：「我心滿意足，因為我有天主。」趙博士曾陪伴過一千個臨終者，她知道信友的死亡大部份是平安的，甚至是幸福的。死亡為教友真是往生，是搬家到永恆的生命之國裡去。

聽了趙博士的演講，筆者不單感動，還覺得超量地飽滿，對自己在輔大教的「生死學專題」更具信心，覺得趙博士的演講給自己好好地充了一次電，我一定要把趙博士的氣氛帶到班上，使學生體認另類的生死資訊。

（二〇一〇・十）

代名詞與祈禱

廿世紀出現二位哲學家，都對代名詞大感興趣。其一是德籍布柏（M. Buber, 1878-1965），其二是法籍馬賽爾（G. Marcel, 1889-1973）。布柏在一九二二年出版《我與你》一書；馬賽爾則於一九二七年出版《形上日記》，該書後半部都在探索「你」的真諦。而「你」的概念在該日記一九一八年七月廿三日首次出現，比布柏的大作還早了幾年。可見這二位哲士對「你」的尋獲都有原創性，沒有抄襲的問題。

「你」為什麼被這二位哲士同時發現，而後人又推而廣之，竟能研發出一股與傳統哲學全然不同的潮流呢？應該可說是他們用對了代名詞。他們用「你」取代了客觀哲學強調的「他」。「他」不是在場者，而是第三者。這個「他」可能是一個大人物，但他只是我與我的「你」談及的對象，與我沒有「面對面」的關係。這個「他」為我可以是一個中立者，一個陌生人，也可能是我的對立者，甚至我的仇敵，後者的存在可使我的主體性解體，使我渾身不安。

祈禱是人與天主的靈性交往，用感恩、崇拜、求恩等形式來表達。人祈禱時與天主的關係是「我與祢」，而非「我與祂」。與天主的關係愈密切，天主成為「祢」的感受愈趨強烈。祈禱時神人在信望愛中交流，天主為該人而言不是判官，更不是亞里斯多德的第一因。天主不是一個人們談及的第三者，而是一個關心我、愛我、且肯為我犧牲生命的上帝。聖詠七三說得好：

以色列的天主何其美好！
祢握住了我的右手，
我要常與祢同處。

人是天主所造，本能地渴望與天主結合。聖詠二二說：吾靈渴望天主，如牝鹿之渴望清泉。在高峰經驗中，靈魂體會到天父也向自己講祂曾給耶穌說過的話：「祢是我滿心喜悅的愛子！」。此處，神人間之「我與你」關係達到了白熱化，二者難分難離。基督宗教的信仰與靈修基本上是要在神人間建立深度的「我與你」的關係。

在這個脈絡中我們來看看聖詠中的一些代名詞的問題。以聖詠為主的日課經是天主教修道人（升執事後的神職及大部份修女）每日必須誦念或吟唱的經文。一百五十首聖詠都是聖神默啟舊約作者所撰寫的。聖詠是他們發自肺腑的信仰告白。耶穌自己深諳聖詠，亦用聖詠祈禱。有些聖詠描寫耶穌的苦難，寫得刻骨銘心。聖詠實是神人交流最好的溝渠，每一句話、每一個字都可透顯信者的心聲，但筆者認為聖詠中有些地方不用「祂」，而用「祢」的話更能增加祈禱的效果。

筆者試用每日清晨首念的聖詠九四為例來說明用「祢」與「祂」來稱呼天主有截然不同的祈禱效果。原文如下：

請大家前來，向上主歡呼，
向拯救我們的磐石歌舞。
一齊到「祂」面前感恩讚頌，
向「祂」歌唱聖詩，歡呼吟詠。

因為上主是崇高的天主，
是超越諸神的偉大君王；
大地深淵都在「祂」的手中，
高山峻嶺都是「祂」的化工。
海洋屬於「祂」，因為是「祂」所創造，
陸地屬於「祂」，因為是「祂」所形成。……

請各位讀者把上面一段中的「祂」改讀成「祢」或「您」，就知我言非妄。形容詞的適當使用確能大大地提高祈禱的品質，因為上主永遠不可能成為我們的「祂」。

（二〇一一・二）

唯一天主　於我足矣

許多聖人給他們的追隨者留下名言，如：聖方濟的「吾天主，吾萬有」；聖依納爵的「愈顯主榮」；聖鮑思高的「與我靈，取其餘」。十月十五日，教會慶祝的聖女大德蘭，她的名言比前面三位聖人長得多。且聞其言：

事故莫擾爾靈，
患難莫致爾驚，
萬般轉瞬皆成空，
天主永無變更。
祈禱好似萬能，
擁有天主的人，萬物皆備豈貧窮。
唯一天主，於我足矣。[1]

---

1 拉丁原文：Nihil te sollicitet, nihil te conterreat, omnia transeunt, Deus non mutatur. Patientia omnia consequeris. Ei qui Deus possidet, nihil deest. Deus ipse sufficit.

當今知道這名言的教友，可能為數極少。一九五五年，大陸教會受到迫害和摧殘前，這段名言在中國某些地區流傳開來，之後成為勞改營中受盡折磨的弟兄姊妹們的支持，使他們在貧窮和困難中得到慰安和力量。

近年來，聖女大德蘭和聖十字若望，加上聖女小德蘭和「生命之母」創始人尤震神父的作品在台灣大量出版，加爾默羅靈修幾成家喻戶曉。至少有兩位依納爵的弟子，翁德昭神父（R. Gagnon, S. J.）和在馬尼拉任教的格林神父（Thomas Green, S. J.）用中文出版了多冊有關聖衣會的靈修書。

格林神父的《井枯之時》用井枯代表默想的瓶頸，指度內修生活的人在不短的時間內習修神操，運用靈魂各種官能，試圖與天主結合。但到一定的時候，發現理智無法啟動，默想陷入困境。格林神父用聖十字若望的訓導，告訴這些修行者說，人到了這種境地，是天主自己要取主動角色的時間到了。我們要從主動轉為被動，從默想轉為默觀。換句話說，努力修行的人，在神枯和黑夜中要堅信上主的臨在，讓思維放下，等待著主的再臨。

聖女大德蘭認為，祈禱是與天主似好朋友般的臨在和親密交談。當天降甘霖時刻一到，井就不枯而泛濫了。聖女大德蘭和聖十字若望把默觀看成祈禱的目標，明顯地與以理性思維的默想是不同的。不過聖依納爵的神操，不是封閉式的理性默想，它是向默觀和神祕開放的，只是輔導者的不當，才會有偏差。

上述二位耶穌會神父，之所以會與加爾默羅靈修掛勾，乃是神操的靈動性。這絕不是只有理性和意志的運作，而是兼容一切好的祈禱方法，並使人按天主賞賜的本性，順聖神的引導，充分發展。所以，神操和注重默觀的加爾默羅靈修絕無衝突，是可以相輔相成的。二者都強調天主的主導權，並要人在一切努力中，放下自己，為與真實而不變的萬有之主全然契合，就像聖女大德蘭說的：

萬般轉瞬皆成空，天主永無變更。

（二〇一一．十）

聖神的蔭涼

今年的季節轉換之速異乎尋常，地處亞熱帶的台灣，本來可有春夏秋冬四季的氣候，但今年冬季延長了不少，翻過一頁日曆，居然夏季就上場了。攝氏二二度一跳就到了三十五度，變化之疾，實為罕見。

中國時報六月廿九日有篇短文，題目是「十三天逾三十五度，六月高溫破百年紀錄」，內文如下：「今年六月熱到爆！氣象局統計，台灣地區六月平均氣溫達二十八・五度，僅次於一九八〇年，創歷年六月第二高溫記錄；台北平均氣溫，超過三十五度高溫天數，雙雙打破百年記錄。」[1]無論如何，我們才進入七月，這樣的高溫必會有增無減；到了九月，還會有個秋老虎來發揮它的餘威。熱啊，熱啊！

聖神降臨瞻禮彌撒中，福音前的「繼抒詠」中，關於聖神，有這些稱呼：「祢是人生旅途中舒適的庇蔭。在勞苦中，祢是憩息；在酷熱裡，祢是清風；在悲痛時，祢是慰藉。……求祢洗淨我們的污穢，醫治我們的創傷，滋潤我們的憔悴。……」《耶穌會團體祈禱手冊》的「聖神禱文」把上述「繼抒詠」中關鍵性的一句略作修改，稱聖神為「酷熱中的蔭涼」。這句禱詞引發了我們把蔭涼的氣候與聖神聯結。在此試與大家分享。

1 〈十三天逾三十五度　六月高溫破百年紀錄〉，《中國時報》，二〇一一年六月廿九日A八版。

酷暑的炎熱威猛如虎，令人害怕。但也有例外。譬如德國人的避暑不往北跑，卻到南方地中海去享受日光浴。因為德國整年寒冷，連七、八月都無法跳入寒冷徹骨的游泳池嬉玩。對亞洲人來說，這簡直是神話。

有關炎熱的聯想是疲累、憔悴、乾枯、昏沈；炎熱中渴望的是休憩、微風、水泉、輕鬆和蔭涼。後面這一些，聖神都有。

舊約中先知厄利亞在山洞裡等待天主，結果天主不在先來的「風暴」、「地震」和「烈火」中，而是在烈火過後「輕微細弱的風聲」中出現了。上主問先知說：「厄利亞，你在這裡做什麼？」（列上一九：一一—一三）。

新約中，耶穌自己因長途跋涉而疲憊不堪，竟向陌生的撒瑪利亞婦女討水解渴（若四：一—四三）。祂的門徒福傳回來也是疲憊不堪，師父提供給他們身心靈的休息：「凡勞苦和負重擔的，你們都到我跟前來，我要使你們安息。……我是良善心謙的，……我的軛是柔和的，我的擔子是輕鬆的。」（瑪一一：二八—三〇）。

默示錄中上主的敲門聲一定是非常輕柔的，祂需要我們的歡迎，才能進屋與我們共進晚餐（默三：二〇）。

啊！靈魂的嘉賓是這麼的細膩溫和，祂絕不會猛衝直撞。聖神吹的是微風，溫涼舒適，這陣及時「風」使累攤的旅人沐浴其中，元氣復振。

主啊，請灌溉我們的乾枯，治癒我們的創傷，軟化我們的頑強。

七月雖然酷熱，但有聖神陪伴、滋潤、撫慰，日子就會過得不一樣。所謂「心靜自然涼」確是有其道理的。何以心靜能使人涼呢？如何聖神的清風才會給人憩息，給旅人以蔭涼呢？答案只有一個：靈修。

靈修是心靈的操練，是用一些方法，回入自己的靈魂深處，與已臨在的嘉賓契合。不論是感恩祭、玫瑰經、默想、默觀……都能有效地把我們領回主的身邊，感受其蔭涼與撫慰。內心涼快了，身體會降溫，抗熱力也隨之大增。

上班或上學的教友，辛苦了一年，在酷熱的夏天讓自己通過祈禱休息一下吧。祈禱中，聖神的清風習習而至。七、八月中台灣及全球華人到處都有各項活動，如兒童營、道理班、靈修營、領袖營……在各地展開，可能主持者會忙得汗流浹背，但只要我們在過程中堅持祈禱和靈修，我們一定仍能體會聖神的清風和蔭涼，而能愈戰愈勇地堅持到底。

在台灣有不少靈修中心，聖神在那裡等待我們去充電哩。

親愛的朋友，不要怕炎熱，卻要學會如何消暑，使自己能為愈顯主榮而繼續衝刺。

聖神，酷熱中的蔭涼，求祢聖化我們。

（二〇一一・十）

《上帝的男高音》深撼我心

海鵬影業公司即將發行一部新的電影：《上帝的男高音》，實在太好看了，不看可惜。《時代雜誌》推崇它為「百年一遇的好聲音」，曾獲選為金馬國際影展、上海國際影展及釜山國際影展的觀摩影片。介紹我去看這部電影的朋友說自己看了異常感動，熱淚盈眶，我去了，看了，也被強烈地震撼，屢次忍不住掉下眼淚。

主角裴宰徹（韓籍）自米蘭音樂學院畢業後，橫掃歐洲所有歌唱大賽的冠軍，轟動了全世界。日本一位歌劇經紀人澤田在德國聽了他主唱的「杜蘭朵公主」後大為震撼，勸服了他去日本發展。不料到達日本後，他發現自己罹患甲狀腺癌，必須切除部份聲帶。手術使他渾厚高昂的美聲消失了。在極端沮喪的心情下，太太協助他以信仰恢復信心，並說服他接受進一步的治療。終於澤田說動了已退休的頂尖的喉科專家為他執刀。在局部麻醉的手術中，為調整他的聲音，醫生要他試唱，他唱的是「奇異恩典」。手術成功，聲音回來了。但醫生發現他的橫隔膜神經受損，中氣不足，無法唱出最高音。但澤田有信心，讓他重返舞台。在他安排的一次演出中，雖然裴宰徹唱得稍有瑕疵，但受到聽眾大大地激賞。他以後不遺餘力地赴歐亞各地，以演唱聖歌來撫慰人心。

筆者在觀賞這部電影時之深切感應，來自我有過類同的失音經驗。一九八六年我在政大哲學系任教，並帶領耕莘文教院的聖詠團，二者都需要聲音，雖與唱歌劇不同，但聲音絕不可缺。醫生給我做甲狀腺手術時，傷及我的聲帶，手術後完全失聲。醫生要我等半年，看神經是否可以自動接上。此法無效後，榮總張醫師再給我施行填矽膠手術。手術時我也被要求發聲，還好沒有叫我唱歌。這已是三十年前的往事經歷，迄今猶栩栩如生。該年九月開學後，選我現象學課的學生只剩下一位，而開刀前為了容納大量學生，我還須用階梯式教室上存在主義的課呢！至於聖詠團，我只能司琴，已無法帶唱了。事至今日，即使只有二小時的課或演講，我還須服用喉炎丸才能發聲到底。

觀看《上帝的男高音》這部電影時，我感同身受。我與裴宰徹一樣有神的加持，我們在極苦中依舊保持希望，相信神會治癒我們。而在治癒後我們都願立足在不同的舞台上為神的光榮奉獻自己的生命，用言語或歌唱來光榮天主，傳揚主愛。我們都經歷了「奇異恩典」耶！我樂意向大家推薦《上帝的男高音》這部好電影，請勿錯過。最後，謝謝海鵬影業提供給我們這部超棒的藝術電影。

（二〇一五・一）

安靜的晚年

時間的巨輪把我們往前推進，一日又一日，一年又一年，像山泉一樣流啊流……。一瞬間，已過了六十大關，很快地就逼近了六十五歲退休年齡這一關。以往人們把六十五歲看成老人，現在這個老人關可能要重新劃定了。君不見多少七十五歲的長輩還生龍活虎地馳騁人間。但一過八十，就該小心一點，還在兼職的老者，得有自知之明，不能再戀棧了。不自量力者或許會有嚴重的後果。

去年已過九十高齡的周聯華牧師，自陽明山駕車下山，半路上覺得不支，就把車移到路邊停下，不久他就回歸父家了。牧師得天獨厚，幸運地逃過能引發連環車禍的大劫，但不能不說這樣的行動實在太危險了些，尤其車中還有別人。

前幾年，耶穌會中華省規定會士七十五歲以後不得開車。這個規定不能不說是明智之舉。筆者當年八十左右，立即遵命不再駕駛。想不到搭乘久違的捷運悠哉游哉，其樂無比。

由於工作性質的關係，四十多年來我周旋在年輕人中間，不知老之已至。換言之，筆者一直覺得自己仍是一個年輕人。

八十三歲在老人族（六十五—九十歲）中處於中間位置。雖然個人心理年齡還不這麼老，但事實上已進入了老境，至少從別人的目光及舉止中（如讓座），可以看到自己不復年輕。那麼就接受貴刊邀約，試談一下生命晚期的生命教育這個議題吧。

一般而言，人們六十五歲退休以後，辛苦了一輩子，終於可以好好地透一口氣：早晨不需要鬧鐘了，Alleluia！白天整天一大堆時間可用，就像從銀行裡拿出了大把銀錢，可隨心所欲地消費。以往的白日夢，現在可把內容填進去了，要漫遊：巴黎、羅馬、威尼斯、大阪……，都是可能的，只要好好地安排一下，就可一償宿願。

您或許不相信，我對周遊列國，包括坐郵輪，毫不感興趣，一方面，大概已去過二十多個國家，另一方面，語言不通之處，激不起太大的好奇，不去也罷。國內的勝地，要去的都去過了。總之，對空間不再好奇。那麼，生活是否會乏味單調？

相反，退休後，得了一個好不容易得到的安寧，夫復何求？最好的生涯規劃是從這個取之不易的「時間」上著手。時間一去不復返。用好它，生命就會豐厚起來。每一刻活得充沛的話，都可以成為「絕對現在」，即進入一個會永遠存在自我深層，成為記錄在「我的歷史」中的不會消滅的時間單位。

對我來說，要把時間化成「絕對現在」之最佳方法就是「寫字」，即古人推廣三不朽之一：「立言」。老年人靠回憶及觀察，分析生命的甜酸苦辣，使要找尋的事跡逐漸浮現，變成文字。作者由此可得最大的滿足。筆者雖無顏自稱作家，但會把自己寫過的東西，一看再看，不會厭倦，不忍釋手，真是一個不可救藥的自戀患者。奈何，誰叫老天爺如此安排的。在這個前題下，我的生命規劃的邏輯就明朗起來了。用一個字來說，即不停地「寫」。

以上所述為大部份讀者而言，如果不是痴人說夢話，至少與您們個人的生涯規劃南轅北轍，談不上有什麼啟導作用。那麼就請讀者您把它當一個參考好了：知道世上有：「懷有如此這般『最愛』、而活得充實快樂的老人」就好。這些老人在他們的黃昏歲月，活得很開心，因為他們終於可以對其九〇%未開發的潛能，及未訴諸文字的經驗，繼續不停的作最後的「衝！衝！衝！」。

（二〇一八・四・十五）

再談「代名詞」與禮儀祈禱

筆者於二〇一一年在《恆毅月刊》登載了〈代名詞與祈禱〉一文。八年前寫的文章，今有意猶未盡之感，還有話要講，為了讓全球華人信仰團體對「你」這個代名詞有更多的思考，而把禮儀與祈禱更深地結合在一起。

廿世紀初，歐洲有二位哲學家對代名詞同時萌發極大的興趣。「我」、「你」、「他」變成了他們哲學的關鍵字。一位是德國的布柏（Martin Buber，1878-1965），另一位是法國的馬賽爾（Gabriel Marcel, 1889-1973）。布柏在一九二二年出版《我與你》，明顯地在說「我」、「你」是全書的關鍵詞。馬賽爾在一九二七年出版一本涉及「你」的書：《形上日記》，此書比布柏的《我與你》晚五年出版；但在《形上日記》出版前九年，日記中已開始談「你」，應當可以說二人在差不多時候發現了「你」的重要性，沒有「抄襲」的問題。「我與你」之出現大概是因為大環境的思想影響而在不同地區成熟，故在法、德同時開出了鮮艷的花卉，至今已有百年而未衰。

人與人交往用「我與你」及「我與他」來互通，但人與神的交往也可以這樣用嗎？那一個說法才更有益於人神交通呢？

一般而言，「我與你」哲學不同於西方的傳統哲學。西方哲學自古強調科學性與客觀性。基本上是「我與他」或「他與他」的哲學。我、你是在場的，「他」是不在場的，是我與另一人對話中談及的人，雙方沒有「面對面」。這個第三者為我可以是一個陌生人，也可以是有不冷不熱關係的人，甚至是與我敵對的人，即只有主客對立的關係。負面的涵義較多一些。

但祈禱的對象是天主，把天主稱為「他」就不妥了。天主是一個關心我、愛我、且肯為我犧牲生命的神。如果同別人談到天主，為說明祂的樣子、祂的作為，這是可以的。但在祈禱中面對面地稱天主為「祂」就非常不合邏輯了。祈禱時及禮儀中，我們直接同天主對話，不能把天主當成不在的第三者。這樣做的人不一定對天主有不尊敬之意，但就像母女對話時，互稱「她／她」一樣，如：「媽，她好嗎？」豈不荒謬。

筆者認為聖詠中有不少地方稱天主為「祂」，若改用「祢」的話會大增祈禱的效果。聖詠九四的原譯為：

請大家前來，向上主歡呼，
向拯救我們的磐石歌舞。
一齊到「祂」面前感恩讚頌，
向「祂」歌唱聖詩，歡呼吟詠。
因為上主是崇高的天主，
是超越諸神的偉大君王；
大地深淵都在「祂」的手中，
高山峻嶺都是「祂」的化工。
海洋屬於「祂」，因為是「祂」所創造，
陸地屬於「祂」，因為是「祂」所形成。……

如果我們把上面一段中的「祂」改成「祢」，就把這聖詠化成了祈禱。

筆者發現感恩祭的「光榮頌」，依次地把聖父、聖子、聖神稱為「祢」，一個「祢」同時用在天主聖三，不必學「路人甲」、「路人乙」那樣分稱聖三，應使經文更有人情味。

「信經」其實也可以如法炮製，加以改裝把信理變成祈禱：

我信唯一的天主，全能的聖父，
天地萬物，無論有形無形，都是「祢」所創造的。
我信唯一的主、耶穌基督、天主的獨生子。
「祢」在萬世之前，由聖父所生。
「祢」是出自天主的天主，出自光明的光明，出自真天主的真天主。
「祢」是聖父所生，而非聖父所造，與聖父同性同體，
萬物是藉著「祢」而造成的。
「祢」為了我們人類，並為了我們的得救，從天降下。
「祢」因聖神由童貞瑪利亞取得肉軀，而成為人。
「祢」在般雀比拉多執政時，為我們被釘在十字架上，受難而被埋葬。
「祢」正如聖經所載，第三日復活了。
「祢」升了天，坐在聖父的右邊。
「祢」還要光榮地降來，審判生者死者，「祢」的神國萬世無疆。
我信聖神，「祢」是主及賦予生命者，由聖父聖子所共發，
同受欽崇，同享光榮，「祢」曾藉先知們發言。（等等）

筆者這樣做並非要禮儀委員會重修經文，但神父在私下或為小團體做彌撒，應該可以取用，使客觀性的信仰表白兼有告白和祈禱的作用。

代名詞的適當使用確能大大地提高祈禱的品質，因為上主永遠不可能成為我們的「祂」。

（二〇一八・八）

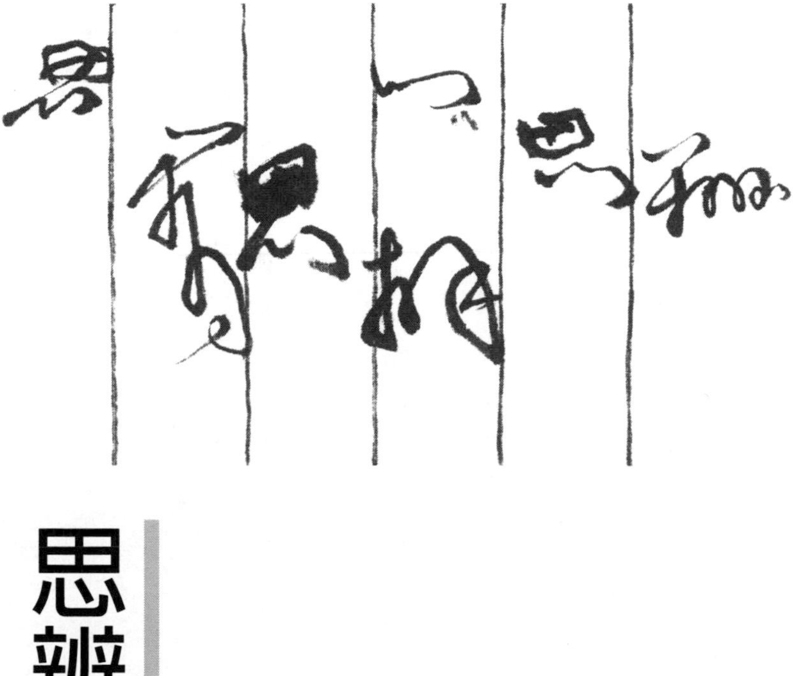

思辨

指「陸」為「馬」談「邊緣信友」[1]

暑期青年寫作班再過三天將唱驪歌，這是我第一次參加這類活動，名義上還是主持人，其實都是耕莘文教院文教祕書郭芳贄先生策劃。他本人參加第三屆，而本屆已是第十二屆，每晨四節課，由兩位老師主講，下午有分組活動、討論作品、籃球比賽、參觀報社、電視公司……，晚上有座談會或排練戲劇等活動。

本屆班友共一百廿人左右，來自全國各大專學校，其中不乏五專三專的，有位五專一年級的同學小得可愛，當時曾懷疑是否她走錯了地方。老師中不乏知名度極高的作家、記者、導演、教授，如余光中、司馬中原、朱西甯、張曉風、段彩華、姚一葦、朱炎、高信疆、魯稚子、洛夫等。我也教四小時，題目「馬賽爾存在哲學與文學的關係」。慢慢地，有人把我與馬氏聯在一起，其至有一次有人叫我：「馬神父」，引得哄堂大笑。

因此寫作會編輯的本期《文教通訊》，新聞組一組員以「指陸為馬」來介紹我的一篇訪問專文。請恕我也以此種題目來略談與非教友交往的粗淺見解。

去夏離法前收到林道古神父的信，要我接受耕莘文教工作及寫作班。我幾乎未加考慮就接受了。因為我覺得這類機會使我與教會邊緣之非信友同胞接觸。耕莘文教院辦的活動所吸引的學生或社會人

[1] 轉載一九七七年八月十五日《輔神校友通訊》。

士大部份是非教友，而來演講或主持節目之學人專家，大部份亦為非教友，因此這是一個向教外開放的宗教「機關」，是個處於教會邊緣的一座文化活動中心，基本上與本堂或純為天主教學生活動而設立的中心有所不同。

這就使我想起馬賽爾在他四十歲時皈依天主教後常自稱為「邊緣信友」的事實。他願意不站在教會官方神學或哲學的立場，向教會外的知識份子解釋他所獲得的最深邃的生命美感，解釋的方式和詞彙要易於使門外人了解與接受，但其內容卻是顛撲不破的永恆真理。由於對教會外非信友知識份子的關愛，他寧願在這兩個世界的中間，而不願向教會的中心過份認同，這是一個冒險的地域，當時會受到教會當局監察，但這是教會的門，許多外人只藉這門窗而見到內涵，也能自由地進出一下。

他是哲學家，所以他不會以教義著手及結束他的反省；由於當了四十年的教外人，因此他很體會外面大千世界真面目和真正需要。由於在兩個世界的中間，他就處身於教會的邊緣，為了一面受到教會母親神性光輝的照耀和滋養，一面把生活過的啟示用人性層次的語言向局外述說。可能這類的述說為教友也是迫切需要的，因為今日教會與外界世界已不能截分為二，教友國家的教友很多名實不符，而傳教區之教友根本沒有一個絕緣的教會地域使自己苟安。

是哲學家，所以要看，要想，要發現問題，要發明方式，使自己所信所活的喜訊能成為周圍世界之光耀，使更多人活得更真實，更充實，更友愛，更幸福。邊緣信友實際上一點都不邊緣，是最積極的信教者，只是他站立的方位有所不同，因此他講話的方式也有所不同，難怪馬賽爾贏得大部份神學家的友情，教會當局雖未對他表示對馬利旦那種的感激，但必不乏賞識他者，其功績讓後代歷史家來衡量吧！

一年來到耕莘文教院演講者或主持或參加活動的知識份子為數不少，與他們的交往不算深刻，互授名片，對飲一杯，寒喧片刻，但這片刻之交往有時說不定能留下一個今後來往的基礎，彼此的同情與尊敬，對對方所學的興趣和讚譽，真誠無偽的態度，或能使外人更進一步窺察到這個深不可測古老宗教的內涵，而體驗一些這個宗教的人性面，多少留下一些善意的印象。「教會在現代世界」憲章所昭示的不正是這種精神嗎？

但只有人際接觸還是不夠的，我們需要更多的兄弟姊妹以這種開放的神修來準備自己且實際去體現「邊緣信友」的志向，要在更深的層次藉文學、哲學等創作來批判、分析教外思想及社會現狀，以激發邊緣外的人士靠向門窗的興趣，這個工作也不難。可以以少以小開始，如何作，讓我們與聖神合作而嘗試去創造吧！

（一九七七・八・十五）

四不朽

聽到「三不朽」三個字，大家耳熟能詳，但好像從來沒有人聽過「四不朽」。三不朽指立德、立功、立言，是先人留下的精神遺產。先人雖已過世，但他們藉自己的品德芳表、造福鄉里和文化創造，多少讓自己在時空中存留下來，別人傳誦他們的功績而會記得他們。他們的身體已入土，但他們的精神還在人間，在記得他們的人的心中。

這種觀點中西古今都有。柏拉圖在他著名的*Symposium*〈愛的饗宴〉中，用蘇格拉底的話肯定三不朽，還說這種精神的三不朽遠超過通過生殖而藉後代之生命延續而有的不朽。至於人死後是否存在，哲學好像很避諱。其實，比三不朽更重要的應該是「人」本身死後朽不朽的問題。人的偉大作為（doings, actions）固藉「三不朽」而不會全部消失，作為的主體（the subject of doings or actions）是否繼續存在才是朽或不朽的真正問題。若人去世時，靈魂與肉體同歸於盡，則前述之三不朽僅供他人追念，其人本身已凋零。

然而大部分的人類都相信人死後不死，因此紀念亡者的行為多如過江之鯽，活人希望藉之可通幽明。他們相信靈魂不死，稱之為亡靈、鬼神、好兄弟或準備投胎的「中陰身」、「中有」。這類觀點基本上不是哲學觀點，而是宗教的觀點。儒家所取的卻是哲學觀點。

論語記述孔子的話說：「子不語怪力亂神」（〈述而〉），「未知生焉知死」（〈先進〉）。好像守住哲學立場的人不應觸及無法感知及無法證驗的事。不少儒家學者就把自己的關切點局限在現世今生，不談生前死後的世界。台灣新儒家學者曾昭旭先生被九歲的兒子問及生死問題時，他說：「人生的意義在於歷程，不能定在任何目標之上，否則必引致人生只是一場空之否定理論。」[1]。他預設了一種想法：凡是超經驗的探索都是徒勞無功的，把握當下，盡心盡力地投入過程，這樣，探索終極問題的需求自會褪去。

卡謬（Albert Camus, 1913-1960）筆下的薛西佛思被神明所罰，必須週而復始地把一塊大石從山下推到山頂，別人看來這是荒謬透頂的無意義行為，卡謬卻說：「推石上山的勞苦便足以充實一個人的心，我們必須想像薛西佛思是快樂的」。[2]薛西佛思是否快樂，我們無法證實，但曾昭旭先生活得很快樂，則無容置疑。曾先生著作等身，演講時高朋滿座，不斷體會三不朽的豐富生活，他的「過程」確是充滿意義的。至於人死後靈魂是否存在，對目前的他來說應是不很重要。

筆者認為「不朽」首先應指人本身死後不死，其他的不朽與之相比，都是隔靴搔癢。而每一個人死後之本身存有可稱為人的第四種不朽，加上前面三種不朽，共有「四不朽」。儒家對四不朽之看法有不同的聲音。

首先，我們讀到哈佛大學杜維明教授的註釋：「知生的起點雖不必涉及知死，知生的極致不得不包括知死。」[3]很明顯的，杜氏指出知死包含在知生的要求內。人之全生不單只有「過程」，還有過程的終點。若然，除非知死，不然未曾知生，至少未知全生。而求知死亡真諦不必是追逐空氣，因為從哲學角度亦可推論「四不朽」的道理。下面我們要引用曾教授的老師唐君毅先生的觀點來說

---

1 曾昭旭，〈零簡〉，《鵝湖月刊》一〇九期，一九八四年七月，頁五〇。

2 〈我們必須想像薛西佛思是快樂的〉，《聯合報》，二〇〇四年十一月十五日E七版。

3 杜維明，〈儒家人文精神的宗教涵義——「論儒學的宗教性」中文版代序〉，《鵝湖月刊》二九二期，一九九九年十月，頁二五—二八。

明四不朽。

唐先生首先肯定追問生死真諦的合法性。因為水火不問，而人不停地問死亡的真諦，表示該問題是大自然賦於人的理智的真實問題。人追求此問題之答案，乃出自人本性的自然欲求，人也有獲此問題答案的權利。其次，唐先生認為雖然我人沒有生前死後之資訊，但可從人死前的生命活動的跡象推論出精神的特質，而對精神之恒存性可作出可靠的斷言。

什麼是唐先生引為精神不死的可靠證據呢？

他說：精神不斷有超越肉體的行為。精神雖與肉體結合，但精神一直表現一種獨立於肉體的性格。精神除了在人生病以外，常卓然而行。最明顯的例子是人能為別人犧牲自己的生命。試問：如果人只有肉體生命，而精神只是肉體的附屬品的話，那個能超越肉體的「本我」必會因死亡而全然消失。從「超越」行為來看，超越肉體的精神不但在死前超越肉體，並在死的剎那中亦超越肉體。人死時肉體回歸自然，精神卻逸出肉體和物質的束縛，澈底自由解放了。人的一生的精神活動在此刻達到最高峰，他有不依賴肉體而獨立存在和行動的大自由。對唐先生而言，人死後絕對不死，卻成為無肉體配套的自立體，他稱之為「鬼神」。這是他從哲學推理而不是從宗教得出的結論。

至於「鬼神」之處之狀如何，唐氏自認無知。但是他認為幽明兩界並非完全隔絕的，幽明可藉真情而相通。如果活人以嚴肅誠敬之心追念祖宗、聖賢，他們的情與鬼神的情可以直接相遇。這時，一股真情自心中冒出，肫肫懇懇，不能自已；又感到這股真情直接射向一個肯定的目標，與那被追念的對象結合。唐氏說：「真情必不寄於虛，而必向乎實，必不浮散以止於抽象之概念印象，而必凝聚以著乎具體之存在。既著之，則懷念誠敬之意，得此所對，而不忍相離。」[4]

[4] 唐君毅，《人生之體驗續編》（唐君毅全集校訂版二刷卷三之一），臺北市：臺灣學生書局，一九九六年，頁一一〇。

「向乎實」，當然指由真情接觸到的亡靈是真實的、客觀的存在，不是虛構的幻覺。如此，這位當代大儒肯定了靈魂死後不死，並與此岸的人可以感通。唐氏是儒家大哲，他不怕冒犯禁忌，直叩死亡之門，並通入其內，一探究竟。唐氏可謂是一位既忠於哲學，又坦誠追求真理的思想家，所以他雖未入宗教，也肯認了「四不朽」。

（二〇〇四・十二）

啊，老大哥

一位篤信基督的新科立委，為了感謝協助他當選的朋友，設席宴客。來賓中大部份是基督教的牧師和長老，只有一位神父。席間，大家相互自我介紹。一位牧師聽到他的鄰居是神父時，脫口而出：「啊！老大哥！」這位神父聽了當然很「窩心」。在基督教的氛圍中，受到如此禮遇是有些意外的。天主教以歷史和全球人數來說確是領先的。不過這個「老大哥」的稱號是無法自封的。合一祈禱週才結束（一月廿五日），反思一下兩教關係是蠻合時令的。

十六世紀以前只有一個信基督的宗教。東正教雖於一〇五四年與羅馬分道揚鑣，但有關重要的信理二者並無明顯分殊，雙方承認聖體聖事，也肯定司鐸之職。但新教的看法與上述殊異。馬丁路德和加爾文本是神父，以「唯獨聖經」起家，抗議教會的權威，解構許多制度和信理，所以又被稱為「誓反教」。他們不接受教宗的首席地位，對彌撒、煉獄、成義、敬禮、聖像、獨身制度取否定的態度。而當時歐洲的大小君主各取立場，或偏向誓反，或堅從羅馬，使原本一統的信仰，裂分為二：南方信天主教，北方接納新教，形成一「洲」兩制的局面。但雙方都是基督徒，他們信的教只有一個名稱：基督教。

隨著殖民的拓展，南北兩制的基督徒把信仰移植到了傳教區，二派各自傳授自己的傳統，相互也抹黑過。

傳教士到了中國，利瑪竇神父選了「天主教」這個名字。稍後到來的新教卻取用「基督教」這個統名，以致在歐洲的共名在中國變成了新教的專利。天主教為說明信仰基督的一統性，還得加上一個「宗」字，乃有「基督宗教」之名。但國人對它並不熟悉，基督教亦少用之。

梵二以後宗教際關係以對話為主，尋求諒解，相互賞識和學習，取長補短。但牧師叫神父大哥，並不多聞。二家原是一家。天主教在梵二後不單渴望與新教和好合一，並願與非基督宗教作深度的交流。基督徒相愛，才有可信性。如果兄弟鬩牆，沒有人會走近這個家庭的。

近年來，基督徒除了高層的神學對話以外，還在聖經、靈修和社會服務方面，不斷互動。最近屢聞：牧師做神操，基督教書局出版天主教的靈修書籍的消息。今年一月廿至廿二日在輔大召開的「哲學與宗教——心靈醫治學術研討會」上有衛理神學研究院戴俊男院長、馬偕醫院精神科吳光顯醫師、聖約翰大學張員榮校牧、靈糧堂宣教神學院林瑜琳講師發表論文，還有一位在衛理神學研究院讀碩士的王淑玲小姐（天主教教友）發表〈依納爵神操中的心靈治療〉，細述神操與心靈治療的相關問題，並把神操與神恩復興運動的治療作詳盡的比較。這篇論文雖出自天主教教友之手，但它是作者在基督教神學院中撰寫的，並是受該院教授指導的。可見該院的包容性，及對神操的重視。

天主教真是老大哥嗎？或許是，但作大哥的應更相似父母才是。為父的是謙卑受苦的主，為大哥的絕不能自以為是而目空一切，居高臨下，卻更要效法師父作眾弟兄姊妹的僕人，給眾弟兄姊妹洗腳才好！

無論如何，牧師稱神父或基督教稱天主教為「老大哥」，必有一番誠意，這個消息不但饒有趣味，還給我教之人一個警惕的機會，因為不是由於年長或人多，而是只有真正肖似基督的人才稍稍無愧接受這個稱呼呢！

（二〇〇五・一）

邱比特，你在哪裡？

邱比特是羅馬神話中的「愛神」，只要他拉弓向誰射箭，誰必發燒，要去追求邱比特給他／她指定的對象。

現代心理學用化學變化來說異性間的「來電」現象。據說「苯乙胺」是一種能觸發愛情的內分泌，它在某君身上大量釋放時，那人必情不自禁地投入愛的漩渦裡去，其對象就變成了「西施」。

愛與幸福應該是同義詞，因為愛是幸福之門，也是幸福的羊腸小徑。有了愛，天空就變得蔚藍，缺了愛，世界黯然無光。

愛對人是絕對必需的，肉體不能或缺日光和氧氣，心靈絕不能缺愛。愛是無價之寶，多大的財貨也購買不到愛。邱比特是施愛者，因著他的光臨和動作，人的生命奇蹟般地煥然一新，幸福的新頁於焉開始。

這些話都是老生常談，家喻戶曉。不過最近在我的學生的報告中出現了一句話，使我再次思索邱比特這個神明。

筆者在輔大宗教學系開的課中有一門是大一的「哲學概論」。該課每週有一專題。去年十二月中有一專題是「愛的層級」。學生須先讀「哲學與人生」（傅統先著）之有關章節，並寫讀後感，而後在教室中一起深入討論這個問題。

報告都交來了，其中一份有這樣的一句話：「感覺現在社會上的純愛層越來越少了，好像只會在學生或是電影上看到，這個社會的功利大概越來越發達了罷？」

哇塞，真是一針見血。「學生和電影」確是使人相信邱比特還存在的唯「二」族類。

筆者於廿年前教政大、輔大、東吳哲學系時開過馬賽爾的課，發現學生普遍喜愛馬氏的主體際存有論。馬氏一反沙特的主客對立哲學，而主張主客互為主體的思想，認為通過臨在，人與人可有真實而深度的交往，而這類關係如持之以恆，可以超越生死的藩籬，因為這是靈魂之交。馬氏於四十歲時（一九二九年）皈依天主教。數年後（一九三三年），他的思想有了創造性的綜合，成為存在主義大師之一，我國學者如唐君毅、勞思光、杜維明對他極為推崇，覺得他有東方氣質，與其他歐洲哲學不同。

馬賽爾有句名言：「愛一個人，就是向他說：你啊，你不會死！」這句話要說的是真愛或純愛是神參與人間愛情的結果。神使人與人間有澈底的相互交付，而分享著神內在的完美和幸福。「不會死」是不死之神使人肖似神的部份充份實現，而人才會肯定被愛者不會死的事實。不死的媒介便是愛的經驗，是真愛、純愛促成永恆。

有理想的時代裡，真愛、純愛是夢寐以求的東西。曾幾何時，這種純純的理想主義色彩逐漸褪色，甚至消失殆盡。君不見社會價值愈來愈向「錢」靠攏，同錢有關的東西，不論是高位、權勢……之重要性大幅升高，國家之演進只以國民年收入來衡量，找工作只看酬勞而不計志願和理想。人人都為五斗米折腰。大家在走向一個沒有靈魂的的未來。

二、三年前，筆者於輔大在職碩士班重開馬賽爾時，廿年前那種熱誠渴望的眼神不見了，這些有婚姻生活的較年長的學生似乎已不相信愛情，或他／她們的原始濃冽情感已被每天的生活折磨殆盡，對愛的議題不復有興趣。總之，向一群對愛已感疲倦的人鼓吹愛使人不死的見地，其難猶如無翅欲上青天。邱比特去了哪裡？怎麼他對已婚夫婦那麼吝嗇，居然收箭作壁上觀？叫我們如何相信純愛呢？

愛之熱情為何如此快速地消失，竟變成只在年輕的學生和電影中才能見到的稀有現象呢？

其實真愛和純愛是存在的，不單在電影中，也在我們每人的心裡。我們的心裡有顆與天國遙遙相對還在閃爍的小「異星」，它需要另類的邱比特使它復生，再次成為可以燎原的大火。

或許「夫婦懇談會」一類的活動是中、老年人愛情的催化劑吧！看到參加過這類活動的人滿面春風，快樂地度他們的第二春，才想這類活動的導師才是真正的邱比特呢。你說是嗎？

（二〇〇六・二）

達文西之謎

筆者撰寫本文之日（二〇〇六年五月十八日）是全球同步放映《達文西密碼》電影之日。可預測此電影一定會引起不小的風潮。此文到您手中時，可能您已念了許多有關該電影的文章。筆者周圍的朋友大都未看過原作，只是道聽途說，對其內容極為氣憤，而覺得其電影不屑一睹。

《達文西密碼》出版至今已銷售四千萬本。它一直高居排行榜榜首。作者丹布朗藉此小說名利雙收。他自稱這本小說不是純粹虛構的，是經過嚴密考證、有憑有據的小說。但對基督徒來說，他小說的主題不但不符事實，還嚴重地詆毀了對基督的信仰。丹布朗的主要依據竟是一本野史式的書籍《聖血・聖杯》，該書由貝根得等三人合寫，於一九八二年出版，因其內容突出，立成暢銷書。貝氏學識不深，只得過心理學學士學位。梁燕城教授說：「學術界公認此書為無根據的劣作」。[1]

《聖血・聖杯》說些什麼？它牽涉一個名叫彭勒德（Pierre Plantard）的法國人。彭氏於一九五六創立了《達文西密碼》小說中提到的錫安會。這個組織並非如小說所言是中世紀的組織。彭勒德是買賣房地產的商人，曾於一九五三年因詐騙罪入獄六個月。出獄後聽說其友Noel Corbu從某神父處買了一座城堡。當該友將城堡改建成旅館時，居然發現四份羊皮古卷，其中提及梅洛芬王朝及耶穌婚姻的故事。Corbu為吸引遊客編了二個文件：「梅洛芬王室家譜」和「祕密檔案」，聲稱這是耶穌結婚的檔

---

1 梁燕城，〈批判《達文西密碼》〉，《宇宙光》月刊，二〇〇六年二月號，頁七三。

案。彭勒德就取用這二個偽造檔案，於一九五六年創立錫安會，宣稱該會並非由他，而是在一○九九年早已成立。一九九三年彭勒德氏因嫌疑殺人而再次入獄時，坦認錫安會的故事不實。但這個由二個虛構的文件引伸的故事，全部收入《聖杯・聖血》中，再被丹布朗借用，寫成這本風光一時的《達文西密碼》。至於達文西、雨果、牛頓等人之能編入錫安會盟主之名單中也是旅館主人所為。他不但大膽製造「祕密檔案」，還隨意在其中加入聳人聽聞的名人，再以Henri Lobineau之名送到法國各圖書館收藏，簡直是魚目混珠。

從彭勒德用其友Corbu偽造的二個檔案創立錫安會，再由貝根特按上述資料寫成《聖血・聖杯》，最後搖身一變，出現了《達文西密碼》這本書來看，耶穌結婚的故事是荒誕透頂的八卦，完全沒有學術的價值。

台灣城邦文化三言社最近出版由丹・伯史坦編的《聖血與聖杯之謎：公審達文西密碼》（二○○六年一月廿日出版）。編者在序中指出當時（二○○四年四月）已有九十本討論《達文西密碼》的書出版，他稱這本小說是一本八卦書，是「玄學的垃圾」（見梁文）[2]。

《聖血・聖杯》杜撰耶穌結婚的故事，亦非全由Corbu原創，他有一些文獻作為根據。原來在公元一九四五年若干農民在埃及咸美底沙漠挖到了許多手抄本，共有四十六種資料。整理後於二○○三年出版《諾斯底聖經》，其中較著名的是「馬利亞福音」、「多馬福音」、「腓力福音」、「救世主對話錄」。編者Wills Barnstone在導論中鑑定這些經書成書時間在第二和第三世紀，因此不像四福音之作者為耶穌生平故事的目證者。這些經書是「後人冒用第一世紀門徒名字的偽作」[3]。既是非目證人的偽

2 梁燕城，〈批判《達文西密碼》〉，頁七三。
3 梁燕城，〈批判《達文西密碼》〉，頁七一。

作，就不能否證四福音的資訊。四福音才是耶穌真相的確實證據。

至於這些諾斯底聖經怎樣描寫耶穌呢？大概而論，它們說耶穌最愛的門徒是抹達拉的馬利亞，同她接過吻，後者是他的伙伴。這些描寫都是從殘缺不全的古卷書上半猜測、半解讀得來的。從而再加以八卦式的發揮，就變成耶穌與抹達拉的馬利亞結婚的故事，說他們有一女二男，公元四二年赴法國定居，為法國梅洛芬王朝的祖先。此王朝之嫡裔在中世紀成為錫安會的盟主。而最後一個盟主在《達文西密碼》一書中被謀殺，留下密碼，使其女兒蘇菲可以與解碼專家蘭登教授一起追尋密碼提供的線索，而引出一個緊張複雜、充滿懸疑的偵探小說。

這或許是一個有趣的故事，但絕非事實，作者竟敢在首頁標上「事實」二字，且說：「書中所有關乎藝術品、建築、文獻以及祕密儀式等描述，均真確無誤。」這只能騙天真無知的讀者，因為它的非事實的部份遠超過這些外在或可指認的東西。他把有目證人所撰的新約聖經用八卦偽經加以扭曲，以輕率不負責的方式污辱基督及一切基督徒。這是基督徒絕對不能容忍的。

（二〇〇六・六）

主顯節的星星

耶穌誕生後，天上亮起一顆異星，東方三位賢士隨星而動，走著走著，終於走到了猶太。但一到耶路撒冷，星星不見了，天空一片烏黑。他們訪問了黑落德王後，知道了方向。焉知一出宮門，那顆星又出現了。瑪竇說：「他們一見那星，喜出望外」（二：一〇）。長途跋涉的辛勞一掃而空。聖嬰、聖母和若瑟，聖家三顆大星，給他們全然的滿足。三位賢士在此神聖空間，樂不思蜀。他們開始發光，也成了三顆星星，在波斯等東方地區閃耀。

三十多年後，保祿宗徒得到了向「外邦人」傳福音的使命，他走出了以色列，在希臘和羅馬不遺餘力地宣講，把許多未受割損的「外邦人」轉化成天主的子女。主顯節為身處傳教區的我們是深具意義的，因為耶穌一降生，就迫不急待地要表達對非選民的關愛，而未來的基督徒大部分是非選民。我們中華基督徒人數不多，但天主愛所有的華人，為祂，他們不是「外邦人」。因此祂把恩寵也在非基督徒華人的心中通傳。只要一有機會，我們四週的非基督徒也能被天主吸引，甚至獲得特殊的恩寵經驗。去年暑假（二〇〇六）我有了體驗，知道天主的愛是不設疆界的。

輔仁大學在十八年前成立全國第一所宗教研究所，四年後成立全國第一個宗教系。由於一些因素，宗教系所十八年來只開過二次「天主教靈修」的課程。去年暑假筆者應宗研所在職專班同學的要求開這門課。廿餘位同學選了它，非基督徒及基督徒各佔一半。其中一位還是道長呢。筆者獲悉神學院開過「天主教靈修」這門課，就邀請該課老師蔣祖華來授課，介紹天主教二千年來的靈修傳統。此外，在二個週末辦了二次靈修營。一次是在彰化靜山（聖依納爵營），另一次在八里聖心女中（聖方濟營）。各由馬志鴻神父和高征財神父指導。上課時傳授知識，靈修營叫人親自體驗。

營前無法預測非基督徒同學如何接受天主教的禮儀和祈禱方式。未料不久之後我就發現非基督徒和非天主教教友也能進入情況。因為在第二天午前分享時，我們理會了天主的聖寵是不設疆界的。許多一生第一次「避靜」，第一次望「彌撒」，第一次參與「晨禱」、「泰澤祈禱」，第一次在聖堂內跪著祈禱……的同學對接受天主教的靈修似乎沒有什麼困難。他們侃侃而談自己在二天靜默的表象後面，經歷了些什麼。有的同學在聖堂跪著祈禱良久，有的看到耶穌或聖母，有一位竟像乩童般的自動書寫，有的有頭頂開蓮花的經驗……。我們的禮儀和靈修方法為沒有慕道過的朋友也能奏效，這是始料未及的。團體中教友的影響，如虔誠、無私的服務、精美的設計和佈置……都是使每項靈修節目產生驚人效果的因素。

靈修營把理論立體化，使之變成親切可行，營後同學對課程的興趣大增。期末交來的研究報告，非基督徒選的題材計有：聖方濟、小德蘭、德蕾莎修女、聖十字若望、牟敦、聖奧古斯丁、聖依納爵等。寫得不單言之有物，且生動活潑。下面摘錄若干片段，包括「營後感言」，供大家參考：

「本學期參加暑修之天主教靈修課程，並實際體驗聖方濟之靈修活動，透過默觀、祈禱、禪靜、與天主、大自然對話方式，反思到自我在信仰之空白，於面對天主寬大的愛與慈悲，禁不住二度淚流滿面。因此對我而言，有如打開了靈魂的天窗，讓我由對天主教聖者的體悟，重新思考到自我生命的終極意義。」（佛教徒）

自動書寫之摘錄：「上帝耶和華從未離開你，不管祂用什麼方式靠近你，你終將發現祂與你同在，但你須用心去發掘，你才知道神在那裡，祂從未離棄你。靜山的靈修場所就是讓每一個人發現神就在你心中。每一個來到這裡的人，都會帶著屬於他們的禮物回家，這個禮物或許不能賺錢，但這個

禮物卻將是在他的人生之旅中，最大的喜悅。」（民間宗教，首次接觸天主教）

「馬志鴻神父介紹了神操之後，我到二樓聖堂跪著祈禱：『感謝天主引領我來到聖堂，在此第一次向天主祈禱，原諒我對您的無知，請賜給我力量，可以放下心中的擔心，放下對辦公室那些小人們的生氣，寬恕他們曾經給我的傷害，感謝上主賜給我今天所擁有的一切。』此時只覺膝蓋酸痛，換了多次姿勢，開始熱得汗流浹背，才驚覺已經過了廿多分鐘。……彌撒禮儀的整個過程令人覺得溫馨感動，令人充滿感恩及愛。……晚間泰澤祈禱的聖堂佈置得使人一走進去，彷佛到了天堂一樣。當大家在明珠的聖歌帶唱中，同學一一地讚美我主，為大眾、為中輟生、貧病無依、孤苦者祈禱時，『求主俯聽我，聆聽我，答覆我，主請俯聽我禱』，此時令我感動得眼眶充滿眼淚，如果我們的政治人物都有如此為人祈禱、祈福的胸懷，相信社會就能更祥和安寧了。」（佛教）

「基督教堂中沒有放置聖母瑪利亞，所以剛開始我有些好奇，但幾次祈禱下來，我逐漸感受到聖母的偉大，因為在童貞女的母胎中，人的天性重新煥發，人得以分享上帝的生命，她成為天與地相聯的橋樑，比諸天更為遼闊，連結了天與地。我們尊敬聖母瑪利亞，因為上帝自己首先尊敬了她，使她成為『充滿聖寵者』、『吾主的母親』。」（長老會）

另一位男士，即上述有自動書寫現象女士的未婚夫，凌晨四時一人去聖堂跪禱，四周一片漆黑，他想到小時見鬼的事而害怕起來，但聽到一個聲音說：「孩子，只要你心存慈悲，便能心無所懼地與萬物結緣。」他的不安和恐懼隨之一掃而空。在方濟營中他決定二個月後結婚度蜜月時，去亞西西：「接觸天主教靈修和聖方濟的故事後，我下定決心非去不可。去義大利不僅僅是我和幸紋的蜜月旅行，更將是我們的朝聖之旅。」（民間宗教）

一位比丘尼（旁聽學員）寫道：「這次方濟營的靈修經驗是我與佛（覺者）與法（真理）最深刻感應的修行體證。」

「我雖然未曾領洗，但在內心對天主的依賴，卻是與日俱增。……我的孩子因我講的小德蘭的故事，在小小的心靈中信德開始萌芽，有機會接近天主。」（小學教員）

一位聖公會信友說：「靜山馬神父給我們看耶穌會在台灣五十年的記錄片，看到耶穌會士前仆後繼地，為貫徹上主托付給他們的使命而奔走時，不禁流下感動的眼淚。下午獨自至後山拜苦路，走近墓園，在王敬弘神父的墓前我又流下了眼淚，回想第一次參加王神父所主持的心靈醫治講座，王神父給我們安排了一次聖靈體驗營，並為我們大部份學員求得了舌音祈禱的恩賜。」

上面引述的都是非天主教學生的話，為配合主題：「天主愛外邦人，外邦人朝覲聖嬰」，我故意不引教友寫的感言。我們已領過洗的教友，曾幾何時，自己或前幾代長輩，不也是外邦人嗎？讓我們一起隨著異星，變成小星星，邁向那位超具魅力的新君王吧！

（二〇〇七・二）

禪和靜觀

輔大神學院的同學邀請筆者於三月下旬講一個專題：「東方靈修VS.西方靈修：禪和默觀」。雖然筆者並非此類問題的專家，但盛情難卻，稍加思索，就首肯了。

筆者入耶穌會逾五十年，做過三次整月的依納爵神操，就從神操出發來談東西靈修的個見吧！

去年十月強斯頓神父（William Johnston, S. J.）應輔大宗教學系黃懷秋主任的邀請，自日本來台給博士班同學授課一週。課程結束時，他作了一次公開的演講，主題是〈神祕主義有未來嗎？〉。他把中世紀神祕大師艾克哈和士林哲學的祈禱方式做了一個對比，認為二者可用「傾注的默觀和習得的默觀」來分類。前者以聖神的傾注為主，後者卻需要人用「記憶、理解、意志」等心靈活動來達成。

強斯頓是愛爾蘭人，在日本接觸到東方的禪修，頗覺相見恨晚。東方的禪不靠腦部的活動，以靜寂致空無。強斯頓認為東方的禪可以接上中古神祕大師艾克哈和稍後的加爾默羅傳統。這類垂直式的祈禱，使人深入潛意識，碰觸到過去忍受而尚存留在靈魂底層的創傷。相反，水平式的士林哲學傳統叫人停留在意識層面，無法深入。此後，強斯頓與他早期學習的士林哲學式的祈禱分道揚鑣。

強斯頓是耶穌會士，他早期學習的靈修途徑應是依納爵的神操。那麼我們可問：神操教導的祈禱方法真是士林哲學的方式嗎？

神操要求善用一切心靈的功能，如記憶、想像、理解、意欲、情感、分辨、抉擇等，可說是靈魂大動員。神操成功與否，取決於做神操者是否用功努力，這與士林傳統的祈禱相似，甚至可說是後者的集大成。雖然神操也提供一些單純的祈禱方法，如默想一端經文、做瞻想的回想[1]、五官默觀，但大體而論，神操不是禪式的靜觀。因為為改過自新須與舊習與惡勢力作殊死戰；為達到「更」澈底地投效基督君王，絕對不能懈怠。

那麼神操真是士林式的祈禱了？

也不是，端視神師帶領的方式。如果他是理性主義者，則很可能他把人帶入一個士林哲學式的死胡同裡去。相反，如果他讓聖神引領，則聖神會帶領人深入奧祕。兼顧情理的神操實在無法歸於士林一類。強斯頓去日本前的神師大概不大重視感性層面，所以他會有上述的二分法。五十年代筆者在香港初學時，我的愛爾蘭神師從前是哲學教授，筆者從他那裡只學到過士林哲學式的祈禱。

十五年及三十年後，筆者在歐洲做了第二次和第三次神操。有過天雷勾動地火之經驗，頗似聖女大德蘭描寫的第四種取水灌溉花園的方式：「傾盆大雨」。可見神操雖然要人克修，卻不應歸類到以理性為主的士林哲學的神修裡去。

神操的祈禱以默想和默觀為主，是有內容和對象的。

靜觀不然，它不需要對象，只要相信天主在，不論在聖堂或斗室裡，把自己放鬆，逐入與主的密契的境地。伯大尼的瑪利亞「坐在主的腳前聽祂講話」（路一〇：三九）構成了一幅靜觀的至美圖像。瑪利亞實可做我們的導師。只要靜靜地坐在主的身邊，聽主講話就行了。

東方的禪不要求活動，不要默想，不要默觀，卻要人退入「虛」、「寂」、「空」、「無」、「零」，要人一無所有，體會四大皆空。

禪要掃蕩語言文字，包括好的文字和思想：「佛來佛斬，魔來魔斬」。

1 作者按：神操中提到晚餐前的默想不給新資料，只做當天做過的默禱的回想。

惠能與神秀鬥智，以「無」贏得了五祖的傳缽：「菩提本無樹，明鏡亦非臺，本來無一物，何處惹塵埃」。對手神秀的機智卻是「有」：「身是菩提樹，心如明鏡臺，時時勤拂拭，勿使惹塵埃」。可見「無」才體現禪的真髓。

打坐是東方靈修共同的功夫，佛教、道教，甚至宋明儒家亦奉之為圭臬。王陽明之徒黃綰記敘其師說：「日夜端居默坐，澄心精慮，以求諸靜一之中。一夕忽大悟，踴躍若狂者。」[2]《無聲之樂》[3]一書提到靜坐時我人會逸出大量的阿爾發波（Alpha wave），這是最能促發創意的腦波。難怪靜坐的大師們都有異常豐富的生命。

天主教推行的東方靈修亦重視打坐，但不是為了走向空寂，而是要在空寂中向天主大開心門，讓自己被天主擁抱，與天主發生「我與祢」的密契關係。

前教宗若望・保祿二世說：

> 聖十字若望講的解脫不只是從這個世界解脫，而是為了使自己與那宇宙之主結合，不是涅槃，而是一位位格的天主。佛徒的反省，以及對靈魂生活指導的終點，就是加爾默羅神祕主義的起點。[4]

基督禪追求的不是空無，而是神祕主義的超越經驗。二者的相似處都是靜坐。

2 吳光等人編校，《王陽明全集》，上海：上海古籍出版社，一九九五年，頁一四〇八—一四〇九。
3 強斯頓（William Johnston）著，劉河北譯，《無聲之樂》，臺中市：光啟，一九八〇年。
4 若望保祿二世（John Paul II）著，梅梭里（Vittorio Messori）編，楊成斌譯，《跨越希望的門檻》，臺北縣新店市：立　文化，一九九五年，頁一一五。

筆者渴望用聖依納爵的「更」，每年革新自己；但在每天的祈禱中我已登上了靜觀的小舟，義無反顧地往前行駛。

（二〇〇七・五）

生死學或生生學？

參悟生死真義的中西智者與宗教家，對死亡的看法都很積極，他們相信人去世後，靈魂不會消失，而善人必得永生。生死學乃可改成「生生學」。

「生死學」可改成「生生學」嗎？本文題目中有個「生」字字型較大，應該給我們一個答案吧。

筆者於六年前首次在輔大宗教學系開「生死學」這門課。那是在九二一大地震後不久的一個早晨，筆者向同學說：「我們今天要上的課不是『生死學』，而是『生生學』」。接著，筆者在黑板上寫了「生生學」三個字。

為什麼生死學變成了生生學呢？因為筆者在仔細閱讀和思考「死亡問題」之後，認為「死亡」不是一個適合表達人生最後現象的名稱。死亡有「終結」的涵意。而人生最後的現象好像並非人生的終結。這是許多嚴肅地思考死亡問題的哲學和宗教家之一致立場，他們都否定死亡是人生的終點站。

佛教把死亡看成「往生」，基督徒說「永生」，道教有「成仙」的說法，它們都否定「死亡乃死」，都認為：死亡是另類之生，更真實之生，故用大寫示之。

哲學方面，雖然孔子忌談死亡，稱「未知生焉知死」，但儒家崇天，對天的觀念保證了儒家之信善人可與天道共久的觀念。道家崇道，道不亡，故合道者亦可不亡。莊子相信妻子在「死亡」之刻進入不亡之「環」中，故止哭而歌。西方哲學把死亡看成一個自我成長的最後階段，並認為人在死亡時有一個最高最大的自我實現的行為。

總之，孔子沒有回答的問題，中外哲學和宗教都試著回答了。死亡在這些偉大的信仰和哲學傳統中，不但不是荒謬，而且深具意義，甚至可以成為眾生期待的幸福時刻。

中國哲學對死亡的看法

一、儒家

孔子確曾說過：「未知生焉知死」（《論語‧先進》）。但今日儒者有其詮釋。哈佛大學杜維明教授說：「知生之起點雖不必涉及知死，知生之極致不得不包括知死。」

唐君毅先生也認為人有權利詢問有關生死之事，不然，自然不會加給我人這個求知的要求的。唐先生認為靈魂在人死後必然存在，但對其狀況不詳。他用推理及經驗來說明靈魂不死。

首先是推理。他說人活著的時候，肉體與靈魂固然是二而一地完美結合的，並且靈魂的作為一般都需要依靠肉體來完成，但人尚有許多超越肉體的精神作為，而這些作為更能表達人性和人格，如犧牲小我完成大我、殺身成仁捨生取義、捐獻身體供醫學院學生解剖、關心真善美聖諸價值，推動和平和正義的事業等。他認為精神的作為顯出人有一個超越物質的存在因素。當肉體垂老或垂危時，精神往往反而昂揚，在在顯出精神不受自然律的約束，而與肉體成反比例地發展擴大。如此，肉體衰亡時，精神逸出肉體，獨立存在。換言之，唐君毅相信人死時靈魂獲得獨立的自由，不隨肉體同歸於盡。

其次，我們如何與亡靈溝通呢？唐氏認為親友去世之後，活人若以誠敬之心紀念他們，不論用祭祀或其他方式，念之禱之，往往會體會深度的感動。此時，懷疑其存在的陰影雲消霧散。「祭神」時神真在。祭靈時靈亦真在。他用「真情通幽冥」來說生死二界可由深情厚意來溝通。如此，生死乃無隔。唐氏又強調合道之善人可與不死之道共久長，可以永存。

二、瀟灑豁達的莊子

莊子被人稱為中國生死學的開創者，他主張「生死齊一」，「方生方死，方死方生」。宇宙萬物及我人個體生命都是循環不已的，「始卒若環，……是為天均」。相信方死方生的人必然否定死亡之封閉性。宇宙之「環」使人與宇宙萬物都循「天均」之律，不斷死而復生，就像冬去春來一樣。

莊子參悟了生死奧祕，也重組了生死的邏輯，因此他不為死悲，不重厚葬，因天地可為其棺槨，日月星辰陪葬足矣。妻子去世了，他先悲泣，後來想通了，鼓盆而唱起歌來。因為妻子現在「寢於巨室」，超幸福的，哭之會像麗之姬嫁給晉公前之哭泣。麗之姬嫁前之悲，婚後一掃而光，因體會到丈夫對自己的恩愛和王宮的舒適快樂，反而「泣其泣」。

莊子稱合道者之離世是「大歸」，上與造物者遊，下與外生死無始終者為友。總之，唐君毅與莊子異曲同工，都堅信大道。善人死而不死，因與道共存之故。

中國宗教對死亡的看法

一、道教

「成仙」是道教的理想。道教主張人可與天地同壽。為道教信徒，死亡是不存在的。生命只有一次，死亡是假象。修成正果而成仙者長生不死。這與佛教的「不來不去」，儒家的「有來有去」截然不同。道教因主張生命的「一次性」，故其信徒重視此世的修行，調和「精」、「氣」、「神」，使自己從罪惡和污穢中解脫。道教的選民叫「種民」，由太上老君所選，通過遺傳的方式久存下去。他們積善培德，直到無罪無穢，才終能成仙，進入人間的「大道國」。「末劫」後存留的都是好人，享受：喜樂、清淨、光明、安詳的幸福生活。

二、佛教

上文提到佛教主張「不來不去」，因佛教認為人的生命為五蘊集結而生，沒有所謂的本體或靈魂。但佛教相信輪迴，輪迴假定人死後不死，在不斷輪迴業消後，人可抵達清涼光明的涅槃世界，而終能成佛。佛教稱死亡為「往生」，即往成佛之途邁進也。

西方宗教和哲學的死亡論述

西方宗教，一般而論，是基督宗教。西方哲學雖然多元，基本上，與基督信仰關係密切。為探討西方文化有關生死的課題，我們就從基督宗教出發吧。

基督徒相信宇宙有一位造物主，而這位造物主通過啟示告訴我們祂是三位一體的。三位之第二位在二千年前降生成人，生於猶太國，名叫耶穌。祂為使人從罪惡中獲得釋放，並助人達到至善，甘願受苦，被人釘死，但第三日祂復活了。耶穌是用死亡來克勝死亡的。相信祂的人，都能因祂的死亡而超越死亡。為基督徒，死亡絕對不是人生的終點，而是一個必經的過程，是一扇門，此門開向新天新地。

基督徒也相信生命的一次性及死後有賞罰，因此有些神學家推論在死亡之刻，垂死者有最後一次選擇的機會。而永生之獲得或喪失由此最後的抉擇決定。如果他選擇善，選擇無條件的信仰及愛慕天主，並懺悔一生的罪過，他的死亡便是他的永福之門。這個終極抉擇並不難做，因為它與人的一生行為相聯。如果人的一生常常行善，則此時順水推舟地易於作最後一次向善的抉擇。若一生自私自利，甚至喪盡天良，陷害他者，則此最後抉擇要擇善，難過登天矣。

基督徒把死亡看成「回歸父家」。耶穌說過：「在我父的家裡，有許多住處。我去，原是為給你們預備地方。我去了，為你們預備了地方以後，我必再來接你們到我那裡去，為的是我在那裡，你們也在那裡。」（若望福音一四：二—三）。遠離家鄉的遊子終能回家，為他該是多麼幸福的時刻。有過恩寵經驗的教友，都知道「神慰」多美好，一定渴望再次得之。死亡之刻是面見天主的時刻，是神慰經驗的完整實現，則何慮何懼可有？許多聖人迫切期望面見天主，死亡乃變成他們一生的頂峰時刻。聖方濟稱死亡為Sister Death。善良的信徒死時面上透露的安詳，在在說明教友把死亡看成正價值是完全合理的判斷。

瀕死經驗（Near-death experience）的記錄是三十年前開始流行的資訊。美籍精神科醫師穆迪收集大量資料，整理出若干共同的瀕死經驗，譬如：靈魂離體，從高空觀看自己，快速穿過冗長的隧道，見到光明美麗的新天地，一位慈愛的長者迎面而來，問他們生前是否為愛別人而活過。在此極樂世界，大家樂不思蜀，不想回到塵世。但因有某種責任或使命尚須完成，乃再度回生。這些人醒來後都表示死亡不可怕，並且願意為愛而生活下去。

瀕死經驗雖與宗教無直接關係，但基督徒覺得與自己的信仰很易配合，故李濟醫師乾脆地把那位慈善長者看成耶穌。其實，不同宗教的信徒都應可以有自己的詮釋。總之，這對我們是一份非常溫馨而能安撫人心的資訊。

結論

廿世紀六十年代在英國興起的安寧療護，使末期病人有一個舒適的環境，妥備善終。從事療護工作的人不必限於醫務人員，我們每一個人都可能擔任此職務，因為我們都會有機會陪伴長輩臨終。如果我們通過死亡學的教育，真能參悟死亡的真義，我們會不怕面對自己或他人的死亡。這樣我們才能協助他人無懼地度過生命的最後階段。那時，我們像助產士一樣使我們服務的對象體會被愛與細心的照料，他們的往生將是一次真的誕生。

（二〇〇七・六）

光和太陽孰先？

光和太陽，對地球上的人類來說，是二而一、一而二，密不可分的東西。沒有太陽，就沒有光，也沒有光合作用，植物無法生長，大地死寂一片。有了太陽才有光，才有生命和能發明其他光的人類。所以大家理所當然地認為是太陽比光先有。

可是，舊約創世紀說天主第一天造光，第四天才造太陽。而第三天，在當天新造的陸地上，已出現青菜蔬果。這些植物靠什麼生長繁榮的呢？答案是：在沒有太陽的情形下，植物成長需要的光來自天主第一天造的光子。怎麼說呢？

旅居澳洲雪梨，專研醫學病毒液的何華丹博士，在《教友生活週刊》上發表一篇二、三萬字的文章，共分六次刊登，題目是「現代科學與聖經創世紀融合」（2004.11.21—2005.01.02）。他探討的是宇宙的起源問題。他採用大爆炸的理論（The Big Bang Theory）來說明光子（photons）的原始功能。

何博士說大爆炸理論由比利時籍耶穌會勒梅脫神父（George Lemaitre，一八九四年生）創立。後者在美國麻省理工學院考得天文學物理博士後，回歐任教，一直對宇宙形成的真相感到興趣。他做了如下的假設：宇宙是從無中生有的，從「零時間」開始，太空中不知從哪裡產生出來一種特異的超然的物質（亦稱「原質點」，或「超然原子」Super Atom，後來物理學家稱之為「量子」），此超然原子不斷地密集收縮，凝聚大量的能量。當其能量累積到至高溫度時，突然發生了大爆炸，宇宙就出現了。接著這個新宇宙立即向外擴展與膨脹。

一九三三年一月勒神父與相對論大師愛因斯坦（Einstein）同赴美國加州，參加物理學大會。會中他發表了大爆炸理論。愛因斯坦聽完，站起來說：「這是我聽過有關創造之最美及最令人滿足的解釋」。

一九六四年美國二位工程師阿諾・彭齊亞斯（Arno Penzias）和羅伯特・威爾遜（Robert Wilson）在新澤西貝爾實驗室發現大爆炸時剩留下的微波，這些微波來自宇宙四面八方，其頻率卻奇妙的相同。這項發現證實了大爆炸理論，給這二位工程師贏得了一九六五年的諾貝爾物理獎。

大爆炸產生的物質有二種，即氫、氦，另有光子。這是天主說「有光」的結果。氫和氦在高溫中互相撞擊而融合成水，這是造物主第二天的作為。水使水藻類初級植物出現。第三天天主造了陸地，蔬果也開始生長，這時雖然太陽尚未被造，天主第一天造的具有輻射光線（radiation）的光子，足夠供給單細胞藻類和初期植物應用。這些初期植物不需要光合作用，只靠細胞內的發酵作用（fermentation）就夠了。這就說明了在沒有太陽的光照下植物能夠生存的謎題。

不過作者說那個在大爆炸前「在太空中不知從哪裡產生出來的一種特異的原質點」是其來有自的。他的答案是那位說「有光」的宇宙造物主使它無中生有的。神的創造與大爆炸不謀而合。大爆炸後宇宙以超快的速度向外太空拓展的假設，已得科學的證實（一九二九年，美國天文學家愛德溫・哈勃Edwin Hubble測定）。

何華丹博士的報導給我們介紹了從無到有的宇宙起源的方式，及光子如何助長那缺乏日光的情形下，初期植物的生存問題，解決了創世紀第一章創造次序帶來的疑難，給追尋此問題的知識份子提供了一個令人滿意的解釋。

本文風格與筆者一般的書寫不同，並且僭取了別人的牙慧。但把一篇長文縮成短文，也算立了一個小功吧。何博士在澳洲的讀經團體中發揮他的專長，整合信仰與科學，給中國教會建立大功。希望他能繼續撰寫同類有深度的文章，豐富我們對超級智慧的認識，使我們能夠更好地做福傳工作。

（二〇〇七・十二）

邱比特與真愛

二年前（二〇〇六年二月），筆者在《恆毅》雙月刊上發表一篇文章：〈邱比特，你在哪裡？〉。

內容大致是這樣的：羅馬神話中有一個名叫邱比特的愛神，生得嬌小可愛，手中有一副弓箭。據說他把箭射向誰，誰就會情不自禁地對一異性有天雷勾動地火的經驗。

筆者廿年前給政大學生講存在主義時，學生對提倡真愛的馬賽爾哲學，大為神往。馬氏有一句名言：「愛一個人，就是向他說：你啊！你不會死！」那是說真愛中的「你」，不會隨著死亡而消亡，因為真愛必有神的加持，死亡不能阻隔他們的交流。

拙文又提及廿年後（二〇〇二）筆者於輔大宗教學系在職碩士班開生死學時，再次用了馬賽爾那句名言。記得那夜，筆者發現已邁中年的學生，聽到真愛的話題時，一臉疲態，了無生趣，好像愛情為他們已是過去式，沒什麼可說的。看到學生如此的反應，筆者感到一陣心寒，怎麼世界變了樣。心中暗嘆：「邱比特，你去了哪裡？」

後來一位原住民學生在作業中寫到今日真愛之少見，「只有在年輕學生和電影中才能看到。」此言一針見血，驚醒了筆者的迷茫：原來愛情像植物一般是會枯萎的。對愛一直有憧憬的是年輕學子，他們還相信電影或小說中描繪的愛情之夢境，還渴望著從愛中獲得幸福。簡言之，只有年輕人還相信著真愛。

這學期筆者又在職碩班開了生死學這門課，把講解馬賽爾的二堂課作了調整。我要求每位同學把他們認為是真愛的個案，上課時予以分享；而在這基礎上逐步進入馬賽爾哲學的脈絡。

結果是出奇的順利，疲乏的面容不見了。學生講述的真愛故事，一半以上動人肺腑。其中一位年約四十五歲蔡先生特別引起大家的注意。他給十年前過世的太太寫了一封〈給天上的妳〉的信，用蘇東坡悼念亡妻的詞句來描繪他的悲情：「十年生死兩茫茫，不思量，自難忘，千里孤墳，無處話思量……。」（〈江城子・乙卯正月廿日夜記夢〉）

蔡先生用對話的方式向老婆喃喃傾訴，就像她就在身邊，或在電話線的另一端傾聽他一般。十年的生死別離，不但不在他們夫妻的關係上撒下陰影，卻與日俱增地更形親密。他們鶼鰈情深，長相左右，印證了馬賽爾的話：「愛一個人，就是向他說：你啊，你不會死」。

蔡先生很早就與他的她結緣：「從學生時代起，當我參加比賽時妳總在我的身邊，每當狀況不佳時，我就會放緩腳步，轉頭尋找妳的蹤影，直到看見妳溫文的倩影後，才能夠再安心地繼續比賽。同樣地，結婚後我們一起參加『牽手杯羽球賽』，也曾留下許多美好的回憶。」

他們生了二個寶寶，一女一男，父母慈愛子女孝順，全家溫馨幸福。不料一場感冒攫走了夫人年輕的生命。他悲痛難受，強自壓抑，不願在弱齡子女及老母前顯露哀慟。一直到七年後，他從銀行業轉至殯葬業時，遇到了一位哀慟輔導老師，得到了開導，「我終於可以放聲大哭，把心裡的鬱悶痛苦全部發洩出來，大聲的說出『慧英，妳不要走！妳回來啊！』這句憋在心裡七年的話！」

親愛的朋友，看了這段告白，您有何感想。這位失偶十載的中年人，對妻子有如此深刻的懷念與深情，真能撼天地，泣鬼神。「妳啊！妳不會死！」對幻影，人不可能有如此的感應的。

蔡先生還寫道，二個小孩都不小了，大女兒十七歲，她「雖在成長期沒有妳的陪伴，但她卻和妳十分神似，一些小動作更是和妳一模一樣。看到她就好像看到年輕時的妳。再一次感謝上天使我們可以擁有這麼可愛的女兒和兒子，妳知道嗎？這段日子以來，如果沒有他們，妳這個笨老公很可能撐不過來呢！」

他又提到十年來，他一直沒臉去見岳父母，「因為他們把一個健康快樂的女兒交到我手上，而我沒有把她照顧好，讓她這麼年輕就因感冒過世……。除了逃避，我還能做什麼呢？……我怎能彌補他們『白髮人送黑髮人』的傷痛呢？原諒我慧英，我實在無法面對他們絕望的眼神。」

最後他說：因為他曾經痛過，所以在他從事的殯葬業中，「更能將心比心地陪伴那些傷心的家屬」，而在輔大宗教研究所修的課程能幫助他了解更多人生的道理，將來可以更好地幫助客戶。

文末他說：「紙短情長，所有的思念都將托付白雲帶給天國的妳！放心吧，慧英！我們的兒女都已平安長大，在未來的人生旅途中相信他們都會表現得比我們出色！要記得為我們加油哦！妳的笨老公寫於丁亥年清明節前夕！」

「真情通幽冥」（唐君毅語）在蔡文中昭然若揭。筆者認為「你啊，你不會死！」確是可信的。

（二〇〇八・二）

新年談緣份

最近，筆者介紹一位年輕朋友給一位老神父，為聽領洗的道理。他們超有默契，很合得來，皆大歡喜。但不久出現了一個小插曲：這位年輕人在對話中講了「緣份」這個詞，那位長者告訴她：「這個詞我們教友不用，它是佛教的用語；我們不說緣份，說『天主的安排』」。

新年近了，讓我們來思索一下「緣份」的真諦吧。

「緣份」這個詞真是或只是佛教的用語嗎？或許它原是從佛教的用語轉入華人的生活世界中的，但今天它絕對不再是佛教的專利了，它現在是國人普遍應用的語彙。因為它太好用了，因此大家樂「用」不疲。不論用此詞者有什麼宗教背景，甚至連佛教徒都不會想它是佛教的專有名詞，或此詞來自佛教。

佛教傳入中國已二千多年，許多佛教語彙已融入中文，用者絕不會想到其來源。舉一個例子來說：「三生有幸」這個成語。當我們要形容一個異乎尋常的幸運時，就會說「我真是『三生有幸』」這句話。但若仔細一看，就會覺得這裡邊確有問題，因為它與佛教輪迴教義有關，暗示一種前世今生的信仰。基督徒不信輪迴，沒有三世或多世的想法，所以或許會用它，但只把它當作形容詞而已。若真要用「三生有幸」這個成語時，會在「三生」二字前後加一引號，表示自己不信輪迴，僅借用其說而已。但為非基督徒來說，他們不懂基督徒為何如此敏感而需要加引號。當然我們撰寫有關比較宗教的論著中最好避用或加引號用之，以免混擾視聽。

「緣份」與「三生有幸」不同。前者不必牽涉佛教教義的聯想，它只是一個名詞，一個說法而已。人們一般使用它時，不會想及佛教。如果一定要用「天主的安排」，當然可以，但「緣份」與「天主的安排」的涵義有些出入。「天主的安排」包含了神的意志；「緣份」似乎只是偶然的巧合。這種偶然的巧合對當事人應是很有利的，所以叫它「緣份」，實因它為我人帶來了機緣，使人與人從陌生到相知相識，終成莫逆之交，使我有「投緣」的對象，使我與人有「緣份」。

這樣看來，「緣」這個字不能隨意取消或取代，因為投緣的經驗頗多，要教友每次把「緣」改成「天主的安排」未免太笨重了些。反之，「緣」像「天空的一片雲」（徐志摩的〈偶然〉）是縹緲輕淡的。可是我們再想一想，又覺得「緣」好像不能不有上主的干預，因為這麼輕淡的偶然事件，居然在人際關係上產生如此重大的變化和後果。我們可以相信是天主的愛使我們有緣的經驗。天主渴願人類也有幸福，因此祂願意，人隨時隨地都可有意外的喜悅。「隨時隨地」就成為宇宙內的「恩寵點」，只要碰及恩寵點，緣就發生了。這樣，緣就成為恩典的代名詞了。如此，我們可說，甚至應說，緣份是天主的安排，它來自天主對人的慈愛。

新年中，我們放較長的假期，大家心情愉快放鬆。又與許多親朋好友久別重逢，歡宴暢敘。交流得愉快，友誼就加深，彼此就更投緣。這樣舊緣得以維繫住，新年一定活得很快樂。一切緣份都是可欲而不可求的，都是天主白白的恩典，亦可說是天主冥冥中給你我的安排，所以受惠者需要深深地感謝天主。

與人相交可有緣份，與天主相交也可有緣份。只要我們常常打開心門，通過祈禱使自己充滿靈氣，天主自然會來，使我們一次又一次地體會與祂密切結合的幸福。新年中我們如能聖化每一個相遇，則天主恩寵點處處都開。這是天主給的紅包，天主是我人慈父之感更為明朗。這樣的新年才是基督徒喜歡的新年。

天主的安排出自天主的愛，祂的恩賜就是緣份。
祝大家新年快樂！

（二〇〇八・二）

天雷勾動地火

去年（二〇〇七）四月筆者在《恆毅月刊》上發表了一篇文章，題目是〈禪與靜觀〉。文中提及筆者三十年前在比利時作神操時，有過「天雷勾動地火」的經驗。

不知怎的，這篇文章被在巴黎工作的應芷苓修女發現，並貼到她的部落格上去了。網友看到之後，就詢問應修女：「陸神父寫的天雷勾動地火，究竟是怎麼一回事？」修女知道我很少上網，就來了封「依媚兒」要我查閱她的部落格。一讀之下，我知道有人好奇要詳知底細。為回答他／她，我必須嘔心瀝血地探索我的潛意識，把塵封多年的往事從記憶中挖出來；另一方面更為嚴重，是我必須把個人靈修的私祕，公諸於世。

在寫作會的文藝營中常會安排一個年輕人超愛的作家座談會。有時會討論到散文和小說的差異。作家老師往往會說：小說或許尚可把作者隱藏起來，散文就大不同了。他們認為散文的作者無法避免把自己在字裡行間透露出來。散文作者與讀者像在鎂光燈前面面相覷，無所遁形。

筆者目前的處境極似散文作家，不同之處，在於散文作者暴露的可能只是他們的生活瑣事，而我要交代的卻是個人最內心的私祕呢。

好吧，不再耍嘴皮了，言歸正傳，讓我們來聽聽究竟天雷如何勾動了我的地火。

整體來說，那次神操（一九七四）與我在香港初學時（一九五八）做的神操大不相同。後者就像強斯頓神父（William Johnston, S. J.）所說的士林哲學式的祈禱，重視思維及意志，另加記憶、想像、分辨等活動。每次做默想就像上陣打仗一樣，要打贏，就得嚴格地遵守遊戲規則。結果是往往筋疲力盡。而強斯頓神父到日本後受到東方文化的薰陶，用禪修方式，讓聖神帶領，逐入奧祕的勝境。

我在比利時的神師Albert Chapelle神父要求我在做神操前半年，從巴黎去布魯塞爾三、四次與他長談。其中一個週末，二次見面共談了七個小時。因此他對筆者的背景瞭如指掌。做神操前十天他要我到避靜院，盡量休息，有時去果園幫忙。結果，神操的第一天我立即進入狀況，火焰開始點燃，好像艾克哈講的靈魂根層中的靈智火花開始活躍起來，波浪疊起。第一、二週不斷出現有相當級數的有感地震。到第三週時，在默想耶穌的苦難時，出現了二次不可思議的大地震，好像靈魂根層的「地火」被「天雷」劈到了一樣。

第一次是默想耶穌山園祈禱，第二次是默觀耶穌臨終時天地變色的一幕。

默想山園祈禱時，我覺得自己沒有像其他門徒那樣掉入夢鄉，而一直在注意耶穌的動作。我在靜寂的夜裡觀看耶穌伏地跪禱，苦求天父免其苦爵，也聆聽吾主的血汗點滴落地的聲音。忽然，我突發奇想，想從耶穌身體下面鑽進去，變成一塊支撐吾主的活的石頭，讓耶穌的雙手不要撐在堅硬冰冷的山石上。我就在耶穌的身體下面枕著祂半身的重量。我那麼接近耶穌，體會祂的顫抖和害怕。我的背承載著耶穌的血水，我與祂已不分你我，我們已結合成為一體。耶穌讓我分嘗祂當時的心境，與我全然密契。那時我根層的靈智火花，開始熒熒焚燒起來，燎我之原到不可收拾的地步。

一、二天後，默觀耶穌被釘的奧蹟時，天雷又來了。當我默想耶穌去世前大聲吶喊：「我的天主，我的天主，祢為什麼捨棄了我？」及耶穌斷氣時的記載：「遍地都昏黑了，從十二點直到下午三點，太陽失去了光」（路加福音），「聖所的帳幔從上到下分裂為二，大地震動，岩石崩裂，墳墓自開……」（瑪竇福音），我已失去自我意識。這是什麼景象啊！這一定不是純粹的自然現象，而應是天主聖父內心劇痛的外射。是造物主的強烈情愫影響了全宇宙，使萬物不得不撼動起來。「昏暗」、

「失光」、「分裂」、「震動」、「崩裂」……正是聖父當時心境的寫照。聖父怎麼可能在如此緊要關頭，捨棄耶穌。祂那時是全然的在，甚至可放棄整個宇宙於不顧，因為自創世以來，世界從來沒有發生過比這更重大的事件。祂對聖子的嘉愛到了極點，但聖子感受的卻是相反，祂只感到天父不在，天父離棄了自己。這是我們無法想像的全然孤獨，啊！天主為愛世人付出了何等的代價，這真是人無法懂得的奧祕。宇宙的慌亂、撼動，一定反映出了天父的傷心。

當我體會到天主的心境時，熒熒大火又開始點燃了起來……

（二〇〇八・六）

基督教向天主教取經

一個陰寒的主日下午，耕莘文教院四樓有一場靈修講座，想不到在這樣的天氣，居然高朋滿座。是什麼因素吸引這一、二百位聽友參加這個講座呢？似乎有必要向關心基督信仰的人士作個說明。

這個講座的題目叫〈相逢寧靜中〉，講員是陸達誠神父。發起單位是基督教的校園書房和天主教的光啟書局。事實上原初提出此構想的是校園書房的出版社同工。因為基督教的團契近來愈來愈感到需要加強靈修，而天主教從二千年前的隱修院開始，就有各種古老但仍富有活力的靈修傳統，如聖本篤會、聖方濟會、聖衣會，聖道明會，以及較近的耶穌會等。基督教自己的傳統一定是聖經靈修：按聖經的章節，逐日閱讀，加以祈禱，就能吸收營養。聖經祈禱是一切基督徒都用的祈禱方法，不過天主教各修會發展出各各不同的使用聖經的祈禱方法，因此有了不同的傳統。

這次校園書房的同人主動地希望學習依納爵的神操，就雀中身為耶穌會士的陸神父。其實陸神父並非講神操的專業者，不過身為該會會士四十多年，又作過三次完整的神操，總有一些可談的內容吧。既然基督教有此美意，他就接受下來了。

想不到基督教的辦事活力驚人。首先刊登訪問稿在校園書房出版的季刊《書饗》上，加上彩色照片，非常醒目，後與光啟合製大海報，張貼台北各大專院校及各教會教堂，最後在「教友生活周刊」及「基督教論壇報」分別刊登消息。現場除了準備講義和問卷外，二出版社各提供十種與講題有關的聖書。場地佈置得絕不馬虎，可說美輪美奐，光鮮亮麗。又有良好的招待，一等的服務，使人賓至如歸。這是真正懂得行銷的專業行家所為，令人咋舌。基督教給了我們一個催化劑，讓天主教也參與設計了一次難見的盛會。

整個演講歷時一小時廿分，後由基督教周牧師回應，加上發問，超出二小時，無人離席。當然主辦單位亦用了一些技巧，即交問卷者可得一份禮物。但仍可看到大家對所討論的內容真有興趣。終得賓主盡歡而散。

這是一次非常成功的試驗，值得再作。原始推動者似乎是基督教朋友，是他們要來取經，但天主教教友亦亟需靈修課程和知識。以學習靈修而二教相聚，實極合乎大公精神。陸神父說：基督教與天主教在神學上有不同見解，有時覺得交談不易，但在靈修方面就很少差異，今後大家應多用靈修管道來達成深度的大公交流和共融。誠哉斯言。特為記。

（二〇〇八・六）

逐漸消失的自我

十一年前，我在《恆毅月刊》上發表一篇名為〈快樂得想死〉的文章，僅將其中一段，摘錄如下：

筆者在英國威爾斯作神操的三十天中（1998.10.05—11.06），曾有過二次在祈禱中不知不覺地滑入愛的汪洋之中，只覺得極深沈的平安及與天主同在的無比喜樂。在這二次光景中，我也曾想如果這樣死去，是何等的好啊！因為要保持這種與天主同在的幸福，除了脫離肉身和這個塵世是別無可能的。這真是一種快樂得想死的經驗。

這篇文章以後在我開的「生死學」課程中，常與同學分享。

人的最大的快樂不是有我，而是無我。

我們的自我意識在後嬰兒期時就開始發動，它除了深睡外，從不休息。長期的累積使此意識根深蒂固，盤根錯節，再也拔除不了。這個「自我」穿梭在意識和潛意識之間，織了一張天羅地網，把真正的我困在裡邊，使之不能動彈。而所謂的高峰經驗便是片刻的撕破這張天羅地網，把真我解放一下，便使人覺得神清氣爽，似入仙境。就像柏拉圖描寫的囚犯逃出了地窟，見識了大千世界一樣。

東方的禪要人退入「虛」、「寂」、「空」、「無」，要人一無所有，體會四大皆空。禪要掃蕩語言文字：「佛來佛斬，魔來魔斬」。

惠能與神秀鬥智，神秀的機智是「有」：「身是菩提樹，心如明鏡臺，時時勤拂拭，勿使惹塵埃。」而惠能以「無」贏得了五祖的傳缽：「菩提本無樹，明鏡亦非臺，本來無一物，何處惹塵埃」。可見「無」才是禪的真髓。

佛教重「無」，但這個「無」一定不是「絕對無」，否則難以理解誰來收成。基督宗教肯定「有」，主張有靈魂，有位格。但這個有位格的我在與天主交流時，二個位格間有所謂「我與您」之說法。這種結合與無位格際之結合，不可同日而語。後者像一滴水落入大海，水海不二，完全融合。而位格際之結合無法有此聯想。因此無我之說，及無我之境似乎更能描寫天人結合之深邃和滿全。

英國作家希克在《第五向度》一書中說：

> 宗教的作用就是賦予我們一種能夠轉化人類存在的脈絡，此一轉化是從罪惡的以及／或是虛妄的自我中心，全新定位成以神聖者、超越者、終極為中心，從而解救所謂的真實自我或無私自我、真我、萬物的佛性、我們裡面的上帝形象。[1]

神祕家如艾克哈不會在意神人結合時，二者的位格性全然消失。完美的神人結合使人超越自我意識，不再有「我與您」之感，二者的關係若「你泥中有我，我泥中有你」，無法再分彼此。這是無我的絕境，此世僅能剎那有之，只在來世才得澈底實現。

1 希克（John Hick）著，鄧元尉譯，《第五向度：靈性世界的探索》，臺北市：商周出版，城邦文化發行，二〇〇一年，頁一二。

可憐身為哲學教師的我，上課時口口聲聲強調位格，但內心深處憧憬的是無位格。巴不得在與天主結合時，自我完全消失，那才是我的真福。

（後記）大概只在面見聖三之刻，我人才能洞察位格帶來的密契深度及其奧祕性。

（二〇一〇・八）

地獄的問題

昨天（二〇〇九年十一月十三日）晚上九點半左右，我結束了給在職專班上的三節課，拿了書包準備回辦公室。一個學生說他有些問題希望同我談一下。這是一位年約四十的壯年男士，上課時常能先於同學發表意見，講話時有時有點「衝」，但最近緩和了些。我說好啊，但怕他住遠，回家會太晚。他說沒問題，家住萬華，又騎機車。好吧，我請他進入羅耀拉樓我的辦公室裡。他坐下後，就打開了話匣子。他要問的是地獄問題。

他在這學期修我教的生死學專題。在第二次上課時，我給學生看了「天外有天」記錄片。這是美國瀕死學專家雷蒙・穆迪醫師的作品。他請六個「死」而復生的先生女士述說他們魂飛身外的經驗。六個人的經驗大同小異，他們離體後，在高空看別人處理自己的身體，又快速穿過隧道，出隧道後見到一個與此世迥異的世界：一片光明，鳥語花香，前來歡迎的人都是笑容滿面，慈祥和藹，有親人，也有類似大家長的靈體人物。大家樂不思蜀，不想回到塵世，後因使命未完成，被迫式地被遣回人間。這位學生覺得這部片子及有關的書文好像沒有交代地獄的問題。他在已有的資料中，只找到這一段：

羅寧斯醫師（Maurice Rawlings）在他《超越死亡的門》中提到救回一個已入地獄的瀕死者的故事。那個四十八歲的病人在急救中，每次清醒時大聲喊叫：「我在地獄！」，「請不要停止救我！」，「每次你放棄急救時，我便馬上返回地獄」，「請為我禱告！」。這個病人被救回來以後，不復記得往事，大概這些經歷已被塵封入潛意識裡去了。羅醫師寫道：

當我全然意會到他是何等地誠懇與極度驚恐時，我也驚慌失措起來。伴隨著後來一系列充滿恐怖的個案，促使我萌生一份迫切感去寫此書。現在我確定死後有來生，而不是所有的來生都是美好的。[1]

地獄中有些被記憶的光景可列於下：黑暗、混亂、火海、魔鬼統治、絕望的吶喊、相互叫罵等。瀕死經驗對地獄的記錄少得可憐，但有總比沒有好。只是在那麼多正面資訊中只有這麼一小塊，容易被人忽略。我的學生相信的是民間宗教。他在他的氛圍中接觸到太多的壞人壞事，他認為除了有地獄以外，無法嚇阻人做壞事。世界各大宗教確有地獄的教義和信仰，但這些資料的倫理效果不強。如果從陰間裡走了一遭回來的人大聲絕呼地宣揚地獄的真實存在及可怕，才能使極惡的人有所警惕。

筆者聽他這麼強調有地獄的重要，覺得頗為意外。雖然知道教父中有奧利振質疑過地獄存在的問題，當代英國哲學家希克（John Hick）在《第五向度》一書中認為地獄使基督福音的喜訊性大打折扣，而數年前在台北去世的甘易逢神父也在後期作品中探討地獄是否是永恆的問題，但是由於梵二後整個文化生態趨向強調民主和愛，無形中把一個絕對懲罰的處境模糊起來。說實在，令人對地獄存在不解的因素或許是：何以有限的人在有限時空中作的惡事會有無限懲罰的結果呢？以及無限仁慈的天主怎麼會給人這麼嚴厲的懲罰呢？我們在牧靈工作中大量敘述天主的愛和寬恕，使人對天主的懲罰非常陌生。有的人認為即使有地獄，也不至於像坊間描寫的那麼驚心動魄，也不至於有無期徒刑式的永

---

1 見拙文〈生死與價值〉，《輔仁宗教研究》三，二〇〇一年六月，頁一六五——一八六。

遠的苦難和絕望。

人的經驗和理智是非常有限的，想不透的事還多著呢。不過基督宗教和伊斯蘭教的神學家都傾向於下列思考：去地獄不是天主的罰，而是某些靈魂自己選擇永久與天主隔離的後果。因為天主不能及不會干涉人的自由選擇。而與天主隔離就是下地獄也。

（二〇一〇．十二）

當佛陀拜訪耶穌

一天，佛陀較有空，就去天國串門子。當然受到熱烈的歡迎，耶穌握著佛陀的手，走過天國的前園，到一涼亭，雙雙坐下。

佛陀看耶穌面有愁容，就問道：「耶兄，何事讓你心煩？」耶穌嘆了一口氣答道：「佛兄你有所不知。吾的子民因信我得永生，而至天國與我同在。吾雖喜樂，但天國人滿為患，不知如何解決呀！」

佛陀拈花微笑：「吾不為極樂世界人滿之患擔憂，因為我們體認六道輪迴，為入涅槃，都得修幾個世紀才行呢。」

耶穌聽了翹起大姆指說「讚！」

為了解悶，佛陀建議下盤象棋，耶穌欣然說好。一切就緒了，開動棋局前，耶穌問道：「象棋中有許多棋子，佛兄如何看待它們？」佛陀回答：「每個子代表一個身份。人在世間有將相凡夫之別，但在我眼中他們都是平等的，因為他們都有佛性。一兵一卒都能立大功，都能直搗黃龍將一軍而贏全局。」

耶穌作揖回答：「佛兄言之有理，佩服佩服。吾以同等之愛愛我子民。但其中不少受魔鬼之誘惑而懷疑我對他們之愛有所差別，遠離天主而墮入痛苦深淵。但相信我的人還是蠻多的，所以我有安排他們居住的困擾啊。」二氏相視而笑。原來他們的處境還蠻相近的。

為了使天際的交談能在人間繼續，他們就用望遠鏡向人間尋覓。結果發現了一個在輔大校門口徘徊的女子，她才考上了該校宗教學系的在職碩士專班。她是一位皈依的佛教徒，現在要進入天主教大學的宗教所就讀，一定要學許多基督宗教的課程，她一定可以在人間繼續推動宗教交談的重任吧。二神頷首同意，選定她為自己的代表，在人間鑽研二教交談的巨業。

結果，這位女士在輔大註冊、修課，三年後撰寫了一篇名為《聖袍與袈裟的結合融入臨終者靈性關懷之研究》的碩士論文。[1]上面佛陀拜訪耶穌的故事，即由該生在二年前修「基督宗教專題」課程時交的一個小作業改編而成的。

三年來她在輔大修了一些佛教課程，但也修了三個基督宗教課程。在「天主教靈修」一堂課中，她去過彰化靜山和八里聖心女中參加二次週末靈修營。對天主教多少有些認識。但對不信輪迴的基督宗教的救贖觀仍有疑問。

佛教主張「諸惡莫作，眾善奉行」，以及因果業報的輪迴觀有其正義的倫理邏輯。基督宗教「信耶穌，得永生」，沒有來生，只有永生。對歹徒的惡業何以為報。

她說：「佛法告訴我們：放下屠刀立地成佛。但惡人還是必須受他個人的罪（因），得他的苦（果），接受業力輪迴。但從基督宗教來看，只要他誠心懺悔，能到天國與天主同住，因此『好人一生行好事（善），信上帝得永生與天主同住（樂）；壞人一生罪惡，臨終時誠心懺悔（惡），信上帝得永生到天國與天主同住（樂）』。那麼人生在世行善行惡不重要，只要在臨死前誠心懺悔皆有善果，是嗎？」

---

[1] 盧業慈，《聖袍與袈裟的結合融入臨終者靈性關懷之研究》，輔仁大學宗教學研究所碩士論文，二〇一〇年。

很明顯的，該生的思維是在沒有果報和輪迴的情況下如何達成正義的要求。真的只要死前一次善念，就可把惡業一筆勾消嗎？

天主教斷「業」的考量是有其公道的邏輯的。因為人的罪行與業果並非由人之一念而消除。對基督信仰而言，罪惡的嚴重傷害是由耶穌所受之苦難抵消的。耶穌一人負擔了整個人類的共業，使相信祂的人可從其罪業解脫，使罪人成義。但罪人所作之惡還須償還，這就是煉獄的道理。基督信仰的消業邏輯全繫於耶穌基督的自我犧牲的偉業。要了解其公道邏輯必須先要認識耶穌，並相信祂是天主子。認識了耶穌，接受了啟示，就會逐步領會基督救恩的特點，也會理解沒有輪迴的信仰有其對人類行為公道處理的方式，這是一種與佛教不同的救恩。我們感謝天主使我們能脫免永無止境式的輪迴噩夢。這是無窮慈愛的天主的邏輯呢！

如果人間說不清楚，還得麻煩佛耶二主再來一次交談吧。

（二〇一一・八）

靈魂有根層

中國人講身與心，西方人說肉體與靈魂。都是二元論。身與心本是二而一的，但因為心有太多超越身的活動，使它不會與後者同歸於盡。身體結束它的塵世生命時，精神飛躍，海闊天空，進入了另一個生存「空間」裡去了。

靈肉一體。肉體有形可見，它透顯無形的靈魂，使靈魂有表達自己的媒體。肉體協助靈魂成長，自己卻逐漸消褪，直到功成身退的一刻。

大家同意：靈魂有主宰性，但它有一個更深的「根層」卻非人人知道。十三世紀的德國神祕學家艾克哈（Meister Eckhart, 1260-1327）在這方面有極大的貢獻。[1]

艾氏認為人的靈魂可分有為及無為二個層次。有為的層次是有自己的活動的。譬如感覺、記憶、想像、思維及意志。藉這些精神活動，吾人活現世的生活，也塑造自己的人格。

靈魂還有一個無為的層次。艾克哈稱之靈魂的根層。它處於靈魂的核心，它無言及無為地保存著原始的混沌。在這根層中有某種無以名之的「靈智火花」。此火花不是受造物，是神直接通傳給我們的神性生命。靈智火花在靈魂根層不斷地閃爍，它是人類活力的泉源。

今日台灣的生命教育擴大了靈肉二元的說法，常常提到的是「身心靈」三個因素。「靈」的所在

---

1 中文相關資料可參見陳德光，《艾克哈研究》，新北市：輔大書坊，二〇一三年。

地就是靈魂的根層，包涵著其中的靈智火花。它是無為無言的原始。對這源頭的重視和開發，能提升整個人的精神，這就達到通識課中藉宗教課程的實施要獲得的終極目標。

這個無言及無為的靈魂根層如何能使我們的宗教教育活躍起來呢？

艾克哈說，不但人的靈魂有根層，上帝亦有上帝的根層。上帝亦是有有為及無為二個層次的。「有為」指上帝創造了世界並不斷啟示自己。「無為」指上帝把自己保留在黑暗中，未向人類啟示之部份。這部份的上帝是言語無法表達的無限及超越性。祂不是「存在」，不是「三位一體」，甚至不是「天主」。頗像田立克主張的「上帝之上的上帝」。也像老子的「道」，非常道常名可以啟迪的。這個根層是上帝和人交通的地域。所謂神祕經驗，就是神的根層與人的根層互相接觸，是兩個無為交流的地帶。艾克哈認為在神人密契時，人的根層與神的根層合而為一，人的根層就是神的根層，反之亦然。人的靈智火花接觸到了火源，便不可收拾地燃燒起來，剔透通明，人變成了神。

靈魂的根層在此境界不再只是人的根層，並且亦是神的根層了。這就是古人所謂的天人合一。宗教之最後目的就在此地。人的生命的終極意義在此洞開，宗教成為一切精神性學問的根源。也在這種經驗中人體會了「歸鄉」，找到精神的澈底的滿足。

宗教教育若能避免外在化與膚淺化，就一定要把學生引入這個天人合一的勝境。由於人人都有靈魂根層，人人都多少感受過靈智火花，故「靈」的這類解釋可以是老少咸宜的。而在靈智火花的導引下，若能切身體驗兩個根層的剎那交融，則宗教之教義的差異和緊張關係，都會退而求其次；而「靈」終能脫穎而出，身心靈的關係終於得到平衡，全人教育就能不負眾望焉。

（二〇一一・十）

被瞎的直觀

十一月三日，輔大宗教研究所通過了一個碩士論文的考試。論文的題目是《透過祈禱與神密契——聖女大德蘭《自傳》與《靈心城堡》，闡述默觀歷程之比較研究》。[1]論文中出現一個詞：blinded intuition。按字義應該譯為「被瞎的直觀」。不過這個有被動涵義的形容詞常會被讀者忽略掉。

一九七三年七月法國存在主義大師馬賽爾去世後，巴黎的一批哲學教授願意成立一個馬賽爾友好協會，使馬賽爾的思想有繼續發展的餘地。這個協會順利地成立了，取名「馬賽爾臨在協會」，推選呂格爾教授（Paul Ricoeur）為會長。記得那天早晨開會前，我陪一位法國耶穌會神父早一些到達會場。呂格爾見了我，就親切的打招呼，知道我在寫論文，問我在做什麼研究。我告訴他：「馬賽爾」。他第一反應是說出intuition aveugle (blind intuition)二個字。旁邊一位女教授提醒他說：「不是aveugle (blind)，是aveuglée (blinded)」。

可見寫過一本有關馬賽爾專書，並對intuion有深刻印象的哲學大師，居然不記得「直觀」前之形容詞是被動式的。說實話，不只是呂格爾，其他研究者也可能未必覺察主動和被動的形容詞在此處的

1 陳曉涵，《透過祈禱與神密契：聖女大德蘭「自傳」與「靈心城堡」闡述默觀歷程之比較研究》，輔仁大學宗教學研究所碩士論文，二〇一二年。

差異。而覺得主動似乎與直觀更能配合。直觀者，乃人在須臾時間中獲得的洞識。既然是直觀者的洞識，那麼理所當然的是該主體的主動經驗了。然而馬賽爾卻把它轉換成被動經驗，這裡面一定大有學問。那天因為時間不多未討論下去，以後亦無機會再次切磋。不過答案大致底定，這個「瞎」字原文上應該是「被瞎」。

現在的問題是為何馬賽爾用「被瞎的直觀」，而不用「瞎的直觀」呢？

馬賽爾的「被瞎的直觀」是在他討論「第二反省」時出現的。簡單地說，第二反省是第一反省的超越。第一反省是我們理性者一般使用的反省，就是理性的運作。我人的記憶、比較、分析、判斷……都屬之。馬賽爾認為我人處理可與自己分開的東西，包括人，都可以以「問題」視之；而有許多無法與思維者截分的人地事物，則不能用「問題」的方式，或主客對立的方式來處理。這些與我休戚相關的人地事物，與我的關係不是「問題」，而是超問題的「奧祕」。與我有奧祕關係的人地事物不允許我以問題的方式視之。換言之，第一反省在這裡是無能的及無效的。人與人、國與國之分裂仇恨都源於唯理性使用的結果。而屬於奧祕的人地事物有哪一些呢？有關：愛情、信仰、道義、親情、希望、山盟海誓、生老病死……，理性不應以主控的身份去染指。理性必須讓位，把主控位置讓給超越理性的真理之光，才有可能發現癥結之所在，此時或有產生洞識之可能。

為超越理性，必須回到原始的真實，且對這些實相小心翼翼地保育，再回入主體的內心，通過與世界之「隔」，用「自我凝斂」功夫，使自己解脫一切外在的羈絆，而尋獲內心的真我，與之重合為一。在此過程中，靈魂深處會迸出一道豪光，此光非我本有的理性之光，而是一個恩賜。所以如果我們稱這道光為「直觀」，則此直觀不來自理性的運作，而是我的理性接受的光。此光使我原有的理性瞎掉，再使我接上那超越我理性的豪光，而能看到我理性看不到的真理。這整個過程即為馬氏所謂的第二反省。第二反省是更高的存有的恩賜。簡單地說，此豪光不是別的，只是神的恩賜，是神的光與愛改變了我的理性的邏輯，使我們跳出谷底，重見真光。

為此，此類直觀有一被動性格，可稱之為「被瞎的直觀」。

聖女大德蘭早於馬賽爾三百多年，如果我人在二人的作品中都發現這個別人少用的「被瞎的直觀」，其原創性應歸於哪一位呢。好像應該是較早的大德蘭吧。不過還得證明馬賽爾確從大德蘭的神修寶庫中取過經才能作此斷言呢。

（二〇一一・十二）

「希望他們合而為一」

一九六三年六月三日召開梵二的教宗若望廿三世與世長逝。他最後一句話是：「希望他們合而為一」。這句話重覆了耶穌在最後晚餐時講的：「父啊！願他們在我們內合而為一，就如祢在我內，我在祢內，為叫世界相信是祢派遣了我。」（若一七：二一）耶穌向父禱告時，祂的門徒沒有分裂，他們都非常尊敬和熱愛耶穌，他們在耶穌身上體會了天父自己的愛。

然而教會是由人組成的，是人的因素促成了分裂，連在教會內的聖神也無能為力。一〇五四年東正教與羅馬天主教分裂，一五一七年路德抗拒贖罪券而導致天主教內部的分裂。基督宗教分成了正教、公教、新教三個教會。

一九〇八年一位自聖公會皈依天主教的美籍沃森神父首創「基督徒合一運動祈禱週」，每年一月十八日開始至廿五日聖保祿的歸化日結束。教宗碧岳十世（一九〇三—一九一四）和本篤十五世（一九一四—一九二二）及稍後的教宗都大力推薦這個合一祈禱週。新教於一九四八年成立「普世教會協會」（The World Council of Churches, WCC），它也積極投入這個祈禱活動。南半球的某些教會，因一月是假期，把祈禱週改在五旬節前後舉行，日子的意義也很深長。

基督徒在十一和十六世紀發生的二次分裂，都與神學有關。當時詮釋信理的神學家傾向一元，沒有緩衝的餘地。現代的社會意識主流是容忍差異、包容多元。基督宗教內的差異可以成為豐富及發展神學的因素。所以，不同的神學應以同情和對話的方式來相互瞭解。梵二神學家法國公教大學校長白神父（Emile Blanchet）說：

> 我們在與基督教舉行神學會談時，切不可忽略新教創始人在所用的術語和語句後的宗教靈感；這些革新家對某些道理往往有極深邃的領悟，但因疏忽了其他方面而有了缺陷；我們應當藉心理學和歷史的幫助，透過他們所用的字句術語，去擷取他們的宗教智慧和靈感，然後再向他們講明有關的信理。[1]

十六世紀的宗教分裂有其社經因素。歐洲基督徒的原罪不應當加在我們傳教區的教友身上。在台灣或其他的華人世界，基督徒的終極關懷是相同的，即消弭無神、唯物和享樂的人生觀，廣傳聖愛的基督福音。一切基督徒均應戮力面對，且克勝世俗化的普世導向，要使這個世界皈依或再次皈依基督。我們不能讓自己為歐洲前人形成的分裂而內耗。

十六世紀公教與非公教所處的世界，與廿一世紀我們所處的世界大不相同。當時歐洲爭執的兩派都保持信仰，都在相信耶穌基督是神的大前提下，發生所謂新舊的衝突；並且當時歐洲文明所接觸到的外界非常有限，歐洲本土的思想爭執（這裡指在同一信仰下的神學爭執）便變成當時的時代問題。今日教會所接觸的世界是一廣大的全球性的非基督文明世界。這個世界瀰漫著無神與俗世氣氛。原先不信基督的地區，現在皈依基督的比例還是很小。原先為天主教或基督教的國家，對神的敬禮正在遽然下降。有人以為在歐洲的天主教和基督教國家的領洗教友中，有比「外教」國家更多的無神論者。

---

1 Emile Blanchet, "No Reunion without Theology", C. S., p. 208. 並見G. Weigel, A Catholic Primer (1957), p. 68. 又見陸達誠，〈天主教合一運動的新里程〉，《神學論集》一期，一九六九年，頁九五—一〇九。

不論他們接受「神已死亡」的哲學與否，信仰對他們毫無意義，對他們的生活毫無作用。今日世界大部份的人都患上了近視症，他們只注目於這個物質世界，汲汲追索物質名利，看不到有形世界以外及以後的事物和真理。基督徒共同面臨的外界是一廣大的不認識基督也不信基督的世界，兩者有共同的責任來「征服」這個外教世界，要引領人類中的三分之二到人類的救主基督那裡。試想我們面臨這樣一個艱巨任務，神學上的分歧就不應成為絕對不能協調的困難了。對傳教區來講，基督徒的分裂，更是福傳的最大阻礙。所以面對今日的俗化社會，合一的需要實在非常明顯。

台灣的合一祈禱週，天主教與基督教每年輪流主辦。今年元月十八日晚上七點半將在台北大坪林聖三天主堂以泰澤祈禱方式舉行，希望渴願追隨基督合一願望的弟兄姊妹踴躍參加。

（二〇一二・八）

單國璽樞機會去煉獄嗎？

十一月是煉靈月，天主教用一個月的時間來追念去世的親友。一般而言，我們會把他們看成在煉獄中的煉靈，他們大概尚未達到「天父般的成全」，他們尚須被動地讓「煉火」滌淨，才能功德圓滿地進入天國。煉獄的概念與罪有關。犯大罪的人不去煉獄，直降地獄；犯小罪的靈魂在升天之前，先得被修理一番，修到冰清玉潔，才能進入聖域。而煉靈本身無法立功勞，他們需要人間的祈禱和奉獻才能早日解脫自己的有期徒刑。所以教會鼓勵教友在煉靈月多為已亡者祈禱及奉獻彌撒，使親友早些升天，早些面見天主。

煉靈雖在忍受考驗，等待榮升天國，但他們是肯定已能得救，他們不會再犯罪，他們已解脫了世俗和肉身的羈絆，一心想望天主、渴望天主。如果他們在世時有如此強烈的渴望及勉力修德，他們老早已修成正果，不必來煉獄了。所以神學家說煉獄中最大的折磨就是渴望面見天主而無法見到天主。如果我們在世間能像煉靈一樣熱愛天主，我們都會變成聖人。這樣的煉苦，是現世不會以為是苦的苦。為此我們在世上多立功勞吧，這樣我們可以減少留在煉獄的時間，並且能幫助煉靈早得超拔。

聖人分殉道和精修二類。殉道者為了信仰，殺身成仁，捨身取義，他們都能直升天國，立刻成聖，因為他們的信望愛太大了，已把一切過失消除。至於精修者，他們沒有流血致命，但在日常生活中主動地修德行善，有「白色殉道」之稱。

在冗長的歲月中，他們日復一日地加深對天主的親密關係，愛天主在萬有之上，也愛人如己。他們是活聖人，如果有殉道的機會，他們絕不會錯過。他們在平凡的外表下，靈魂熠熠發光。所以天主召喚他們的時間到了，他們立即升天，不須經過煉獄。

從這個角度來看，德蕾莎修女和單國璽樞機都是不需要去煉獄而直接升天的靈魂。他們在世時已修成正果，足為眾人的典範，死後可立即開啟列聖品的申請。德修女已是真福[1]，單樞機急起直追。他的聖德為列品而言可謂綽綽有餘。

單樞機在二〇一六年八月間診斷出腺性肺癌第四期，罹癌的翌年即展開「生命告別之旅」系列演講；他以面對病痛及死亡的經驗鼓勵眾人，在學校、監獄、醫院等地演講逾二百場，吸引逾十二萬人聆聽，感動許許多多正處於逆境之中的人。樞機甚至在文章中分享了身體每下愈況後，面對尿褲子、瀉肚子這類不堪的糗事，將自己學習謙卑的過程，無私誠懇地與眾人分享。

今年四月五日在高雄聖文生堂，聖週四「建立聖體」的禮儀中，他以樞機之尊，九十的高齡跪在十二位教友前給他們一一洗腳，表示他服膺聖訓一直到底。偉哉斯人斯有此事。聖依納爵神操中推崇的第三級謙遜，這個徒弟真的做到了。這是聖德的高峰。度靈修生活的人，稀有及之。

如果說，一位虔誠的基督徒克修自己，完全放開自己，與基督合而為一，他的死亡該是他一生的最卓越的高峰經驗，他會聽到主說：「我摯愛的僕人，快來與我們同在，來享受從起初就給你準備好的幸福吧！」

單樞機會去煉獄嗎？這個問題不需要我們討論了。除了給正確答案的人一個bingo外，我們期望我們有一天都同樞機一樣，修成正果，去世日就是升天之日。

---

1 作者按：教宗方濟各於二〇一六年九月四日將德蕾莎修女宣聖。

讓我們在十一月煉靈月多為煉靈祈禱吧！阿們。

（二〇一二・十一）

天主教的婚姻觀

蒙邀與曾昭旭教授對談婚姻與愛的課題，一邊感到榮幸，一邊亦感困惑。榮幸者，因曾教授著作等身，是當代新儒家重要學者之一，其作品涵蓋面極廣，深為各界人士激賞。而他在愛與婚姻問題上有不少論述，曾被尊為「情聖」，為討論這一主題實為最適當的人選。能與他對話，實是我的榮幸。令我感到困惑者，因士林哲學非我專長，而我是獨身者，對婚姻完全是個門外漢。一定是主辦單位選錯了人。

向輔大哲研所詢問後，知道這次對話不需要太拘泥於士林哲學的名稱，只要把個人對此題目的看法陳述一下即可。因此我不必去翻閱聖多瑪斯的《神學大全》，可以我自己的觀點發言。這樣我就接受下來了。

本來，我研究過的馬賽爾思想，確是愛的哲學，他對「存有」的詮釋即互為主體性，是人與人之間產生「我與你」關係的哲學。馬賽爾雖非士林學者，他曾試著與同代的士林大師馬里旦來往，希望通過後者的啟發可以叩入士林哲學之門。但結果是個大失敗，二人毫無默契。馬氏四十歲時皈依天主教，從信仰中獲得綜合他全部思想的靈感，因此他被沙特稱為有神的存在思想家。他的思想影響天主教至巨。在上世紀六十年代召開的梵蒂岡第二屆大公會議（一九六二—一九六五），不少文件中在字裡行間都可讀出他的影跡。

主辦單位找到「情聖」曾教授來談「愛與婚姻」，找對了人，但選一個教「宗教學」和「生死學」的神父來搭配，就顯得很突兀。後來想了又想，想出了一個端倪。或許是輔大哲學系有人看了我寫的《馬賽爾》（東大出版）一書而想要我與曾教授搭配，使我們有了今天這個對話。

在我的書第五章內曾引用了四次曾老師的一篇文章，引用的是曾教授在聯合報副刊發表的〈一見鍾情〉[1]。曾教授對一見鍾情的描寫非常細膩。當我要寫馬賽爾臨在的門檻時，這篇文章就在我的腦海裡浮現了。下面我把我用過的部份片段再寫一下，供大家參考。

他稱人與人間之相互喜歡之當下可稱為「原始的觸動」，此觸動把我人的心眼打開，使彼此有一個新發現：

> 此觸動不只是對象之美單純地觸動我心，且更是因知道我之真或美觸動了他，令他喜歡感激。而此喜歡感激更回射過來而予我以更深一層的觸動。當然，在這裡的一重又一重的迴環相生的觸動，也可以只在一剎那間便不知已有幾多回的往復⋯⋯。古來名作描寫真愛之發生的類多如此，直是在天地混沌中生命一點靈光爆破，而啜飲到天上人間的靈泉，此所以亦直觸動讀者之心而令人感動莫名也。[2]

這種觸動尚未落入人世具體的倫理關係中，扯不上是非對錯，是一份純粹的資料。它是無名的，像白白的恩典，自來自去。

1 〈論一見鍾情〉，《聯合報》，一九八二年十二月十一日八版。此文以後收入《不要相信愛情》，臺北市：漢光文化，一九八七年。

2 〈論一見鍾情〉，《聯合報》，一九八二年十二月十一日八版。

曾老師繼續說：

既是尚未落入為具體的形態，便當然不應逕將它專屬於情人間的愛。事實上，任何人間都可能也理應有這種生命觸動的發生；任何人間發生了，也都是值得喜悅慶幸的，只要人能分得清這只是人間愛的可能的開啟，而不就是愛情，那麼人便可以很放心地領受這種感動而無疑慮。在那一剎那之後，彼此若無緣再見了，這一剎那便自是在時空中孤懸的一點而不必有任何落實，我們也可以在心中永存此一點觸動而珍之念之。而若彼此更有緣再見，而將落實於時空中的延續情誼，便當在這時作一形態上的選擇，選擇一最合宜的形態以進行彼此的交往。如彼此皆未婚，亦皆未有情人，自然可以試走情人的路；若不然，便選擇朋友的形態亦自無不可。[3]

曾教授自承：

在我的經驗中，我是常會與人有這種觸動的，……也許只是人間一種善意的適時的流露，……也總會在回家後說與內人知，與她分享……[4]

上文有很多伏筆，如「分得清……」，「作一形態上的選擇，……便選擇朋友的形態」，「回家

3 〈論一見鍾情〉，《聯合報》，一九八二年十二月十一日八版。

4 〈論一見鍾情〉，《聯合報》，一九八二年十二月十一日八版。

後說與內人知」等等。可見曾老師一面歌頌情發當下，那是無選擇及前倫理的剎那，但也顧到此類經驗的第二時間，在這第二時間裡就有倫理、是非、選擇、對錯的因素了。

古人曰：「君子抱美女而可坐懷不亂。」（《詩經・小雅・巷伯》毛亨傳）以曾老師描寫的來看，他似乎已達到坐懷不亂的修養境界了。普通人對這類人間最寶貴最精粹的美的經驗，會一頭栽入，無法自拔，不會有如此灑脫、如此自由的回應。孔子到了七十歲才體會自己可以從心所欲不踰矩。他的大自由大概也包括了美女坐其懷而可不亂之自由。但孔子的自由並非天生的，而是他一生努力所結的果實。普通的人對這類的自由大概只能望而生羨。

另一方面，大部份已有固定身份而無法以狹義方式發展此類情愛者，可能不是靠理智的判斷和決意就能處理如此的豔遇，而是因為怕萬一自己一頭栽入，會發展到不堪設想的後果。人生的艱險就在此地。曾老師說分得清楚實況後「便可以放心地……」，這實在是極高的理想，凡人何以能及？至於曾老師說「回家後說與內人知」，如果已婚者都與妻子或丈夫有如此透明的關係，許多家庭悲劇都不會發生了。已婚者或訂婚者如能作到這點，應是度著最美滿婚姻生活的幸運者。如果夫妻坦誠到如此程度，偶發的大小情愛經驗都不會動搖他們的關係了。或許曾老師向他夫人吐露的經驗，並非狹義的一見鍾情，只是「善意的適時流露」而已。不知道曾教授一生中是否有過無法向太太啟口的情感遭遇。（曾教授不必回答）

我們不能不承認一見鍾情是人生可有，甚至為某些人是常有的經驗。這種經驗雖只是剎那，但對心靈細膩的人影響可能超大，因此最好不要把一見鍾情神話化，使人期待並渴望之。能讓人坐懷而不亂的人是稀有的。因此採取比較保險的反應還是比較安全。

天主教的信仰把愛的根源放在造物主身上。一切與愛有關的幸福都來自天主，愛也是天主的恩典。婚姻為天主所定，為生育子女，也為相互陪伴一生。所以天主教降福新婚夫妻，稱婚姻為聖事。既是聖事，那在天主前宣過的誓言會贏得善度婚姻生活的恩寵，使他們能一生度一個互信和相愛的生活。

天主教只在極嚴格的情況下准許離婚。（如非教友配偶極力阻礙對方度信仰生活。）如果成熟的天主教青年男女，知道及願意遵守不能離婚的教規，他們在走上地毯之前，必會更慎重考慮自己與未來配偶間是否真有可能共度一生，而不會隨著美的剎那經驗輕易地決定終身大事的。此外，天主教反對婚前和婚外的性行為，為使錯誤的慾望不在正當的範圍內發生，並保護已婚者度忠實的婚姻生活。

人不都是聖人。想像的浪漫並不給人保證幸福，到處留情貽害無窮。賈寶玉情感太豐富而到處留情。雖有一時的歡樂，到頭來，還是悲劇一場。一見鍾情可以是一個有益的經驗，但受益者必須有相當的成熟度，在人格和道德上有過結實的培育。

有人認為：人生多苦，何不及時享樂。但放縱自己者必招致更大的痛苦。每日報上的社會版都在說明這一點。天主給人最大的幸福之一便是一個互信互愛的終身伴侶，因為只在這種深度的、無條件地分享愛和生命的過程中，人才能真正成為人。

因為自己沒有婚姻經驗，所以不敢再講下去，卻願聆聽過來人的智慧之語。

（二〇一二）

人的本性是惡的，或是向惡的嗎？

中國古籍對人性有多元詮釋，西方似乎只有原罪一說。孟荀論人性有善、惡之分，二賢均以具體經驗為佐證，故似乎都言之有理。從人的行為追溯其源，本無可厚非。但為何演化出二種相異的人性論？

從「可知之人性」到「不可知但實有的人性」，若從聖經的啟示看，其源是「人為神的肖像」。肖像與原型間有相似性，原型為天主，天主為無限美善，故其肖像亦為善。肖像是精神性的，精神性存有不可見、不易知，故從直接經驗不易測知。

「神的肖像」是人的生命之源，是尋根者之根，是聖女大德蘭的七住所之「中心住所」，是德哲艾克哈的「有靈智火花的靈魂根層」，不是受造的，為神之一口「靈氣」所致（創二）。此住所或根層為神人結合之密室。不受形而下影響，保其善之原性。故人的本性理所當然是善的，但非靜態之善，為能上升下降之善（故能向惡擇惡）。但人性絕非本惡。

此肖像是動態的，故有些人「少」像，有些人「更」像，聖人「極」像，聖母「全」像，聖母只有行善的自由，無「犯罪之自由」，此為「無原罪」之意。

惡是後天的，不論源自一對具體的人類夫婦，或一群原始演化之人類初人的集體罪惡或過失，他們的有意的惡行深刻地損傷了人的生命。此後行善極難，行惡極易。稱之為「原罪」亦可以，但非個人之罪：人不為其原罪而下地獄。

耶穌的救恩是神的特殊加持，使人恢復行善的能力，在聖寵助佑下，人能做靠自力做不到及大不易做之事，使人較易或極易行善。其靈智火花異常旺盛，像耶穌一樣可顯天主的聖容。

聖寵不取代人的角色，人還須主動努力，但他努力得愈來愈容易。聖女大德蘭描寫的靈修最高等級「神婚」，苦樂難分，一切皆樂。

因基督宗教無輪迴而有「天堂人滿為患」之趣說，這是一種幽默的象徵說法。精神空間無所謂滿不滿。主要是善人及悔改的罪人都因耶穌的功勞可以不下地獄，當然也不再輪迴。罪人如果得到右盜一樣的特恩，亦可直升天堂。問題是這是天主自己的權利，對之我們沒有資格作任何斷言。能說的只像英國的神祕家（諾城的）茱利安女士所言「萬有終美好」。

地獄是為那些拒絕與天主同住的靈魂，他們自己選擇留在永與天主隔離之暗域。

基督信仰沒有輪迴的說法，因為聖經未載此可能性。輪迴應是印度人的理性思維的發明。

在印度教、佛教以外亦有智者信輪迴之說，如Pythagoras。為輪迴辯護的科學論證或許可用「通靈現象」解釋之。請參閱拙文〈一個神父看前世今生〉[1]。

入煉獄為補償罪罰，只為已悔改之靈魂。其得救已絕對肯定，但其罪罰不因悔改而消失。煉獄的道理為天主審判之慈悲及公平作伏筆。天主寬赦罪人，有罪之人賠補其罪過而有暫罰應屬合理。

煉獄使已悔改之靈魂內心之善澈底透明光亮，靈智火花蓬勃，所有的惡的痕跡一筆勾銷，靈魂潔白美如天使，此時可無愧地加入善人的大家庭，面見天主。

輪迴之說不乏有好的倫理效果，比不信有永生及來世的虛無論者更接近我們的信仰。

（二〇一七・九・廿二）

1 陸達誠著，《似曾相識的面容》，光啟，一九九六年六月，頁一四二——一五六。

沙特真是無神論者？[1]

一九四六年沙特在巴黎作了一個以「存在主義是否為人文主義？」為題的演講，開啟了全球對存在主義的狂熱興趣。沙氏於一九八一年去世，出殯隊伍逾二萬人。被他貼上無神存在主義標籤的海德格已於一九七六年去世，而他在演講中所標榜的有神存在主義者雅斯培於一九六三年，馬賽爾於一九七三年，亦一一殞落。隨著沙特的離世，存在主義最風光的時代終告落幕。可是不論在哲學圈內或圈外曾為存在主義粉絲的中年人對它仍念念不忘。

去年三月（二〇一七）商周出版社出版了《我們在存在主義咖啡館》，一個月內竟有三刷，可見華人世界還深被存在主義哲學吸引。這個五十年前的「時尚」，還是à la mode（該書作者為澳洲女士莎拉．貝克威爾。英文書名是*At the Existentialist Café: Freedom, Being, and Apricot Cocktails*），把咖啡館與存在主義並列實顯作者有促銷的天分。因為巴黎San Germain區的咖啡館是沙特和他情婦西蒙・德・波娃最愛去的地方。可見作者之談該學派逐漸褪色後半世紀，仍以沙特為核心。廿世紀與存在主義哲學有關的大師，不論是法國或德國人，她都環繞著沙特來察看他們當日的盛況。

書中提及的同代存在哲學家除沙特及其情婦外，尚有海德格、雅斯培、胡賽爾、梅洛龐蒂、列維

---

1 本文參考資料見陸達誠，〈有神及無神哲學對比下的宗教觀念〉，《存有的光環：馬賽爾論文集》，臺北縣新莊市：輔大出版社，二〇〇二，頁一〇一—一一二。

納斯、卡繆、馬賽爾、鄂蘭、韋伊……。作者熟知各家的思想，還穿插著他們交往的小故事，使沉重的思維被優暇的篇幅沖淡，使局外人念得下去。該書的布局是相當成功的。

筆者不想在這篇短文中仔細介紹存在主義，也不想把作者的思想再予以分析，單想從該書書名中出現的「自由」二字加以詮釋，並察看沙特對此詞看法之演變，來稍窺他對他一生堅持的無神論在去世前居然被他揚棄的記載。

尼采和沙特是上二世紀無神論的王牌。尼采的名言是「上帝死亡」，打開了批判神的大門。沙特則把上帝驅出現世，要上帝於人類文明中消失。為他，上帝是巨無霸式的「絕對他者」，只要神存在，人就得低聲下氣，卑躬屈膝，不能自立，故必須將祂除之而後快。一旦上帝被驅出，人不單可有自由，並有絕對自由。

這種謬論風靡了二戰以後的整個世界：人澈底解放了，人可決定一切，也可否決已決定的一切。人是「無」，且有「無化」的功能。沙特的主要著作以「存有與虛無」命名。

《我們在存在主義咖啡館》的作者貝克威爾引馬賽爾不對沙特按讚：

沙特對一學生說：「你是自由的，自己作選擇吧！」馬賽爾認為這並不負責任，而且犯上一個把「自由」和「選擇」劃上等號的致命錯誤。[2]

她強調：

---

[2] 莎拉・貝克威爾著，江先聲譯，《我們在存在主義咖啡館：那些關於自由、哲學家與存在主義的故事》，臺北市：商周出版社，二〇一七年，頁二四。

事實上，存在主義者大都接受了馬賽爾的看法，而沙特本人後來也改變了心意。[3]沙特如何改變了他的心意，作者沒有細說，但較早，另一位作者N. L. Geisler（Norman Leo Geisler，一九三二—）在他的〈現代無神論的崩潰〉一文（一九八四）中交代了沙特對無神論的反叛。[4]

一九八〇年沙特去世那年，接受兩次訪問，一次是他的學生李維（Beny Levy），訪問內容分三次在新觀察週刊（*Le Nouvel Observateur*）上發表（一九八〇年三月十、十七、廿四日）。另一次訪問由同一週刊的記者墨而納（Thomas Molnar）所作。墨氏是馬克思主義者，面對這樣的一位記者，沙特作了驚人的告白：

> 我並不認為我是偶然的產品，也不是宇宙間一撮塵土而已，卻是被期待、被準備、被預塑的某人。簡言之，是一個只有造物者可在此處置放的存有。而一個具創造力之手的觀念是指神而言的。[5]

這段告白引起沙特的情婦德波娃的強烈反應。她說：

---

3 《我們在存在主義咖啡館：那些關於自由、哲學家與存在主義的故事》，頁二四。

4 Norman Leo Geisler, "The Collapse of Modern Atheism"，見The Intellectuals Speak Out About God, (Dallas: Lewis and Stanley, 1984)。Ed. R.A.Varghese, 1984, p.136.

5 "The Collapse of Modern Atheism", p.136.

我的一切朋友、沙特的一切同志，以及編輯同人全都支持我對他的憤怒。[6]

從沙特數語及德波娃的反應中，我們不能懷疑地看到沙特死前採取了有神論的立場，揚棄了一生追逐的無神主義。雖然我們無法詳知這種改變的來龍去脈，亦不知這種信念影響到他的哲學理論到什麼程度，不過，這項資訊已夠耐人尋味。從尼采、馬克思到羅素等哲學界攻詰有神論之辯，竟會在廿世紀八〇年代結束在沙特的有神論身上，有神論竟變成了結辯的贏家！

在另一訪問中，沙特坦承他給人設計的終極目標到頭來是一個澈底失敗。且聽兩人的對話：

李維：你曾經說過，人們建立起一個未來目標，這個超越性行為最終也會失敗。在《存有與虛無》一書中，你描述一個人全心全意建立起一個目標，但卻沒有任何意義。人建立許多目標，但是基本上，人只有一個目的，就是要變成上帝，變成自己的推動力，因而也構成自己的失敗。[7]

沙特：我並未完全拋棄這個失敗的觀念。……每個人在即時的觀念和實際的目標以外，還有一個更為長遠的目標，我叫它做絕對的或超越的目標，所有實際目標與這個絕對目標有關，才會有意義。人們的行動的意義也在於這個絕對的目標。當然，對於不同的人，這個絕對目標

6 "The Collapse of Modern Atheism", p.136.

7 王耀宗著譯，《沙特的最後話語：存在主義大師》，臺北市：谷風，一九八七年，頁二三—二六。

有不同的內容；但是，其絕對性卻是共同的。希望是與這個絕對的目標連繫的，就像真正的失敗也是與這個絕對目標連在一起的。……絕望就是認為個人的基本目標是不能達到的，結果，人類的處境包涵著本質上的失敗。[8]

這一段話顯示沙特看清了一個事實：如果他堅持他的無神論系統，他的絕對是無法達成的，他的絕對目標是變成神，終其一生，他體認這種目標是不可能達成的，因此持這種目標的人註定要失敗。不過，從上面二段訪問中我們見到他已放棄了無神論，也可說他已放棄成為神的目標，而接受自己是受造及被塑造的事實，那麼，他又以某種方式超越了無神論的矛盾，踏上另一個邏輯平面。從有神論的角度看末期沙特及沙特一生可以這麼肯定：沙特的無神哲學內含的矛盾不能叫人達到圓滿，但沙特自己放棄了無神立場，使沙特躍入另一平面，而不致前功盡棄。

沙特由無神到有神的心路歷程，因為缺乏充分的資訊故難以推論。至少，他用了自己的自由推翻了他過去的立場，證實了他的自由理論的邏輯。我們可以懷疑的是：沙特真是無神論者嗎？是否在他無神的外殼下，他根本從未澈底甩去信仰的企嚮？若然，他只曾是一個反神論者，而從未真是個無神論者。

有神與無神之爭不會因沙特去世而結束，它還會繼續下去，刺激兩方去尋求更充足的理由來否證對方。不過，令人奇怪的是兩方都有一個共識：即認定自己的主張更有意義。從而可知意義之存在及重要是無法否認的事實。有神論認為神的存在構成人及世界存在的終極意義，而否認神之存在是否可說否定生命的終極意義？

（二〇一八・三・三十）

8 《沙特的最後話語：存在主義大師》，頁二三——二六。

信仰的治療功能

台灣的醫院很像連鎖店：榮總、慈濟、長庚，耕莘……都不斷地在各處開設分院。因為病人太多，醫院不夠。但為什麼病人會不斷增加？病又是什麼？為何醫療不能致「死亡」於死地？為何人終必要走入他不願去的黃泉之下？

每一個宗教對死亡都有一套解釋，但都肯定人死後並不全死，所以有「往生」、「永生」、「回歸父家」……之說。宗教人把亡者稱為「好兄弟」、「亡靈」、「中陰身」、「鬼神」等等。如果先人認為人死後一無餘存，一定不會去發明這些字彙來描摹先行者的。

死與病本來並無絕對的關係，但普通而論二者是相聯的，所以有「生老病死」之說。醫院之增設為使更多人恢復健康，驅走死神。可是到最後，有病或無病的人都逃不出死神的魔掌。

病有輕重之分，當代新儒家名師之一，曾昭旭教授把儒、道、佛、耶的生活或救治配合人的健康、輕病、重病及瀕死四種模式，認為四教對人生的健康能起不同的重要影響。

曾氏從生命的升沉來看四教對人生所能扮演的治療功能。

他在一條垂直線上選定一點，稱之為「原點」。此點是人生座標最正常、最暢旺之中心點。此處之人享受大量的自由，其心念一發而有仁與不仁之生；不仁為過，但此過尚未落實，通過修身的功夫可以改之，因此沒有往下墜落的問題。曾氏認為此原點即為儒點。[1]

自原點往右下降畫一小圓，回歸時與垂直線相交，再往上畫小圓之左半，終於原點。此小圓代表道家義理的功能。眾生因過失不慎而形成輕度病痛，脫離原點往下滑落，此時之過已與氣相合而形諸於外，變成人的負荷和倦怠。這種浮落之氣若不及時診治，可以繼續往下滑落，變本加厲，使生命的機能失去平衡。

幸而有道家接住這種滑落，使之坐忘休息而反璞歸真，讓生命內存的自癒能力發揮出來，這樣就可救治而貞定病情，再由左方逐漸上揚，以半圓形式回至儒家的原點。

但如果道家一關守不住，輕度的病痛轉成重病時，需有一個更大的圓來承托。此圓亦由原點出發由右邊下降，直至中間垂直線，其交叉點低於道家之交叉點，此為佛教之點。若佛學能救治此重病，再加以貞定，使之在左半以半圓形式上揚，則重病漸消，人可恢復健康，回到儒家原點。

佛教處理的是業障和煩惱，此為嚴重的病灶，一般診治（道家之自然無為）已無效，需佛的法門與法力來滅苦，必要時還須用「金剛霹靂的手段以降魔」。然而此時之主體尚有部分的自主力，尚能自動求醫。

至於耶教之功能乃救治滑到生命最底層之病入膏肓者，因此其圓最大，其與垂直線相交之點最低。而此類心靈已澈底異化，自主性完全喪失，無法自救，需一外來大力澈底支援，以「信」為絕對條件，服從律法，放棄自我，甚至接受毀體的考驗（殉道）。而上帝若給他最後的救援，使之自谷底

---

1 圖表引自曾昭旭〈從生命升沉的辨證歷程論儒道佛耶四教異同〉，牟宗三等著《當代新儒學論文集・總論篇》，臺北市：文津，一九九一年，頁一三二。

翻升，逐漸上揚一直到回歸原點。

耶教診治的是罪惡及心靈的死亡。但曾教授認為最後還是應從神力回到自力，人必須通過自覺，重建與上帝的關係。耶教的功能不是儒道佛可以取代的，是狹義的拯救。不過，其功能限於處於底層之人的需要，一旦回復健康，仍以儒為主。

以上是曾教授理念的簡略介紹。這是一種立體的四元人生觀，各有其位，各司其職，有助於四種生命場域。唯儒家是健康層，其他三教針對三種以輕重區分的病況，對症下藥，則各有其治癒功能。換言之，屢為國人稱為洋教的基督宗教也可納入中國人的治療脈絡中，成為中國文化主流之一。

把四教這樣的安排，誠是曾教授妙思之果。讀之頗覺合情合理。好像有人開了一家四層的「宗教大藥房」，每一層有診所和藥房。第一層為健康人需用的保養品總櫃。上面三層，即道、佛、耶三教的醫療中心。

曾教授認為這是在魏晉時辨孔老、宋明時辨儒道後的第三次判教，即中國傳統文化與耶教的判教。不過，把健康之人生原點限於儒家，似乎不夠正視其他三教亦有的正面功能。另外，即使有些知識份子把耶教稱為他力宗教，它亦未曾否定人性之內在力量。天主教與馬丁路德有其不同，後者才以為人性澈底敗壞，一無所能，全憑上帝之助方得超越。

總之，曾教授把基督宗教納入本土文化之中，這是新儒家的突破性概念，這應是近五十年來儒耶不少交流與對話的成果。中國知識份子若真能擺脫「洋教說」的魔咒，則對中國文化之發展大有幸焉。

（二〇一八・五・四）

成長的最後階段

去年（一九九九年五月九日）我在紐約上州給一個華人團體講：「從復活看天主教的生死智慧」。

道理結束後，一位女士前來看我，告訴我她在北美世界日報上發表過一篇名為「生與死」的文章，很想給我分享。有了我在耶魯的地址，她的文章傳來了。作者曾在台大修心理學，廿多年前常來在耕莘文教院參加活動，我記得她。

該文開始有一則非常生動的故事，茲錄如下：

一對雙胞胎在母胎中對話。甲說：「這裡好舒服，又溫暖，又柔軟，不費什麼力，就得到滋養，慢慢長大。太愉快了！」乙悲觀地說：「可不是嘛！但是，好日子不多了，等時候到了，我們就得離開這裡，到外面的世界裡去。據說出去以後，完全不同，你得靠自己呼吸，自己吮奶，甚至得靠自己走動呢！」甲聽了大驚失色，惶恐不已：「那怎麼得了！太可惜了！不！不！我不要走，我要永遠留在這裡……」時辰終於來到，乙領先出去了。外面傳來乙哇哇大哭的聲音，甲心中的害怕被肯定了：「完了！完了！顯然比我想像的更可怕，我逃不掉了。」

有一位生死學的作家說：人誕生時，嬰兒一人啼哭，周圍的人大喜大樂；人去世時，周圍的人嚎啕痛哭，亡者（善人）大喜大樂。真是很有趣的對比。以信仰的角度來看，善人的「死亡」應是他生命的頂峰，可惜周圍的人一般來說無法分享他的幸福。

筆者結束半年在耶魯的研究生涯，回台後，在輔大宗教學系開了一門新的課：生死學。在第一堂課中就開宗明義地說明：我教的不是生「死」學，而是「生」「生」學。第二個生指生入永恆之「生」。善人的臨終是他們進入與神最深刻最密切結合的時間。他們體會的快樂遠超過以往有過的任何一次宗教經驗，因為這次是面對面的被天主擁抱，被天主疼愛。經歷了這類的經驗，沒有人會想再退回來「活」的。啊，所有真誠的基督徒在他們一生末刻體會到的愛一定遠超過他們一生此類經驗的總和。這樣，我們怎能稱其死為「死」呢？

死是兇、是惡，應從該人之生是善、是惡來看。人一生為善而怕死，不敢面對死，是很遺憾的事。但大部份人，包括善人，都怕死，何以故？正因為我們對它無知，無知就像黑暗，人在看不到什麼的地方行走就會害怕，這是正常的。但有信仰的人，按信仰的倫理活出敬天愛人、不自私、無不正常之慾念的弟兄姊妹，即使在黑暗中行走，也不應該怕。基督徒更不應該怕，因為有神在扶持，有神在陪伴，有神在開路，走過「死亡之幽谷」。

有的人不怕死，但怕死前能有的心理和生理的殘害，如孤單、失智、疼痛、被人歧視、行動不便⋯⋯，好像一切精彩的都變成往事，走向的未來是別人無法分享和支援的終點站，每天都是等死。為這樣的老人或病人，現在雖未死，但已在死中。如果有信仰，他知道死是愛的通道，是一切意義和理想的高峰，他不單不怕死，還樂意地等待那一刻的來臨。

人生五十至一百年都好似在母胎中被懷孕的時期，只是這階段的孕育不是靠母體，而是靠自己、靠自己的所作所為、靠自己的修德行善，而到那個大生的時刻，是健是弱、是美是醜⋯⋯都由自己一生行為來定其因果。所以基本上與胎兒是不同的。要哭的話，不必像胎兒那樣等「生」後再哭，應在死前好好地哭，澈底懺悔自己的惡業，使自己改頭換面，變成一個真正可以參加天庭諸聖的理想「寶寶」。他的生是自己做助產師，自己接生自己，再呈獻給造物主。死亡不苦，死後更不苦，他高興至極，歡樂無比，聽上主說：「歡迎你，我等你好久了，你是我的愛子／愛女。」父子、父女的相聚怎會是痛苦呢？因為這樣相信，他死前的一個階段變成了「生命成長的最後階段」，充滿溫馨和幸福的期待。

請注意上面一句話「真誠的基督徒」。這篇文章是基督徒對自己未來的告白。局外人不一定能體會。但如果他們按自己的良知活好一生的話，不難懂其內涵，甚至也可在離世之刻被神緊緊擁抱。他們也可走過這扇門進入另一生，所以也能理解生生學之真諦。

（二〇一八・五・十）

追憶

思果老師，安息吧！

有一位老師，雖然不姓思，但我一直叫他思果老師，因為思果比較簡單，蔡濯堂，啊，我寫過，從未念過。

其實我只寫過一次，那是廿五年前的事：思果先生從香港到台灣領中山學術文化基金會所頒的文藝散文獎。得獎的作品是《林居筆話》，這是大地出版社出版的書。他來台灣三天，我陪他三天，他回香港後，我寫了一篇文章〈思果先生回國領獎有感〉，寄《教友生活周刊》（一九七九・十一・廿二）發表。

文中我說知道他到台北後，就去他投宿的基督教青年會旅社。想不到同他在電梯中下樓時，同梯中一個男服務生，望了思果一眼，就尊敬地說：「蔡老師」。筆者和思果都「大吃一驚」：怎麼可能一個在異邦的陌生人會認識住在香港的思果先生呢？

其實，當他在簽到時，櫃台前的小姐看到他的大名就相視而笑。原來他們在中學的國文教科書上已賞識過他的文章，知道思果的本名。那位男服務員還說：「蔡老師，我們都喜歡您的文章，仰慕您的人格，希望您繼續為我們年輕人寫啟發性的文章。」第二天，蔡老師向大地出版社姚宜瑛女士要了一本《林居筆話》，簽了字送給這位青年。

那篇文章中我寫了蔡濯堂三個字，以前從未寫過，以後也不再寫，因為我給他寫信，信封上都用 Francis Tsai。

六月十九日在聯合副刊上看到「思果先生在美去世」，心跳加快起來，怎麼會……？思果生於一九一八年，今年已八十六歲，本來已享高壽。由於他很注意健康，每天作八百下伏地挺身，[1]從前經常慢跑，後來改成快走。一九九〇年我從紐約飛北卡羅來納州去拜訪老師，在電動梯下來時，看到當時年已七十二歲的老師飛奔地往另一個方向跑，一定是他以為自已遲到了，怕我找不到接機的他而著急，所以他必須奔跑才能讓我少等，讓我少焦慮。下了電動梯，往他跑的方向走，很快地就找到了他。他一點不喘氣，因為慢跑數公里是他數十年來每天的功課。不過年紀不饒人，八十六歲究竟不年輕了。一、二個月前我給他寄光啟出版社托我代寄給他的版權稿費，還未收到回信，大概那時他已經體弱到無力書寫了。

一九九〇年那次拜訪中，他告訴我，我是他移民美國十多年來第二個訪客。北卡羅來納距離華人居留較多的東西二岸太遠了，所以許多老朋友到了美國用電話與他寒喧一番，不會專程去拜訪他的。後來有幾位文人，如王璞、廖玉蕙、香港的關傑堂神父去過北州。前面二位，一位拍了DVD，另一位寫了頗長的訪問稿，給愛他的讀者留下寶貴的紀念。這十數年，總算有較多的朋友接近了他，使他少一份隔離的感覺。

思果於五十年代開始寫作。早期二本散文集《私念》和《藝術家的肖像》風靡了台港及海外歡喜文藝的讀者。就筆者所知，愛讀他文章的作家計有：余光中、姚宜瑛、隱地、亮軒、楊牧、白靈、劉靜娟、魏子雲、瘂弦、高信疆、梅新、趙滋藩、李歐梵、司馬中原、方豪等。

思果是非常虔誠的天主教徒，筆尖常流露出信仰的點滴。此外，在上班的路途中，不論是在巴士或渡輪上，他細細地觀察周圍的一切，從人的外形到動作，巨細靡遺地讀入近人的內心乾坤。

[1] 思果，《我八十二歲非常健康》，張智麒，臺北市：文經社，二〇〇〇年。

「私念」可能是一種不付之於行動的慾念，是別人的，也可以是他的自我寫照。這是一種有距離的鏡頭，照到了社會百態，有一些諷刺的意味，但不會傷人。這類富幽默感的文章是思果從英國散文家那裡學來的。後來他在《讀者文摘》當編輯，又給香港天主教公教進行社譯書，散文風格漸變，但韻味還在。

大地出版社姚女士在《林居筆話》的封底上印了下面幾行字：

> 思果先生的散文是純中文的散文，沒有洋腔怪調，樸直自然，親切溫煦的風格，使他成為朱自清後成就最大的散文家。思果先生的作品，是放在書房裡發出書香的書，也是學習散文最好的範本。

思果旅美後應邀在台灣《見證》、《恆毅》等刊物上寫專欄，也在中央日報、聯合報、中國時報副刊，以及香港明報、公教報上發表文章，主題有關生活、信仰、閱讀等，落筆更淡，白話到底，所以喜歡文字雕琢的編輯會減少向他邀稿。但這些文章顯出他的童樸之心，是接近天主的單純，應是蒸餾過的智慧原汁。

筆者在香港時（一九五七—一九六〇）曾拜思果為師，學習英文寫作半年，故一直以師尊之。今老師仙逝，特撰短文紀念之，願老師在天主的懷抱永享平安和喜樂。

（二〇〇四・八）

項退結教授回歸父家

項退結教授於九月九日清晨在耕莘醫院逝世，願天主歡迎他到永恆的天鄉，享受天主許給信友的真福。

如果說輔仁大學是台灣各大學哲學系和師資的搖籃，那麼稱項老師為該搖籃的保姆之一，他是當之無愧的。在輔大念哲學系所而後散至台灣各大學去創立、主持、任教的校友比比皆是。而他們在輔大求學時，對西方哲學，尤其是西方當代思想受惠於項老師的學生不計其數。項老師在教書外，也辦哲學刊物（如早期的《現代學人季刊》、《現代學苑月刊》及稍後的《哲學與文化月刊》），所以他的影響超出輔大的藩籬。當時在各大學念書的大學生對他的文章都爭先一讀為快，他給台灣學生開了一扇窗，使人嚮往另一幅美景。

七十年代中旬他接了由方豪、趙雅博二位神父交出的棒，擔任政大哲學系第三任主任，在位六年，他使政大哲學系嶄露頭角，成為台灣哲學重鎮之一。他的學生沈清松先生以後接了他的棒，也接了中國哲學會羅光理事長的棒，使台灣哲學活動大幅增加，大家有目共睹。

項老師雖然去世了，但他的影響不會消逝，甚至可說與日俱增，因為好的哲學書不像科技書會陳舊。老師寫的書永遠不會缺乏讀者。古人所謂的三不朽：「立功、立德、立言」，項老師都有份。

說到才華，我們必須提及項老師在廿三、四歲時寫成的《新答客問》一書。該書在戰後於北京上智編譯館出版，立刻引起大家注意，公認他是「公教思想界的明日之星」。[1]今日讀他五十年前的「老」作品，感到一樣自然、清新、活潑、幽默、有深度。項老師冰雪聰明，言之有物、清晰易讀。從未聽人說讀項退結的書會一頭霧水、空洞貧乏。連專治中國哲學、當時已成名的韋政通教授也對他佩服到極點，「甚至逐漸走出由其師牟宗三先生主導的新儒家園」（見同序）。

再提一下項師的其他作品。他翻譯的《西洋哲學辭典》公認為社會科學界研究同人必備的工具書。《現代存在思想研究》、《邁向未來的哲學思考》、《中國人的路》、《人之哲學》、《現代中國與形上學》、《中國民族性研究》、《海德格》是另一些膾炙人口的作品。從這些書目看來，項老師的研究的焦點是當代思想和未來學。他也關心東西哲學的比較和融合。現在大家熟知的德日進、馬賽爾、卡繆、海德格、雲格、意義治療學等都由他逐步介紹給國人而成為顯學。

除了上述的哲學成就外，還可一提的是他對文學和音樂的愛好。

項老師自幼熱愛文學，也寫過一些純文學作品；但一旦踏上了哲學的不歸路，就改變了寫作方向，他以高度的文字技巧寫理論性的文章。此外，雖然他不寫散文和小說，但為培育文學創作的人才，他從德國朋友處募到一筆錢，敦請鄭聖沖、陸達誠、沈清松、易利利為委員，舉辦了數次「天主教智苗文學獎」，數次徵文和頒獎，出現過幾篇佳作，但未達到傑出寫作人的水準。

音樂方面，他很早就彈風琴和鋼琴，他常作曲和改編西洋聖歌。去年（二〇〇三）出版了一本《聖樂清芬》，共一〇一頁，這是他創作及改編的成果，其中大部份配有自創的和聲或陪奏。八十大壽時他把該本樂曲贈送給賀壽的朋友。這應該是他最後的一本書了。他知道自己編譜的〈天主經〉廣受各教堂的歡迎，尤其是耕莘聖心堂，非常欣慰。家中有宴客時，用飯後，他便去鋼琴上暢彈他的新

---

1 見該書臺灣版《解開信仰的困惑》陸達誠序，臺北市：上智出版社，二〇〇三年。

作，一彈不可收拾，客人走後，他還會彈下去。可見項老師的最愛還是超概念的音樂，他的思想中充滿音樂，被音樂滋潤，那是一種天上語言吧。想他今日可常用此語言表達心志，一定是活在極大的喜樂之中。

但願天主賜給項老師永久的安息！

（二〇〇四・九）

美詩傳真情

四十年代上海有位年僅廿六歲的嚴蘊樑修士撰寫了一本《玫瑰集》。蘇雪林教授賜序，提及為該詩集題詞的吳經熊先生「亟賞之，喜為大器」。蘇教授本人亦不吝獎掖：

修士敬愛聖母，異乎恆人，故其向天上元后謳吟時，一片孺慕之情，流自肺腑深處，洋溢於字裡行間，故其詩才藻之美，尚其餘事，至性所露，感人極深，豈尋常空言頌聖者所可比耶？修士嘗語余，寫此詩時，日虔禱聖母，求加啟迪，聖母亦若不肯負其苦心，每於冥冥之中，指導其精神飛翔之方向，余讀《玫瑰集》而信其言之非虛也。[1]

蘇教授稱此詩集之靈感來自聖母，但亦由於修士「篤孝極感之誠有以致也」。

吳、蘇兩位前輩所言極是。嚴蘊樑神父（筆名達欒，曾為信仰入獄三十餘年，假釋後於九十年代病逝）一生孝愛聖母，並藉典雅的詩文表達他對聖母的深情。聖母的愛徒無法計數，但能透過文字尤其是詩，表達這份深情的不多。從嚴神父的詩中，我人可以讀出他靈魂的瑰寶。嚴神父有一顆被瑪利亞的愛燒得透紅的心，他以精純的詩向慈母誦禱，二人關係遠超一般母子。當這份情緒沉澱成形

---

[1] 嚴逸老，《三色玫瑰詩集》，臺中市：光啟，一九六〇年。頁三—八。

時，他的筆開始動起來。筆者要介紹嚴公的另二首詩〈晨禱〉和〈晚禱〉。這二首經文在過去五十年中不斷滋潤我並使我常飽滿於愛情之海。每次虔誦它們，就感到極大的憩息和安慰，內容一直新穎，念之永不厭倦。

晨禱

曉風微寒、晨光清明，醒來呼母甘飴名；
慈母慈母！垂顧俯聽：膝前兒歌獻童心！
好友耶穌，佇候聖臺，今晨將臨我胸懷；
慈母德馨，猶如玫瑰，請滿兒心迎主來！
日日奮鬥、始在今朝，為主為母神形勞；
慈母賜兒，聖寵豐饒，基督馨香隨身飄！
世間人物，盡是空虛，煙雲過眼只須臾！
賜兒聰慧，心莫躊躇，但愛慈母亦步趨！
茫茫世海、風雨傾斜，兒如浮萍飄天涯；
慈母！保我平安歸家：童心純潔無纖瑕！

作者將自己變回「斷奶的幼兒」，在母親的懷抱中「得享平靜與安寧」（聖詠一三一）。對象是聖母。每一句，每一字都充滿了孺慕之情，是一個懂事的孩子向母親的親切問安。天一亮，這股真情由衷而發，可見睡眠都不能間斷這份濃得化不開的母子真情。而隨著這個祈禱，展開一日的生活，分分秒秒在慈蔭內。

晚禱

暮色蒼微，人靜聲稀：正是黃昏祈禱時；
前來省慈，膝下偎依：聖母垂顧兒在斯！
一日艱辛，事主未勸，幸托庇廕望慈雲；
母慰兒心，消我俗情，神形平安終宵寧。
僕僕風塵，心緒紛紛，薰染世間流俗氛；
向母投奔，復獻心身，為兒清滌保天真！
習習晚風，隱約暮鐘，唱罷禱歌睡意濃；
拜別慈母，念念心中，依依不捨夢慈雲。
慈母慈母！和藹溫柔，聽兒晚禱向母求！
消我愁緒，閉我倦眸，心神偕母天上遊。

唸著唸著，禱者飄到中世紀的山谷，一片寧靜，暮鐘隱約蕩漾在微風中，逐漸遠颺……。心神卻回歸到慈母身邊，啊！不可思議的愛和安慰！慈母慈母，妳在哪裡，妳在之處即是我的家鄉。沒有妳在，生命無常，人同草木，如何叫我活得下去呢？

嚴神父把他對聖母的感情傳給了別人，使他們也進入慈母的光暈中，體認永恆的安寧和天父無法言宣的深愛。他給天父和聖母增多了子女，使他預嚐來日永福的滋味。謝謝您，嚴神父，我的恩師，願您今在天國慈母身傍永享臨在的幸福。

（二〇〇五・二）

智者若望廿三世

我對教宗若望廿三世的敬愛深存我心近五十年。想到他時，腦海中就會浮現一副慈祥的面容。我怎麼同他結的緣，以及為何我會在現時現刻談到他，謹請繼續讀之。

一九五七年六月我由滬赴港。一年後醫生要給我的肺部開刀，根除舊疾。我為了開刀住入醫院，一共住了十個月。前面四個月是準備期。後面六個月是靜養和復原期。開刀前後，隆嘉禮樞機當選新教宗，取名若望廿三世。每週收到公教報時，我閱讀每則有關新教宗的報導，追隨他的每一步履。每次端詳他的玉照，看到他慈祥的面龐時，喜悅、和平及希望的心情油然而生。仁慈的天父賜給了我們一位如此可親可愛的牧人，使我們對教會的未來充滿信心。這為才從教會被迫害的世界中走出的大陸青年感受特別深刻。當時大陸的天主教還在淒風苦雨中苟存呢！

每天大部份時間我都躺在床上，所以有足夠的時間細讀報紙。每逢郵差送來公教報，我就迫不急待、一字不漏地閱讀。這樣我能跟隨他一週又一週地活在天主的恩寵裡，身體也慢慢地康復，次年四月終於出院，準備去長洲繼續初學的陶成。

這位教宗之所以具有魅力，因為他不單長得慈祥可愛，也因他的風趣幽默，他常能出人意料之外地講出富有人情味的話語。

若望教宗登基後一、二個星期，去訪問羅馬的監獄。那邊的囚犯太意外了，圍著教宗，要親眼一睹他。教宗看到他們，親切地張開雙手說：「可愛的朋友，你們不能出來看我，所以我來看你們了。」我們可以想像那些犯人多麼感動，體會耶穌說過的話：「我在監獄裡時，你來探訪我」。他們在若望教宗身上看到耶穌自己。另一次，當他還在巴黎當教廷駐法大使時，有一次總統宴客，隆嘉禮樞機也在場。突然一位雍容華麗的貴婦進入大廳，她穿了一件超低胸的禮服，全場都看到了她。隆嘉禮樞機後來說：「我發現大家的目光不是在看她，而是在看我，要看我是否也在看她。」很有趣吧！

美國甘迺迪總統夫婦拜訪教宗時，教宗的助理告訴他應當如何稱呼二位貴賓，尤其是總統夫人。他試了幾個官場用的稱呼，還在斟酌時，二位貴賓已進入會客廳，教宗突然伸開雙手，一聲杰奎琳（Jacqueline）！使全場驚動，這位教宗真會爆意外。

在不少正式場合中，他本應照本宣科地讀由別人準備好的稿子，不料他念了幾行，就交回助理，開始不用講稿，自由地講話，這種做法完全不符合官場的遊戲規則，但卻贏得人們的喜愛。

一九六二年十月蘇俄為對抗美國，遣發二十五艘裝滿核彈的軍艦去古巴建立基地。當這些軍艦駛近古巴海峽時，美國總統甘迺迪發出通牒，限令蘇方在四十八小時內撤退，不然就開戰。同時八艘美國航空母艦已奉令駛出。軍事專家估計這場核戰會使廿多億人死亡。蘇俄的回應是美方必須先撤軍。兩方都不願相讓。在這千鈞一髮之時，意大利總統懇求教宗干預。教宗作了一次全球廣播，強調這片土地上的強人應當聆聽已上達天聽的憤怒吶喊，不要充耳不聞。最後他說：「讓全世界的人民免於戰爭的恐懼吧！沒有人能預知戰爭可怕的後果。」演講完畢，教宗進入小聖堂祈禱。數分鐘後，他的助理進堂告訴他，美蘇雙方都願意同時撤軍了，一場空前絕後的大浩劫終因教宗的干預而消解。

赫魯曉夫的女兒女婿一同前來拜訪教宗，表達赫氏願意響應教宗的和平的呼籲。教廷和莫斯科的關係開始解凍。以後數位教宗順水推舟地繼續和好之路，終於在廿世紀九十年代柏林圍牆傾倒、東歐諸國骨牌效應式的一個個地丟棄共產主義。

教宗若望登基後三個月就宣佈要開一個大公會議，即後來的梵蒂岡第二屆大公會議。這個會議使天主教面目一新，活力充沛，展開歷史新頁。這個大會從自閉中解放出來。推動對話使天主教與人類合一，彼此尊重和包容。這個大會的成果，我們並不陌生，所以就不多談了。

今年（二〇〇五）十一月四日至五日，輔大宗教學系舉辦「宗教智慧與智者」研討會，筆者忝蒙應邀發表主題演講。[1]最後一部份討論「智者」，筆者以教宗若望為例說明宗教如何給我們提供了如此優秀的領袖。教宗的人格、信仰、智力和影響力都足使他成為當代大智而無愧。這個研討會給了我機會：五十年來深存我心的對這位教宗的仰慕之情，終能一吐為快。藉此文筆者願與您分享這個快樂的經驗。

（二〇〇五・十二）

[1] 參見陸達誠〈宗教智慧與智者〉，《輔仁宗教研究》一三，二〇〇六年，頁一——二六。

新神父做了舅舅

四十年前（一九六九年六月廿九日）我與王秉鈞、和為貴、孫其模三位執事一起晉鐸。那時聖家堂還未裝冷氣，只有靠掛在高空的電風扇減溫。滿滿的一堂教友，得熬二個多小時的烘烘熱氣。還好，那時住家裝冷氣的不多，所以大家免去了額外的加溫。那天由羅光總主教主禮，他老人家才是活受罪的呢。

三位外籍新鐸的父母已於日前從加拿大、西班牙、意大利飛抵台灣，現在坐在貴賓席上觀禮。我的親人也不少，計有來自印尼的二舅主徒會王若瑟神父，來自香港的二位慈幼會雙胞胎哥哥及與他們同會的宋表哥神父，台灣方面有王愈榮表哥神父及慈幼會馬永定表哥神父。共六位，人數不亞於其他新鐸的親戚。不過我的親戚都是神父，不坐在教友的一邊。

到了領聖體的一刻，按例是新神父先給自己的父母及親人送聖體，然後給其他教友送。四位新鐸按禮儀師的指定，站在聖體欄杆的這一端，與其親人面對面，只有我的六位親人都不在我的面前。

忽然司儀用擴音機大聲邀請新神父的家屬走近欄杆領受聖體。三位新鐸的父母一個個地走出座位，準備領他們兒子一生第一次送的聖體；只有我，沒有人向我的方向走來。司儀看到我面前空無一人，便繼續大聲邀請。這個場面為我真是尷尬，因為大家都在等我的親戚出場，而我沒有教友親戚。

還好不久以後，有一位女賓從教友席中走了出來，一直走到我前面。我給她送了我送的第一個聖體。這位讓我脫困的女士是誰呢？她是我的乾妹妹劉亞興，半個月前才從輔仁大學中文系畢業。讓我解釋一下吧。

一九六七年九月神學院師生從菲律賓碧瑤遷來台灣。張春中院長神父給修士們安排了牧靈工作。而我的職務是到基督生活團服務中心協助鄭聖沖神父做他的助理。開學前，我數次到位於和平東路二段的服務中心報到，以了解實況。

就在那裡我遇到了劉亞興。她是輔大上智基督生活團的主席。那天她也是訪客。當她知道我住神學院，高興極了，願意請我去上智基督生活團協助他們討論神學。上智基督生活團的神師是周弘道神父，他和鄭聖沖神父與我大哥陸達源神父在上海是同班同學。我認識他已久，所以不加思索，就答允了。以後二年我與這二個基督生活團結下了不解之緣。此外我也參加基督生活團的地區性和全國性的活動。

後來劉亞興告訴我，她第一次見我就有似曾相識之感，因為我與她的亡父很像。她講的時候，眼眶內有淚水。就那時起，我們有了默契，雖然尚未稱兄道妹。

第二年暑假她須準備一個演講，在基督生活團全國生活營中發表。她要我幫忙。借地理之便，我只要跨過五一四巷就進入輔大，所以我去了幾次，幫她完成。

暑假過了一半，周神父帶了北部的上智團員去南部拜訪住南部的團員。我被邀參加。我們也去了住在台南眷村的劉亞興的家。記得那天下午，五、六個客人被劉家以水果等熱情招待。談了好一會兒，要告辭時，亞興轉身向她背後五位兄弟姊妹（她是老二）問了三個字：「像不像？」，五個可愛的年輕人一起點頭說：「像，像。」我抬頭一望，看到他們亡父的遺像，才恍然大悟：「原來他們在把我與他們的父親比較呢。」可見他們早已談過了。有什麼辦法呢，從此以後，我這個出家人就成了這個家庭的一員了。所以一年後劉亞興會以我的家屬身份，來領我送的第一個聖體，而數年後她的二個小孩都叫我舅舅。

（二〇〇六・六）

幸福的回憶

人人都對自己生命的某一部份有特殊的喜愛，如童年、大學期、戀愛期、留學期、新婚期等，筆者對逝去的七十多歲月有最深懷念的應是中學的最後二年（一九五二—一九五三）。當時筆者就讀於上海位育中學，但心靈的歸宿卻是耶穌君王堂。該堂離家步行不到半小時。筆者每天下午三點半放學，回家練半小時鋼琴後，就往心靈之家挺進。

因著相同的信仰，五、六十位青年在君王堂締結了不解之緣。這些男女青年，包括大、中學生，團團圍著副本堂朱洪聲神父，在他主持的道理班、聖詠團、輔祭團、禮儀團等組織中忘我地投入；並協助神父組織兒童道理班，辦三日退省，排練聖劇，籌備室內音樂會……，天天忙到七點半後才回家。這群青年在本堂內相識，產生血濃於水的手足之情。

當年凱玲就讀於震旦女中，與筆者同年。她與四、五個好友一起參加君王堂的團體，所以我們天天見面。年輕的心靈被天主的信仰及良師益友的愛所滋潤，就像果樹上了肥，燦爛地盛開花卉。每天回家時心中飽滿，洋溢著幸福感。

當時的政治環境正好相反，從三反、五反，到「百花齊放、百家齊鳴」的運動，加上政府對教會的施壓，如驅逐傳教士、逮捕神長、迫害聖母軍，可謂烏雲密佈。君王堂的一群天之驕子根本無視於窗外的風雲，我行我素，過著另類的天國生活，只有「快樂無比」四字足以形容當時的心境。其實鄰近的聖伯多祿堂、聖依納爵堂、聖若瑟堂……何嘗不是如此。新約〈宗徒大事錄〉記載的五旬節，在筆者的上海經驗上全然應驗：在禮儀後，教友走出聖堂，在廣場上分享聽見的道理或祈禱的熱誠，經久不散。每人都被聖神充滿，天不怕，地不怕，切願像初期教會的信徒一樣為主殉道。

一九五五年九月八日夜間，警察把教會的領袖一網打盡，少說也有六、七百人遭到逮捕。二週後又逮捕了四、五百人。何凱玲當時只有廿歲，因參加過聖母軍，又拒絕向政府登記，才遭逮捕。一年後被釋放（很多公青如此），當時筆者養病在家，凱玲曾來探訪。言談中流露對天主的信靠和對教會的一片忠誠。筆者於次年大鳴大放運動期間申請至香港治病，而與上海朋友失去聯絡。但凱玲的父母於同期亦去了香港，故能知道一些消息，知道凱玲於一九五八年再次入獄，被判七年，發放至浙江勞動，其妹亦入獄，因病被遣回家，不久去世。何家伯父母於數年前因二個女兒的影響領洗入教，豈料為信仰要付如此代價。他們為孩子痛心，但在信仰上毫不動搖。凱玲勞改七年後，被迫留在工地，廉價服務，每月只有三元美金的薪水，且須自付膳費。

一九六五年凱玲首次回上海探親，偶然中認識了她未來的丈夫，喬。喬是醫師，因信仰被發放至貴州服役。他們通過重重困難，終於獲准結婚。二人只見過一面，所以當喬到浙江成親時，路上相見不相識，喬還向她問地址，才知道問了一個要找的人。他們只能相聚一周。洞房是向上級暫借，原作為學習用的空房，蚊帳和床單也是借來的。他們找到一家小飯店，叫了二碗麵。她說：

> 兩人端起麵碗不禁相視而笑，我們笑這普天下最貧乏的婚禮，一沒有宴席，二沒有來賓，又沒有音樂，也沒有花朵，更沒有任何禮儀，甚至交換婚戒等，只有二顆愛天主的心。[1]

---

1 何凱玲，《勞改營中的天主兒女・續集》，臺北市：九八編輯委員會，二〇〇六年，頁一三。

二年後，歷經千辛萬苦，凱玲終於得到上級的批准，調到貴州工作。第一個聖誕夜簡直是聖家聖誕的翻版。按她的描寫，他們的住處比馬槽好不了多少。但新生活開始了，他們一起祈禱，一起照顧病人。七年後（一九七八年）兩人才得平反。次年獲准赴港，帶著三歲的凱兒共赴自由的新天地。

在香港見到慈愛的父母，一別已廿一年，天哪！

一九八一年凱玲動筆撰寫《勞改營中的天主兒女》，三個月完成。[2]此書由耶穌會白禮達神父（Fr. Brady, S. J.）譯成英文，由萬神父（Fr. Mario Marazzi, PIME）譯成意大利文，逐漸受到矚目。一九八六年凱玲一家移民至美國，七年後由萬神父邀請至羅馬覲見教宗，亦赴露德朝聖，並到歐美各地為主作見證，聽眾屢次深受她的言談感動。這是中國教友熱愛教會的見證。他們定居美東康州，生活安定，二個兒子學業有成，焉知天主又給了她一個考驗。她在本書〈後記〉中說：

二〇〇五年三月中旬得知我患了胰腺癌，且已擴散到了肝部，已屬晚期。[3]

開始時，她非常無奈、恐慌、混亂，甚至懷疑天主的作為，但慢慢地她安定了下來，知道這是天主給她的新的十字架。在拜苦路中她找到了力量，願意緊抱天主賞給她的考驗。

一年來，她一面就醫，一面決定寫《勞改營中的天主兒女》續集。今年春季她振筆疾書，想不到與她寫該書上集幾乎同樣的速度，全書一氣呵成，並邀請筆者為之作序。當越洋電話傳來老友沙啞的聲音時，我不作考慮，立即應允。我們在一九五一年認識，迄今逾半世紀。一面為她高興，能完成此

2 何凱玲，《勞改營中的天主兒女》，臺北市：光啟，一九八八年。

3 《勞改營中的天主兒女・續集》，頁一一五——一一六。

書，將獄中往事作完整記錄。藉由該書上、下集，筆者得以全盤了解凱玲於第二次入獄後的生活點滴與信仰實錄；也因讀到她的故事，及字裡行間迸現的火花，深受感動，感謝天主培育了如此秀美的靈魂，而她是我最好的朋友之一，我何其幸哉；中國教會及上海教區開出如此鮮花，何其幸哉；天主因此善靈大受光榮，整個教會何其幸哉。

凱玲，不要怕，妳愛的天主和陪伴妳一生的聖母決不會離開妳，他們必要愛妳到底，也要陪妳到底。我們都支持妳，妳的書將使我們及後人永遠記得妳，並因妳的見證而激發毫不保留的愛主之心。平安地回歸父家！請在主前記得我們，懇求天主寬恕我們，希望正如接待妳一樣，有一天上主也願意接待我們。阿們。

（二〇〇六・八）

和藹新牧的祕笈

去年（二〇〇六）年底，台灣天主教多了一位牧人，他是眾所周知的鍾安住主教。主教原是輔仁大學的校牧，也在大學和神學院任教。這位教授神父舉手投足給人的印象是一位真正的牧人，是天主寵愛的僕人。身份的直接呈露當然與主教過去的職務有關，他當過本堂、培育過修生修士，但更因為他已全然認同於聖召帶來的職務！一般說來，神父們因特殊的訓練而有其他專業能力，如學術研究、建築、管理、財務、社工等，但不少有專業的神職，往往他們的專業蓋過了神職身份。在大學教書本來較能配合牧靈，但許多在大學教書的神父在工作的壓力下，逐漸減少或放棄牧靈，甚至難以做好牧靈工作的要求。看到此類現象，不能不令人感到扼腕，因為他們似乎本末倒置。鍾主教是一位稱職的善牧教授。他內外一致地表現修道人的性格，故可為教授神職的典範。

神父當教授的不少，但不全像鍾神父那樣總是笑容滿面、和藹迎人。在鍾神父的生活世界裡，無人會覺得被排除在外。鍾神父常常高興地走近熟與不熟的師生員工，同他們寒暄，要認識他們，與他們為友。他有民主領袖的風範：放下身段、甘為眾人之僕。

做好神父、好主教有祕笈嗎？有。對於鍾主教，筆者試提二點，其一是他母親的教育，其二是慈幼會的影響。

在〈阿住仔的故事——小牧童到大牧人之路〉一文中，[1]主教說：「當他還不會講話時，母親就教他唸經了」。母親叫他先同天主和天朝神聖講話，再同別人溝通。母親要兒子愛別人之前先愛天主。主教修道後，媽媽說：「你在裡面修道，我在家裡念經和你一起修道」。主教十數年的修道生活是由媽媽陪伴著走過的。主教對人的慈祥溫和也是從他媽媽的母愛中自然而然地學來的。

其次，阿住仔為了修道入了台南教區的小修院。此小修院位於慈幼中學內。中學六年與慈幼會會士同住，潛移默化，性格和靈修上都受到青年慈父鮑思高的感召。念過聖鮑思高傳《十九世紀的偉人》的讀者，都知道鮑思高對年輕人超有魅力，他年幼時會變魔術、爬鋼絲，為了吸引比他更小的孩子來聽道理。九歲時夢見聖母和耶穌，他們要他用忍耐和溫良把頑皮得像野狼般的小孩變成溫馴的羔羊。鮑思高的一生事業就是在實踐聖母給他的這個任務：以愛來改造青少年。阿住仔那麼久與慈幼會會士在一起，一定感同身受，而把慈幼會的創會精神變成了自己的核心價值：愛青年，無條件地為他們奉獻與服務。所以與慈幼會較熟的朋友，一見阿住神父，立生似曾相識之感。（還好他在中學六年中未決定加入慈幼會，不然的話，台南教區會少掉一員大將，且因會士比較不會接受高爵，而使台灣失去一位如此的善牧。）

筆者所謂的祕笈即指慈幼會的影響。有慈母、熱心家庭、優秀的神師、出國進修……是許多修道人共有的經驗，但接近鮑思高家庭的可能性似乎是台南修生的特有的福份。阿住修士充量地吸收了慈幼會的特恩，而在自己身上綻現了一個如是這般的人格特點。我們在感謝天主惠賜新善牧的同時，除了想到感謝善牧的親人和一路陪伴他成長的師長外，也該感謝功德無量的慈幼會，因它使台灣也是中

---

[1] 鍾安住、賴効忠著，《與主同化：鍾安住、賴効忠晉鐸銀慶紀念文集》，臺南市：聞道，二〇〇六年，頁八三—八六。

國教會的大樹上，開出一朵如此鮮艷的花卉。

（二〇〇七・二）

世外桃源

七、八月在馬尼拉亞典耀大學教哲學，留下一個星期自由使用。首先我想造訪的是「生命之母」（Notre Dame de Vie）團體的會院。生命之母的會院距馬尼拉的車程至少二個小時。自己無車，又找不到朋友相助，因此二個月都未竟夢。八月間台北有三位該會的成員在那裡「靜獨」（solitude，為期四十天的靜禱），其中一位是李秀華老師，是筆者在輔大的同事，八年前也是她介紹我去法國凡那斯格（Venasque）參訪該會總院。這次也是李老師圓了我的夢。

菲律賓的生命之母會院原在馬尼拉郊區諾瓦里切村（novaliches），那裡除了培育聖召外，也有一所傳教學校，已有四十餘年歷史。起初，該區相當僻靜，今已繁囂不堪。所以他們到北部布拉岡（Bulacan）另闢新廬。二者相距五十里，但因都是蜿蜒小路，所以有遙不可及和遠離塵囂之感。

生命之母有神父的宿舍，負責的神父叫厄瑪努爾，每週末他去諾瓦里切的本堂獻祭。主日下午回家時他可以順便載我回去。這是李老師的安排。那天午後，我自赴諾瓦里切，在耶穌會初學院等他。下午三點正，一輛汽車駛入耶穌會初學院，汽車停下，筆者迎前，車中走出二位歐洲人，一位是高大的厄神父，另一位是年輕的法國修士，後者半個月前才在法國總院矢發初願，現與另一位法國神父一道來菲律賓體驗傳教士的生活一個月。我面前的是二位度聖衣會靈修的修道人，他們的隱居生活及每日長時間的默禱（早晚各一小時），使他們帶來一股歐洲高山隱修院的芬芳，這是一種無法描寫的聖德芬芳，筆者留歐六年中在不同的隱修院中多次見過、聞過。現在那些記憶整幅地回來心頭，這是多麼熟悉的感覺啊。筆者只能說：我似乎回到了自己心靈的家鄉一樣。

感動的體驗不必透過修院及團體，在接近他們二人時，就可立即感到他們是活生生的天主臨在的記號，他們的每一動作和言辭都顯出內外一致的調和，同他們在一起就像到了隱修院一樣。

車子開動了，我們用法語交談，想不到一講就是一個多小時，大家的觀念接近，言語相通，談得暢快無比。經過的許多村莊，大多簡陋，居民簡樸。抵達生命之母前有一段約半公里的苦路，路面高低不平，車速降到很低才可減少顛簸。苦路盡頭，出現一扇黑色大門，厄神父一按喇叭，就有人開門。想不到一入此院，柳暗花明又一村，內外是二個全然不同的天地。一條導向「雲深不知處」的車行道，二側環植大樹，車行許久，才到了盡頭。左側見到一幢歐式的新穎修院，層層疊疊，美輪美煥，周圍一片寧靜，令人如入仙境。啊，太美了，怎麼可能，在菲律賓的窮鄉僻壤會出現這麼一幢古老的歐洲隱修院呢？

車子降了速，繼續前駛，過了另一半開的鐵門，映現了一幢較小的屋宇，屋型雷同，幽雅飄逸，最可貴的是一片寧靜的氣氛，這不像是人間耶！

能造訪這所靜修院，真是「三」生有幸。因為連在古老的歐洲也不易看到如此無瑕的修道院。這所會院的主屋（有一百廿個房間）在三年前才落成，神父的宿舍（有廿個房間）一年前落成，難怪二屋的外型新穎無比，而它們均有歐洲最古老的隱修院形式。這塊三十公頃的土地是教友的禮物。房舍由一位來自法國的建築師會員設計。他與本地的一位女藝術家會員戮力作了整體規劃，使原來一塊荒蕪的野山坡上出現了這二幢美得叫人難以置信的屋宇。我想亞洲的天主教靜修勝地無一可與之相比。

生命之母成員（九百多位）每年須回法國南部的凡那斯格總院，作為期四十天的「靜獨」。現今他們有了第二總院，亞洲的成員不必長途跋涉，可以就地「靜獨」。倒是若干法國成員反來亞洲「靜獨」，使他們的會員多了一個選擇的可能。

二位台灣的貴賓捷足先登，一位是聖多瑪斯修院黃清富院長，另一位是教宗新任命的蘇耀文主教。他們已來五天，跟厄神父做避靜。在此世外桃源，聖神之聲必更清亮。相信二位神長都沐浴在天主的聖愛內，飽饗了天上的神宴，回國後，在他們的重要崗位上，必將大展鴻圖。

亞洲出現了這麼一幢靜修聖地，是亞洲教友之福。但願更多熱愛靈修的朋友知之、趨之，在生命之母的懷抱中深入基督的堂奧。

（二〇〇七・十）

徐志摩的學弟詩人景耀山

一九二二年揮手告別劍橋的徐志摩，絕不會料到半世紀後，另一位年輕詩人景耀山步他後塵也去了劍橋。徐志摩的浪漫性格，在「人間四月天」影集中為大家熟知，而他的詩作，如〈偶然〉、〈再別康橋〉，均為年輕學子百讀不厭的好詩。徐志摩在英國只待了二年，但他對英國的描述給人印象太深，所以後人較注意他的英國生涯，而忽略他也曾在美國留學過的事實。

景耀山神父留英八年，一九七七年帶著劍橋神學博士的桂冠回國。這時他已四十五歲了。景神父出國深造共十四年。他在日本學佛三年、在印度學梵文一年，在羅馬攻博士課程二年，最後延師英國撰寫論文八年（其中一年回國在輔仁神學院教書）。他研究的對象是英國紐曼樞機。據說在他論文口試之刻，主考官之一李約瑟教授（Joseph Needham，寫過十二冊《中國的科學和文明》的大師）拿著他論文中的一頁宣稱說：「只看這一頁，由它的英文和內容來判斷，我就可以准他口試通過。」可見景神父的論文不同凡響，而他的英文造詣更是無出其右。他的長上和同學對他均寄以厚望，相信他回國後必在學界光芒四射。

不料他回國後，並未重拾教鞭，也不與學界名流交往，卻以腦疲為由，要求長上讓他專事牧靈工作。他先後曾在彰化靜山和新竹西門街聖心堂服務廿六載，直到五年前（二〇〇三）罹運動神經元退化症（或稱漸凍人症），才離開他心愛的新竹，赴台北耕莘文教院靜養。今年八月遷至輔大神學院附設的頤福園中，不久逝世，享年七十六歲。

為他的許多同學，甚至學生，景神父是一個無解之謎：一位受耶穌會培育廿八年的頂級知識份子，在學成後居然不從事學術研究，亦無特殊中文著作（他只出版過一本收集他出國深造前寫的篇幅不多的小書，名《愛的課題》）[1]，帶著他所有的學問，不留一片雲彩，揮手而去。這是怎樣的一種邏輯啊？

筆者在他的房中找到了他從台北帶來的幾本手冊。其中一本記錄了他二〇〇五年十二月至二〇〇八年七月寫的廿五首詩的草稿，另有他的朋友為他打好的新詩四、五首。突然想起他是英國劍橋回來的學人，他像徐志摩一樣，最愛的不是銀行學（徐志摩在美國念的科系），也不是神哲學（景神父下十餘年苦功而得的學位），二人都著迷於文學，尤其是詩。徐氏寫得多一些，且不停地發表，成為眾所周知的名詩人，景神父沒有這麼幸運，他寫的詩不算太多，但他鍥而不捨地寫，一直到去世前一個月，實在令人欽佩。景神父不是大詩人，不是名詩人，但他一定是一位愛詩愛到極點的雅士。他的生命、信仰、使命和事業都要從他與詩的關係去思考，才能對他的一生有所了解。

景耀山是詩人，不是神學家，所以雖然他有神學學位，他不教神學。就像國父和魯迅讀醫，卻去從政和寫作一樣。景神父熟練辯證法並擅長抽象思考，但他天生的氣質是直觀，並傾向具體的事務。所以當他在參與仁愛啟智中心董事會後，他接觸到了會把情感不保留地表露出來的活生生的個體，同這些社會邊緣的弟兄姊妹來往，他如魚得水，也把內在的自己澈底地解放了出來。他效法法國方舟社文立安先生（Jean Vanier）和印度的德蕾莎修女，全心全力全意地愛這些被視為社會邊緣的弱智朋友。這樣，他的創作潛能大量地湧現，他寫了許多膾炙人口的詩和散文。

景神父在擔任仁愛啟智中心董事長期間，他日思夜想的都是這個中心，他自稱「新竹丐幫的掌門

---

[1] 景耀山，《愛的課題》，臺中市：光啟，一九七三年。

人」，不怕到處募款。從耶穌會會長那裡討到了一塊一千五百坪的土地，他在清華大學辦園遊會勸募基金，先後蓋了「好望角」、「晨曦學園」等家庭式的宿舍。這些成績都是靠他卓越的口才和動人肺腑的文章贏來的。他往年在學術上下的功夫，完全沒有浪費，充份地在擴大仁啟中心上表現出來。他又用他寫詩的天才，寫了一些院童輕易學來就可朗朗上口的歌曲，如「我們是好朋友」、「我們是天父的大寶貝」，唱得全院興趣高昂，充滿歡笑。他最後一篇文章叫〈皇帝笑了起來〉，就是描寫當皇帝也會笑時，整個乾坤都開始運轉起來。這篇文章景神父在去世前二天交給我，要我幫他送聯合報發表，這只能算是神父的遺作了。[2]

景神父是詩人，是一個會笑的詩人，是一個與會笑者一起笑的詩人。他愛詩，愛文學，愛大自然，愛生命，愛沒有面具的弱智學生，他用他有詩性的生命不斷歌頌天主，他整個生命就是一首愛的長詩，他是真正的詩人。

我們有幸認識了他，與他相處，做他的朋友，分享他的夢。但願我們將來繼續關心他的事業，特別是仁啟中心，繼續寫詩，或學習寫詩，也幫助別人寫美麗的詩。

（二〇〇八・十）

[2] 〈皇帝笑了起來〉，《聯合報》，二〇〇九年二月廿二日E三版。

神奇人物——三毛

在寫作會的眾多講師之中，自然不能不提三毛。當年她成名的時候，我人在國外，完全沒聽過她的名字，回國後才知道國內有這麼一位極受歡迎的女作家。

第一次見到她，是在《聯合報》的文學獎頒獎典禮上，我還記得那次是許台英女士得小說首獎。我坐在前面幾排，跟朱天文、朱天心姐妹很近。忽然兩姐妹跳了起來，跑向一個剛走進來的人，身穿黑衣，披著黑長髮，正是剛剛喪夫，從西班牙回國的三毛。

朱天文她們圍著三毛問她近況，她說了沒幾句，兩行眼淚就落了下來。我遠遠地看著，印象非常深刻。

不久之後，某日馬叔禮邀請我參加一場通靈活動。由於當年研究馬賽爾的關係，我對通靈活動並不排斥，基於研究的立場，更覺得有一探的必要，因此便答應了。

那天晚上，我和「三三」集團的一群年輕作家，齊聚在朱西甯先生家中，三毛也在場。在一雙方桌的四面，男女各半對坐，各用一手指點住畫有箭頭的碟背，請碟仙降來。之後碟子開始轉動，大家輪流發問，碟子便會轉到紙上的文字給出答案。

在場的都是博學多聞的人，請來的碟仙也跟別人不同，國父、司馬相如之類的古人全都請來過。我難免半信半疑，但是其他人都很可靠，應該不致刻意移動碟子作假。

三毛請出來的，自然是她的丈夫荷西。碟仙回答她的種種問題都很正常，由於知道丈夫仍在身邊，三毛的心情大為振奮。

散會後，我順道載她回家。在談話中，我老實告訴她，我沒讀過她的書，她並不介意，要送我五本她的著作。她還告訴我，雖然她是基督徒，不過正在考慮受洗當修女。我心裡覺得不太可能，因為修道需要極大的決心，以她當時的狀況，不太適合做這種決定。

不過，經由這次的交談，從此我也成了她的忠實讀者。

一周後，陳銘磻請三毛來耕莘領獎，我又有機會和她暢談，彼此更加熟絡了。

那時作家凌晨在警廣主持廣播節目《平安夜》，每晚十一點到次晨一點播出，我常常收聽，還會把她的節目錄下來，有時心情鬱悶睡不著，聽聽錄好的節目，很快就能放鬆沉入夢鄉。邊聽她的節目邊讀三毛的書，可說是閱讀和聽覺上的雙重享受。

後來我請三毛和凌晨一起來耕莘開座談會，我上台做開場白，說：「我現在最喜歡『聽凌晨，看三毛』。」聽得兩人哈哈大笑。

會後，我和夏婉雲招待她們吃餃子，席間有人要求我拉手風琴，我便拉一曲《Merry widow》（譯名：《風流寡婦》）調侃三毛，自己忍不住邊拉邊笑，她也毫不在意。

又過了一陣子，《聯合報》邀請三毛演講，假耕莘大禮堂舉行。我永遠忘不了當時整個大禮堂爆滿，排隊排到馬路上的盛況。

那次照例是我上台介紹她，我本想稱她為「傳奇人物」，但由於國語不太靈光，一時想不起來「傳」字應該讀「船」或是「賺」，一急之下竟衝口說三毛是「神奇人物」，實在很尷尬。而且那次演講全文之後在聯合副刊上刊登，也不知有沒有把我的口誤改掉。

三毛有時會請我去家中聚餐，她家是江浙人，我可以和她父母講上海話。當三毛沉浸在悲傷中時，會不時透露自殺的念頭。有一回她父親便當著我和凌晨的面斬釘截鐵地說：「我永遠不會寬恕殺我女兒的人。」意即若三毛自殺，絕不原諒她。三毛聽了父親的重話，從此便不敢再說出想自殺的言語了。

此後，三毛對通靈越來越熱中。試過碟仙後，她改用錢仙，當她讀完我送她的馬賽爾演講集《人性尊嚴的存在背景》一書後，又學到自動書寫的方法。她在紙上用西班牙文寫一問句，她的手就會自動寫出答案，她就以這種方式和亡夫溝通，每次結束後還會打電話告訴我談話內容。

我對於通靈始終是抱著「好奇」和「研究」的心態，嘗試一次就夠了，實在不宜太過深入。看她如此熱中，心中難免不安。但是她每次得到的資訊都算相當正常，而且她可以從中找到化解悲傷的力量，總比動不動想自殺來得好，因此我也不方便出言勸阻。

然而之後還是出了麻煩。一天夜裡，她用自動書寫和荷西交談，荷西要求三毛為他獻彌撒。三毛提出三位神父的名字問：「你覺得讓這三位主持彌撒可好？」

誰知對方卻斬釘截鐵地回答：「不要。這三個都不是好人。」

這時三毛起了疑心，懷疑此時和她交談的人已經不是荷西，便用耶穌之名命令對方說出他的真實身分。她的手動了起來，用粗大的字跡寫出幾個西班牙字：「魔鬼神。」

三毛大吃一驚，發現有惡魔侵入她和荷西的溝通管道，立刻停止書寫，命令惡魔離開，抓著十字架整夜祈禱、發抖。

第二天下午，她來耕莘文教院找我，告訴我事情經過，並且給我看前晚寫下的交談紀錄。我看到那粗大的魔鬼簽名，也是嚇了一大跳。為了安撫她，我為她奉獻了一台彌撒，並讓她戴上隆重祝聖過的法國帶回來的顯靈聖牌，她戴了之後，情緒逐漸安定下來。

接下來一年，她的生活忙碌而充實，過得相當穩定，也沒再接觸通靈之類的事物，並且不斷地行善。她曾告訴我，她每次收到稿費都會分成六份，捐給不同的慈善團體。我非常感動。

這裡還得再談談徐訏先生，也就是三毛的乾爸。

當年我在上海時，就讀過徐訏的《風蕭蕭》，不過一直到了當上寫作會會長，才有機會和徐先生結識。那時徐先生應高信疆先生邀請來台演講，耕莘自然也邀請了他，我和他交換了名片，聊了一會。直到和三毛談天，知道徐先生是她的乾爸，心中倍感親切。

後來我去香港，拜訪主編《中國新聞分析》的勞達一神父（Fr. Ladany S. J.，匈牙利籍），他對我說：「我下午要去醫院探望徐訏先生，你要不要一起來？」我這才知道徐先生病了，便跟著一起去探病。

徐先生住在香港雷敦治醫院，他的肺癌已經相當嚴重，由於醫護和家人的隱瞞，他自己還不知道病情，以為是肺結核。徐先生見了我，很高興地和我招呼。我應勞神父的要求，用上海話為徐先生講了四十幾分鐘的道理。

講完後，徐先生說：「你們真幸運，從小就有信仰。像我這麼老了才要投入信仰，已經晚了。」據勞神父說，徐先生近幾年一直在考慮受洗，卻總是沒下決心。

當我離開醫院的時候，心裡明白，以後再也見不到徐先生了。那時三毛人在西班牙，我寫信告訴她這件事，她一收到信便急著打電話去香港問候，可惜徐先生已經過世了。

勞神父告訴我，徐先生在過世前幾天，終於在醫院的教堂裡領了洗。他原本一直焦躁不安，領洗後就平靜了下來，走得很安詳。

只是，三毛難忍悲痛，再度用自動書寫和徐先生溝通。徐先生告訴她：「我很好，生活在一個光明平安的世界裡，不用擔心。妳幫我寫信給我家人吧。」三毛藉自動書寫寫下了徐先生的家書，徐太太後來拿了其中幾封給我看，並且告訴我，信尾的「徐訏」簽名真的很像本人的字跡。徐先生有個女兒在美國，由於她通曉法文，給她的信便是用法文寫的。三毛本身不諳法文，還是寫出來之後拿給朋友看，才知道那是法文。

之後，在《皇冠》雜誌上讀到三毛似乎曾參加「觀落陰」的活動。這類活動實在太過接近彼世，讓我覺得不太妙。但是我跟她見面機會不算多，總不能一見面就干涉人家的私事，只好保持緘默。況且，做為一個文學創作者，保持旺盛的好奇心也是必要的。沒有想到，不久就傳來她在榮總過世的消息。據她母親說，她去世前半個月，還曾告訴母親，她想做修女，只是這心願再也沒機會實現了。

各種流言繪聲繪影，說三毛的早逝是她熱中通靈造成的，我個人不敢斷言。我只相信，這樣一位善良真誠又熱情的女性，即使離開了人世，天主一定會引導她的。

（二〇〇九・四）

二位才學兼優的快樂大師

我在輔仁大學宗教學系教書。五年前退休，留在系內兼任幾門課。

數年前認識了二位快樂大師，她們目前是宗教學系四年級的吳麗惠和輔大哲學研究所的呂秋燕。二位都過了而立之年，是以在職生申請入系的。廿年前她們拜劉日一先生為師，學《易經》和民俗治療。在輔大上課她們喜歡坐前面，因此常常會吃到某些老師的聖水（口水也）。聖水與智慧逐漸進入她們求知的心靈，二位名列前茅，都得過書卷獎。秋燕去年在本系畢業後考入輔大哲學研究所，麗惠今年大學畢業，準備考宗教研究所。她一定會高分上榜的。

今年年初，我得病毒感染，顏面神經麻痺。右耳周圍劇痛。校醫開了五天的類固醇，吃完了又痛起來。嘴角彎了，喝水時水會外流。右眼無法關閉，耳後一圈敏感異常，無法戴眼鏡看書。在這無奈的困境下，二位大師出現了。

大約在病發後十天，碩士生與老師聚餐，系主任黃懷秋看到了我的顏面，竭力鼓勵我接受麗惠和秋燕的治療。她說她全身的疼痛在這二位學生數月調理之下，幾乎好了九成。她還說香港中文大學李織昌教授接受了她們的調治後，多年頑疾不藥而癒。李教授離台前說二年後他退休，要回台拜她們為師，專習這套功夫。

系主任一席話，使我立刻心動。第二天中午，主任帶了麗惠到我辦公室，要她給我試治。那次的調治把我的臉部肌肉鬆開了，精神好了很多。第二次在下班後，由麗惠、秋燕和學弟志航三人同時

「推拿」。那次治療不但使我肉體放鬆，精神也大為開懷。二個小時笑聲不絕。她們提到某次主任治療後回府，她老公見她渾身有紫紅血塊，就說：「這是那碼子的治療，簡直是施暴嘛。」施暴也好，治療也好，反正痛後換來的是脫胎換骨的輕鬆感。《易經》加持過的民俗療法有雙倍的療效呢。

麗惠和秋燕辛苦地把我從劇痛的邊緣上救了回來。三個月來每次治療時的談話使我感染了她們的快樂本質，使我身心靈一起放鬆，尋回健康和希望。她們實是才學兼優，樂於助人的快樂大師。我對這二位調治我身心靈的學生充滿感激之情。求天主降福她們不斷更上一層樓，精益求精，並使更多人分享她們的喜樂。

（二〇一〇）

老不了的「房老」1

二年前（二〇〇七）我到菲律賓給修士上中文課，恰好房志榮神父也在馬尼拉教修女聖經。他就請我去聖功修女會院共祭並用晚餐。席間，同桌的修女都叫他「房老」，房神父聽到這個稱呼，笑逐顏開，非常高興，我才知道我的老師有了新的名號，我們不必叫他「院長」、「省會長」、「所長」、「社長」，直截了當地叫他「房老」就行。「房老」是不是馬尼拉的修女發明的，待考。它的可用性實在太高了。各位看到他時，一句「房老」就可叫他笑容滿面。

台灣有二個政治立場對立的政黨，資深黨員媒體以「大老」稱之。「大老」當然是較年長、資歷深、有成就者。教會中亦有「大老」，「房老」二字大概是這樣來的。焉知修女們隨著「房老」也開始叫我「陸老」。現在是輪到我眉開眼笑了。一叫「房老」、「陸老」，關係就拉近了。還有，「房老」與「老房」不同。「老房」大概只有少數友人敢用。記得叫我「老陸」最頻仍的是王敬弘神父。「老房」、「老陸」不能亂叫，少叫為妙。但叫「房老」、「陸老」絕無問題，大膽地用它吧，甚至以這抬頭向樞機和其他長輩寒喧，一定不會有問題。

房老已有八十三高齡（一九二六生）。他這八十三年過得無一分鐘浪費。二十一歲（一九四七）負笈羅馬，以後十六年遊學歐洲各國：羅馬，西班牙、巴黎、德國；一九六三年回到亞洲時，帶著首

1 本文為房老於二〇一〇年出版之「口述歷史」所寫。

位華人得羅馬聖經學博士的記錄，精通八國語言，開始他迄今四十五年的教授生涯。記得已故的新竹杜寶晉主教曾嘆說：「可惜房神父入了耶穌會，不然他一定會當主教的。」房老沒有當上主教，但在主教高爵外，一切重要職位，如耶穌會中華省省會長、輔大神學院院長、輔大宗教學研究所所長、益世評論雙週刊社長……，他都當過。現在每年暑假還去馬尼拉給修女上課，經常帶團去耶路撒冷和土耳其朝聖，到真理電台錄製「東西經典對著看」，參加許多研習會並發表論文……，讓人感覺他有用不完的能量，實在是寶刀未老。說他是「老不了的房老」，可說實至名歸。

筆者個人受益於房老之處頗多，本文僅提二則。

首先是房老助我得償拜會唐君毅教授的宿願。筆者於一九六三至馬尼拉讀哲學。在中國修士的讀書會上拜讀了唐師的作品，被他強烈吸引。一九六七年隨碧瑤神學院遷台，很想在歸途中去香港拜訪唐師。房公知道後立即拔刀相助。他寫信給台灣的狄剛神父，後者在德國念書時，常以「張康」之筆名投稿至香港新儒家的《人生雜誌》發表。《人生》主編是王道先生。狄神父給王道寫了信，王道立即答允助我一臂。該年八月底我在九龍見到了心儀的唐師，沐其春風歷一小時。回台後還有過數次魚雁往來。這個邂逅對我後半生的影響一言難盡。四十多年來我從未失去對新儒家的興趣。而我一直認定我的宗教交談對象就是新儒家。相信唐師仙逝後仍在冥冥中指點我。感謝房老和狄老，他們幫助我結識了唐師和新儒家，此恩沒齒難忘。

另一件值得一提的是房老對耕莘寫作會的獎勵。念過《誤闖台灣藝文海域的神父》（口述歷史。第二版改名為《你是我的寶貝》）的朋友知道我這個非文學專業的耶穌會士被派到耕莘文教院做培育青年寫作的工作。三十三年來，高低潮迭起，一峰一谷地邁進。房老當省會長時（一九七八—一九八四）仔細閱讀寫作會出版的每期《旦兮》月刊，知道我們辦的課程多元，活動生氣蓬勃，學員向心力超強，就說：「耕莘青年寫作會可以媲美一所大學的文學系。」[2]哇塞，這是哪一種肯定，這是我做夢也想不到的讚美。這樣「陸老」就繼續投入此業，樂此不疲。可見長上對屬下的賞識和鼓勵是屬下開發勇猛潛力的關鍵。

房老永遠不會老，相反，他在他周圍不斷點燃生命的火花，到處開發出青春和希望的苗圃。我們可以說：在他周圍生活的人真是有福。

（二〇一〇）

[2] 房志榮口述，林淑理撰稿，《志在榮主》，臺北市：耕莘文教基金會，二〇一〇年，頁二四七。

宇宙聖祭——無獨有偶

在中國居住過二二年（一九二三—一九四五）的德日進神父（一八九一——一九五五），他的名字在說他力求上進，也標示了他對宇宙日日上進的洞見。他在中國不短的歲月中，大部分時間是在各地勘察與「北京人」有關的化石。他與不少中國古生物家締結了深厚的友誼。這段時期，他常常攜帶了隨身的行李走遍蒙古、戈壁、察哈爾、四川、廣西以及非洲、印度、爪哇、緬甸等地。他在遙遠的異鄉，沒有聖堂，他就在山巔舉行聖祭。面對著浩瀚無比的地平線，以及初升太陽的奇美無比的光輝，他萌生了「宇宙聖祭」的概念：整個宇宙被復活的基督所充滿，到處生命洋溢。身為司鐸，他用雙手捧起聖餅，也與基督舉起地球和整個宇宙，將它祝聖為一個大聖體，在宇宙祭台上奉獻給天主。他寫道：

上主，又一次地——雖然這一次不是在埃納（Aisne）的森林，而是在亞洲的大草原中——我既沒有餅酒，也沒有祭台，我要讓自己超越這些象徵，到達物自身的純粹尊榮裡；我，祢的司鐸，要使整個地球作為我的祭台，在其上向祢獻上世界的勞動和苦難。

在那裡，在地平線上，太陽的光芒剛剛從東方的天際綻露，又一次地，在這團運轉的火球下，充滿生命力的地球表面慢慢甦醒，幌動起來，再次開始其令人敬畏的艱辛勞動。噢！天主，在聖盤內我要放上這新的一天勞動所得的收成；在爵杯裡我將注入所有今日自大地的果實所榨取的新鮮汁液。我的聖盤和爵杯是一個靈魂向所有力量開放的深淵，這些力量即將由地上每個角落飛揚升起，匯聚於聖神內。[1]

這是德日進神父的「宇宙聖祭」壯闊的概念，豪情萬丈，意境深遠，有神祕密契的意蘊。

一九三八年，另一位耶穌會神父在清晨爬上了日本的富士山，使德日進神父的經驗無獨有偶。這是耶穌會的前任總會長雅魯培神父。他於一九六五年當選總會長，一直到一九八一年八月七日因中風而無法執行職務為止。在靜默中他又活了十年，終於一九九一年安息主懷。雅神父在梵二後挑起領導一個大修會的重任，在他的聖德和智慧引領下，耶穌會度過了一段超艱困的時期。今年是雅神父去世廿週年，值得其子弟緬懷紀念。雅神父得病前不久（一九八〇聖誕節至一九八一復活節），接受了一位法國會士的訪問。其中有一段描寫他到日本後不久，三十二歲的他與一個同伴爬上富士山的故事。一讀之下，發現與德日進的經驗非常相似，如出一轍。謹記如下：

我還記得很清楚，在日本著名的海拔三千多公尺的富士山頂上舉行的一台彌撒。……為了觀賞美麗的景色，必須在清晨四點以前到達山頂，因為六點以後山頂就被雲霧遮蓋，什麼都看不到了。

我們準時到達，在完全肅靜中舉行彌撒。……我們爬上日本最高的富士山，向天父奉獻聖子的全燔之祭，求主賞賜這偉大的國家全國的人民皈依基督。登山非常辛苦，因為我們必

[1] 德日進（Pierre Tdilhard de Chardin）著，梅謙立、王海燕譯注，《在世界祭台上的彌撒》，臺北市：光啟文化，二〇一八年，頁二九。

須趕時間：我們多次回憶亞巴郎與依撒格怎樣上山祭獻。到了山頂，日出的美景是無法形容的，它提高我們的心靈，準備舉行聖祭。我從來沒有在這樣美麗的環境中舉行過彌撒。萬里長空，潔淨偉大的藍天，在我們頭頂上，好像大教堂的圓頂；在下面是那八千萬尚不認識基督的日本人民。穿過物質的天穹，我的心靈直陞到聖三的寶座前，我似乎看見了天上的聖城耶路撒冷……[2]

為紀念雅魯培逝世廿週年，我們把他在富士山行祭的經驗敘述一下，且與他的前輩德日進神父相映對照，可以見到二位神父有過異曲同工的奧祕體驗。他們在整個宇宙中呼吸天主，與天主會晤，天主也使他們的心胸擴大，能擁抱天主和宇宙，並關懷眾生。

（二〇一一・六）

2 廸吉（Jean—Claude Dietsch）著，沈載祺譯，《天主教耶穌會總會長雅魯培神父訪問錄》，臺中市：光啟，一九八三年，頁四六。

單國璽樞機與宗教交談[1]

二〇一二年八月廿二日當天我在上海聽到單樞機去世的消息，當然與許多敬愛他的朋友一樣，有很多情緒，但都是正面的。樞機是一位不要做偉人的偉人，有幸與他接近的人，都體會到他散發的「如沐春風」，感受他平凡中的不平凡。

上世紀六十年代，單神父在彰化靜山修道院當院長，有一次來了廿多位年輕人，有個靈修活動。中午用餐時，院長帶領「飯前禱」後就不見了，原來他到餐廳的一角去舀湯，不是舀給他自己的，而是舀給所有的人。為人服務是他的第二本性。以後大家習以為常，不必找他的蹤跡，反正他一定在為別人忙。

筆者七月底去大陸前，赴輔大頤福園探望單樞機。他在餐廳裡用午餐，本來我只想陪他老人家坐一下，就回隔壁的神學院用餐。樞機慰留我，要我在那裡陪他吃水果。他提到我的一個曾訪問過他的學生，為了寫高峰經驗與瀕死經驗的論文而訪問他。[2]該生把樞機口述的話原原本本地放入論文中，樞

1 本文刊登於《新世紀宗教研究》第十一卷第一期，二〇一二年九月，頁九三—一一〇。

2 汪筱媛，《從天主教靈修高峰經驗與瀕死經驗談靈性的重要與開展：從單國璽樞機主教談起》，輔仁大學宗教學研究所碩士論文，二〇一一年。

機覺得太白了一些，本來修飾一下會較好。這件事，樞機已同我講過一次。之後我談起最近考了另外一篇有關慈濟「器官捐贈」的論文，我很受感動。[3]樞機說，他那個殘破的身體已不符捐贈的條件了。真的，樞機的身體多次接受手術及癌症的擴展，確是不適合捐贈。但他的靈魂相反，健康指數不亞於任何人。六年來他不受限於他殘破的身體，用他堅毅的聲音到處演講，使許多殘破的心靈獲得了修復。樞機實在是一位捐贈精神器官的長者。

樞機年輕時，曾考慮過做工程師、醫生……，最後決定做神父。做神父就是要澈底地效法基督。基督的特色是把最好的東西給別人，甚至自己的生命。有志做神父的人，決心畢生追隨基督，學習基督的思言行為，使自己變成第二個基督。此外，基督不單給，也接受施予，他接受過別人提供的食品、別人的善意和友誼。在授受的過程中，他指示了我們如何活出完整和豐富的生命。

宗教信仰要求皈依者百分百的投入，把自己崇信的對象和教義看成絕對的真理，即可以為之生為之死的真理。正因為如此，宗教間的張力特別強烈。翻開人類歷史，幾乎頁頁可見因信仰而引起的紛爭，甚至刀刃相向，血流成河。歷史的積怨，「以牙還牙」的仇恨竟植根在以愛為宗旨的宗教人心中，真是荒謬透頂。

基督宗教（包含公教、正教和新教）佔全球人口三三・〇五%，為世界最大的宗教，過去一直以啟示宗教自居，不屑與非基督宗教交談。教宗若望廿三世的出現（一九五九）逆轉了這種現象。他召開了梵諦岡第二屆大公會議（一九六二—一九六五），開啟了基督宗教對非基督宗教交談的新頁。基督徒還是相信基督是全人類的救主，但祂的救恩不限於有形的基督宗教內。天主聖神用不同的方式

[3] 賴惠鈴，《佛教對器官捐贈的理念與實踐：以慈濟器官勸募中心為例》，輔仁大學宗教學研究所碩士論文，二〇一一年。

在人類的優秀文化和宗教之中運作和播種。諸宗教在不停的交流、聆聽與合作時，才能見到真理的全貌。教宗若望要把天主教的窗門大開，要向一切具有善意的人發言和對話，要彼此尊敬與欣賞，一起尋求及實踐人類的核心價值。

單樞機於廿三歲時參加了耶穌會，六十六年來，他一心追隨基督，唯主是瞻。他從耶穌身上學到的是完全的愛，並願只為別人而生活。他在每一個人身上都看到天主的肖像。別人不同於自己，但都相似天主，因為天主是他們的原版。個人如此，宗教亦如此。各宗教都反射出天主的一部分，或某一面向，各宗教都有真善美的種子，都可帶人超越，潛入聖域。與不同的宗教人交談，能擴充原先的自己，建立更成熟、更完整的人格和教格。

單樞機在四十歲左右經歷了天主教內部驚天動地的改革，他完全接受大公會議的指示，對一切人和一切宗教有了更寬大的包容器量，無保留地與一切宗教人士交往。樞機的性格謙恭樸實，一下子就會使對方接受，雙方進入毫無保留地交談，變成莫逆之交。這是一種互為主體的關係。雙方不是主客對立，而是「我與你」或「你與你」的關係。這種關係不單可以與對象互通，更可與千百世東西南北聖賢溝通，而在此溝通中，天心現，天理見。唐君毅先生說：

> 吾人如知吾人自盡其心之事，可兼盡他心，則知吾之啟仁由義，乃既自盡吾心，亦上酬千百世與東西南北海之聖賢之心。聖賢之心原無疆，一切人之樂交天下善士之心亦無疆。無疆則無所不覆，無所不載，無所不貫，而凡我之生心動念，真足以自盡我心，亦同時兼盡聖賢之心與一切人之心，心光相照，往古來今，上下四方，渾成一片，更無人我內外之隔。肫肫其

仁，淵淵其淵，浩浩其天。是見天心，是見天理。[4]

單樞機就因自盡其心，而使其心無疆，能樂交天下善士。

媒體上看到令人注目的畫面是單樞機與聖嚴法師和星雲法師合照的一些照片，他們間自然流露的友愛，是有目共睹的。他們在不同的場合中一起分享對人類關切的議題，尤其是有關生死與痛苦的問題。他們以自己的經驗來點亮黑暗中摸索的心靈，使社會有了更多的光亮與希望。

單樞機去世後，各宗教都有代表來高雄參加告別禮，隆重地表示他們對樞機的肯定，也感謝樞機對促進宗教間友善關係的貢獻。但願台灣的天主教在這個機會下，緊隨著單樞機的步伐，繼續盡心與各宗教進行真實的交談，使宗教的友愛氣氛一直保持下去，成為台灣信仰的特色。

（二〇一二．九）

4 唐君毅，《人生之體驗續編》（唐君毅全集校訂版二刷卷三之一），一九九六年，臺北市：臺灣學生書局，頁一一一。

複製耶穌會會士的大功臣

至潔老友們要我寫杜公（Louis J. Dowd, 1911-1990）對耶穌會會內的影響及互動的感言。我覺得杜公對會內的極大貢獻是參與複製年輕的耶穌會會士的工程。怎麼講呢？今年三月十五日張春申神父去世，他的一生五、六十年都在從事台灣的神學教育，成績斐然，有口皆碑。他是對台灣半世紀以來神父、修士、修女、平信徒的神學教育最有貢獻的大師之一。耶穌會把會士的神學陶成有恃無恐地委託給他，目前八十歲以下的會士幾乎都是他的學生，他真是功在教會與修會。

杜華神父對中華省修士的陶成亦有如此的功德嗎？且聽我慢慢道來。

受杜公影響的耶穌會修士主要在「出試」的一年。「出試」指修士讀完哲學後到中學教書或做類似的工作。中華省在菲律賓有幾座中學，因此大部份早期中國修士在馬尼拉讀完哲學後被遣發至這些中學教書或做行政工作，至少一年，但不超過二年。在出試階段，長上可以觀察他的能力和特長，作為他讀神學後深造或從事某些職務的指標。修士在初學、文學和哲學的時段長達五、六年，他們多少積聚了一些靈修及俗學的知識，可以在教育崗位上施展其能了。開始出試，他的生活模式將從「為自己」而多年「苦」讀或「苦」修的修院生活轉換到「為別人」而活的社會性生活。

出試時雖然他仍生活在修會團體中，但他對內接觸的不是同齡的修士，而是比他年長得多的前輩，對外是學生、家長及學校的同事。他要在這個新環境中調整自己。

此外，他除了盡好本份外，可能還有獨當一面的機會，這時需要他發揮創意。譬如籌辦重要活動、應付突發事件。學生或家長需要諮商時，他要學以致用，體現學過的理論方法。他在忙碌的日程中是否還能忠於祈禱生活？他有傳教的熱忱嗎？和異性的交往與合作時能否活出獨身奉獻的平安和心靈的自由？

出試時生活形態變了：修士從「被培育者」逐步蛻變為「培育者」，逐步邁向成人的成熟性格。

中華省的國籍修士在五、六十年代都在菲律賓接受陶成。但稍晚來台的外國修士則在新竹華語學院學中文。有西班牙、義大利、法國、美國、奧地利、加拿大和南美等地。二年以後做一年出試。杜神父創立的青年中心是華語學院的比鄰。新來的修士都喜歡來中心與學生來往，使所學的中文會話可以學以致用。二年中文結束後，每年必有一位修士被派到青年中心出試。因此在中心待久一些的學生可以認識五、六位不同的修士。這也是一種難得的國際經驗。

筆者在一九六一年被派至中心出試一年，開始活「為別人」及「同別人」一起的生活：早上有默想和彌撒，下午念玫瑰經，晚上有講默想題，省察。週末有聖母會開會及彌撒，與學生一起打球……。週一必與杜公打網球。白天跟陳正誼學閩南話、教他英文。暑期與學生去日月潭夏令營，也教拉丁文；寒假與學生去靜山避靜。聖誕節與附近兒童一起觀看杜神父搭的電動火車。偶而去關西講個小避靜，還有帶學生拜訪聖衣院……。

老實說，與學校教書的出試修士比較起來，我的工作不算多。但一年間與杜公朝夕相處，看他那股強勁，從早到晚地為學生和工人策劃活動，印活動照片，寫信籌錢或感謝恩人，給傳教員講課培訓，還有監獄牧靈等，使我知道一個傳教士應該怎麼做。

因為杜公會閩南話、國語及上海話，加上他天生的幽默，所以常是青少年們的開心果。學生下午上完課就來中心，一起念玫瑰經，一天的疲憊頓時雲消霧散。週末的聖母會彌撒和開會大量充電，堅定年輕人的信仰。神父把自己的祈禱所得，聖神的加持，通過冗長的道理灌輸到學生的心中，在他們身上產生持久而堅貞不拔的信仰，這是有目共睹的。耶穌會長上非常清楚，只要把出試修士送到杜華神父那裡，一定可以結出出試的效果。我們從袁國柱（一九二七—一九九八）[1]、呂德良、劉建仁、馬德義、弘宣天、羅四維（Ross Daniel, 1922-2017）[2]、陳禮耕等神父，及在社會服務中心培訓的丁松

---

1 作者按：一九六五年袁國柱神父在臺南設立百達學生中心（命名為紀念殉道於中共監獄的耶穌會張伯達神父），袁神父在此照顧離家至臺南就學的青年，一九七三年創設百達山地服務團，培訓大專院校青年學生，利用假期至屏東霧臺各部落服務，包括兒童課後輔導、團康活動、農業宣導、儲蓄互助及醫療服務等。百達山地服務團的服務工作長達廿年。百達學生中心畢業成員組成百達友會，持續投入社會服務工作。一九九一年成立「中華民國我為人人實踐推廣協會」持續參與社會服務，可見袁國柱神父對青年與臺灣社會的影響深遠。

2 作者按：羅四維神父一生奉獻臺灣教育界，過世前九天拿到臺灣身分證，完成他的心願。羅神父擔任輔仁大學社會學系主任期間，積極籌劃社會工作課程，至一九八一年輔大成立社會工作學系，並由羅神父擔任首任系主任。當時臺灣在社工專業領域是一片空白，羅神父則是社工教育的先鋒與重要人物，影響層面包括：倡導臺灣社工的重要性，規劃與制定臺灣的社會福利制度，社工品質與專業的提升，社工對公部門及臺灣社會整體環境的重要影響等等。其學生遍及臺灣、香港、澳門、馬來西亞、美國等地，其中有縣長、大學校長、教授、民意代表、企業CEO，在中央或地方政府的社政、勞政、衛政或民間NGO社福團體，都可看到羅神父學生的身影。羅神父還把影響擴及國外，一九八〇年代多次帶領輔大社會系與社工學生，與日本大學的社會系共同研究，針對共同的社會問題舉辦國際研討會，拓展臺灣與日本的學術和城市交流。一九九〇年代羅神父更將輔大與國際的合作擴大到韓國、越南、泰國、柬埔寨、菲律賓、美國、印尼等地，促成臺灣與多國多所學校交流，並帶領輔大學生進行志願服務，如：為金邊難民及金邊大學設置電腦，在越南胡志明市進行文化與價值研討會，為柬埔寨村落募款、興建小學等等。又帶領輔大社會科學院「夥伴學習推展中心」在柬埔寨、菲律賓及中國大陸進行各種交流，與廣東中山大學合作開設「跨文化專題研究」課程，促成輔大社會系、社工系師生與大陸師生的交流等等。

筠[3]、張隆順等神父身上可見其一斑。杜神父自己不一定有複製會士的意識，但他的傳教熱誠、對青年學生和工人的愛護、創新的牧靈構想、忠心的祈禱生活、都銘刻在與他一起戮力奮鬥過的年輕會士身上。我們能不稱杜公為複製中華省耶穌會會士的大功臣之一嗎？

（二〇一五・四）

---

3 作者按：二〇一七年丁松筠神父去世後，因對臺灣社會有卓越貢獻，教育理念影響臺灣社會的終身教育，獲中華民國教育部頒發「終身奉獻獎」（該年首度增設之獎項），由弟弟丁松青神父代為領獎。丁松筠一九六七年到臺灣，一九七四年受耶穌會指派到光啟社擔任視聽部主任，一九八〇年接任光啟社代理社長，為臺灣培育無數傳播人才。曾在光啟社主持英語教學節目（傑瑞叔叔），獲移民署依特殊貢獻申請歸化中華民國國籍，取得臺灣身分證，卻在領證前一天因病過世。丁松青神父說哥哥是充滿正面能量的人，最擅長的兩件事就是鼓勵與微笑，還說要找到丁松筠一張不笑的照片很困難。丁松青則長期在新竹山區原住民部落服務。

一個母親的兒子

在修會慶祝我入會六十年，學生們慶祝我八十歲的當下，我唯一的想法是——我不相信自己已有八十歲了：我同廿幾歲的學生在一起，不覺得有太大的代溝。許多學生叫我「陸爸」，我不反對。這個稱呼是在一九七九年於耕莘寫作會與同學一起吃宵夜時有人開始叫喚的。結果它陪我一路到輔大。現在我退休了，學生偶然帶了小孩來看我，要小孩叫我爺爺，我卻希望小朋友同母親一起叫我「陸把拔」。

六十、七十、八十歲，都不算老，我一直是母親的兒子。生母在我十五歲時去世。三年後，聖母接下了她的位置。我的一生，一直受到這二位母親的照顧。她們仍在我身邊，所以我就不可以讓人叫我爺爺了。

讓我從頭說起吧！

我的生母年輕時參加上海的聖母會，即今日的基督生活團。她每天清晨參加感恩祭。她有七個小孩，五男二女，她希望他們都去修道。結果有三個兒子做了神父，二個入耶穌會，一個入慈幼會。我小的時候，她常指著右手手背上的一個綠色胎記給我說：「將來你到老人院找媽媽的時候，看到我這個胎記時，就知道是我了。」她願意七個孩子都去修道，自己老年時住到安老院裡去。

母親五十二歲去世，二個月後大哥晉鐸。母親出殯時我嚎啕大哭，聽到有人問：「這是哪一個孩子？」

媽媽疼愛所有的兒女。但我感覺她同我有更深的默契。她去世後，有人在她的皮包裡找到一封我在三年前她病時給她寫的信，（那時我住校，所以要寫信），表示她非常珍惜我那封信。

母親去世後二年（一九五二）我得到了聖召。次年中學畢業，我敲了上海總修院的門。

一九五四年二月，我們有一次去蘇州遠足。回來時，在火車站因一位修士的勸導，我突然覺得對聖母的愛在我心中燃燒起來。這把火一燒就燒了六十一年，以後當然還要繼續燒下去。

那年五月我照聖蒙福傳揚的方式把自己完全奉獻給聖母。此後，我的生命變得大不一樣。我決定即使要去天涯地角，我絕不放棄聖召。聖母無時不在，她是我的神師、我的伴侶。今日我已有八十歲，進入耶穌會六十年，我一點都不覺得垂老。聖母陪了我六十年，她還要繼續陪我，一直到我生命末刻，陪我跨越生死的門檻。我的死亡將是我面睹聖母的時刻，將是我一生的最高峰。

今年（二〇一五）七月在彰化做年度避靜時，我忽然覺得天主把我的親生母親引回來了。這一甲子，我一直靠在聖母的身邊，現在天主派我的生母也來照顧我，引導我走未完成的一段路。我算一算：十五歲時母親去世，之後過了六十年與聖母密切結合的生活，現在天主要我生母回來，大概也要讓她再帶領我十五年吧。未來的十五年我有二個母親陪伴著我，我真是太有福了。

再活十五年的想法是幻覺嗎？我不知道，但這很可以是天主在我八十歲時給我的一個禮物：祂派遣我的生母同我一起過這最後一個階段的生命。十五年是有可能的。

現在我的感覺是——天主待我實在太好了，有一首歌可以充分代表我的心情。謹把這首歌的歌詞錄在下面：

為何對我這麼好？　（詞／曲：盛曉玫）

走過熙攘人群，踏遍海角天涯，
找不到一份愛像耶穌。
祂撫慰我心，祂懷抱我靈，
測不透的不求回報的愛情。
愛到為我降生，愛到為我受死，
愛到體恤我的一切軟弱。
祂柔聲呼喚，祂耐心守候，
永不停息無怨無悔的愛情。
祂為何對我這麼好？
我雖然不配祂卻聽我每個祈禱，
或在寧靜清晨，或在傷心夜裡，
祂為何對我這麼好，
我雖然不好，祂還愛我如同珍寶，
此情山高海深，
主祢為何對我這麼的好？

我愛這首歌，因為它表達了天主通過二位母親而賜給了我的一切美好。它表達了我靈魂中最深切的感恩與祈禱。

（二〇一五・十）

最好的學生?

二〇〇五年秋季我從輔大耶穌會宿舍搬到神學院，與張春申神父住同一團體。一、二年後張神父停止教書工作。那段時間，他的失智狀況愈趨嚴重。三不五時會講些驚人之語，其中有一句是：「陸達誠是我最好的學生。」

喂，有沒有搞錯？這句話他在不同時空講過至少二次。我不怎麼相信，未加注意。最近神學院籌備給張神父出版一本紀念文集，向我邀稿。上面這句話就浮現了。好吧，從這句話開始，試著寫一些我與張神父的關係。

張春申神父是江南才子。他天智聰穎，勤勉用功，寫了五、六十本書，受世界各地華人重視。他五十年來坐定了中國神學的第一把交椅。一九六五年從羅馬念了神學博士回到碧瑤聖博敏母校任教，年僅三十六歲。次年就任院長。再過一年他奉命把神學院遷至台灣新莊。九月開學時校舍還未全部落成。上課時，建築工程之噪聲時有所聞，神學院真臨百廢待舉之初創期。當時，資深的外籍教授，一部份用拉丁文，一部份用英文教書。第二年逐步改成全用中文，不諳中文的老師到越南修院用法文授課。在這樣一個混亂的環境中，書生型的張院長也得改弦易轍，奔波在建院的煩瑣的雜務之中。

他在碧瑤初任院長時我開始念神學。第二至第四年在台北念，前後四年都是他的學生。我是他開始教書時的學生，並修完整四年課的第一批學生。我可以說是他「最早」的學生，但不見得是「最好的」學生。

一般而言，患失智症者記得較遠發生的事。他後期一定有過許多優秀學生，但他記不住了，而把一個古早的學生冠以「最」字。這樣，我就中了獎。

他用「最好的學生」來稱我，這個「最」究指什麼？單數或多數？指「比較好」或真的最好？我有自知之明，知道自己智質平平，成就也不多，絕對談不上「最好」二字。我曾被杜華神父戲說過我是廢物被他利用呢。

在馬尼拉我寫了一篇有關黑格爾的論文，晉鐸後至巴黎研究馬賽爾，但我天生有「過動兒」的傾向，所以一旦受命帶耕莘寫作會的文學活動時，研究幾乎停頓了十多年。

教書方面我不是天才型的教師，每堂課都要花很多時間備課，怎配被譽為他的「最」好學生呢。

我從一九六五年認識神父到他去世的近五十年中，很少聽到他讚美學生，所以我不會認真地聽他這句話。

一九六七年，碧瑤結束，大家整裝回國之際，因菲台學期時間的差異，我有近半年的暑假可用，除了八月我想去香港拜訪唐君毅教授之外（他那時在日本醫眼疾，預定八月回港），我有好幾個月在馬尼拉無所事事，就寫了一篇合作研究的總結報告。那時梵二才結束二年，我寫的是〈今日天主教對非基督宗教的看法〉[1]，張春申、房志榮二位神父批閱通過後寄台灣《新鐸聲》發表。我寄給唐君毅教授一份，他閱後竟給我寫了五頁的長信。他希望我減免該文的中、外文注釋，讓香港新儒家期刊《人生》轉載。張神父認為除去注釋不妥，會引起台灣教會誤會，以為該文是神學院的閉門造車。因未配合唐師要求，此文未在香港發表。今日看來，這些掛慮是多餘的，因為如果細讀該文，可以看到注釋

[1] 該文先在《新鐸聲》（一九六七年）發表，後於《哲學與文化》七卷一期（一九八〇年一月轉載，頁二二一—二二八）。

的要點在正文中已有交代。這篇文章可視為新儒家與天主教首次正面及正向交談的嘗試。仔細閱讀唐氏後期作品的讀者，會看到唐氏談及基督信仰時口氣已不同，不像他早期對基督宗教有過的比較嚴厲的批評。他在給我的五頁長信中說：

> 毅以前嘗對宗基督者，妄有所評論，其根本義唯在：對其排他之救援說，不能同意。今能改宗此普遍救援說，固唯有加以讚嘆，並禱祝其說之更能普遍為人所奉行也。[2]

總之，這一段事故，有關的當事人只有張神父和筆者。是否這件事曾影響張神父對我的觀感？我不知道。

一九九二年輔仁大學要成立宗教系。張神父是會長，特地到耕莘文教院來看我，問我能否放棄政大，到輔大來創辦宗教系。我是會士，哪有考慮餘地，立刻說：「我願意。」以後我就搬到輔大來了。

同年，我在三民書局出版了《馬賽爾》一書，張神父看了說：「教宗教哲學，用這本書就夠了。」這該說是一個正向的回應吧。

聽到張神父講二次「陸達誠是我最好的學生」，我不能說這是他開玩笑。我雖不堪，但也是張公培養的；我雖笨拙，在「力久」後稍不辜負老師期望，但被稱為「最」，我不敢接受。

感謝天主和聖母，使耶穌會還有人效法耶穌會前輩的決心。並在每一地區有了一些成果。惟願今

---

2 唐君毅，〈致陸達誠神甫書〉，《唐君毅全集》，卷一〇，《中華人文與當今世界補編》，下冊，頁三七四—三七七。

日的輔神學生都能被張神父的子弟輩老師肯定，後者也稱他們中不少是「我們的最好學生」

（二〇一六・三）

啊，Vincent

每一個人都覺得自己是你的「最好的」、「很好的」或「好」朋友。你從不生氣，和怡待人，深得馬賽爾和George McLean的真髓。眾人對你又敬又愛。

清松老友，你突然走了，我的心緊縮起來，你走得太快、太意外，叫我難以接受。我教「生死學」時慣稱「死亡」是人的第二生，大家應隨得第二生者（亡者）一起大喜大樂，但我看到清松你去世的消息，實在無法大喜大樂，眼淚直跌，真是「痛失至友」。

啊，Vincent，啊，Vincent，你怎麼忽然走了呢？希望你還在我身邊，看到我的哀情。你要說：「我很好，感謝主！」但你要走好，走入主的光域中，你在彼界一定容光煥發，請不忘把你的關懷、智慧、熱情傳遞給我們，使一大群未亡人，能繼續你的遺愛和志業，讓我們在真理追索中，繼續不斷相遇，相互切磋吧。

我不知道我在你心中佔有多重要的位置。但你從嘉義來輔大讀大一及從魯汶學成返台時，我們都有過默契。上世紀六〇年代，你是嘉義教區的修士，為應修道院的要求，你來台北讀了恆毅中學，畢業後以乙組榜首身份選讀輔大哲學系。那時我是輔大神學院的學生，聽人說要做未來嘉義主教的沈清松考入了哲學系。有一次在校園中我們有距離地看到對方，我覺得好像你有話要同我講，但我們沒有走近，我覺得你「認識」我，而我也知道你。那是我們的首次心靈交會。

一九七六年六月我考完論文要從法國回台。數年後知道那年暑假關永中、黃懷秋，及你與劉千美二對在魯汶深造的夫婦相約來法國度假，經過巴黎時會來看我，可惜我們失之交臂，你們到時，我已在離法返台途中。一、二年後你學成回國，我們一見面，立刻投緣。你問我：我們二人一起翻譯馬賽爾的第一冊《形上日記》好嗎？那時我正在翻譯馬賽爾的第二冊形上日記《是與有》，你的建議沒有實現，但看你對馬賽爾有那麼大的興趣，我可以猜測馬賽爾應是你的哲學最愛之一。後來你曾向我說你在大學教不少課，就是沒有教你最愛的一門哲學。我想你是在講「存在主義」吧！（關永中在數年後回答《哲學與文化》的記者訪問時，也直言不諱地宣稱他最愛的哲學家是馬賽爾），我們三人真是無獨有「偶」，都是馬賽爾的台灣粉絲，難怪我們在許多看法上都趨一致。可謂「學」不孤，必有鄰。

四十多年過去了，你在世界各國的講台上常發一家之言，名聞天下。（你曾私下同我說，你可以開哲學系所有的課，包括佛教概論）。四十年來，你出版過廿九本書，一百五十篇論文。多倫多大學東亞研究所布勒（Janet Poole）所長說：你廿年來慷慨地把你對中國哲學的喜愛通傳給學生。他們對你溫和的指導方式印象異常深刻。系上在你去世次日以降半旗向你表示痛惜、追悼之意。

雖然你離開台灣已有十八年，但你的學生還記得你，你的同事惋惜你，所有認識你的人都會想著：自己是你的好朋友，的確，我們都是你的好朋友，我們不捨得你那麼早就離開我們。

我和你在政大共事過十多年，你擔任過系主任，這是我教學生涯中超美好的一段時期。系上每次開系務會議，在你主持下，都以完美的共識結束，這給我後來在輔大宗教系所作的行政工作提供了寶貴的示範。一代一代的學生都是沈老師你的寶貝，所以今天才有那麼多的校友回來送你最後一程。一九九二年我受聘至輔大新設的宗教系服務，你同我說：「Bosco，如果你在輔大覺得不習慣，可以回政大，我們歡迎你回來。」這樣的上司，唉，我怎能不銘感於心呢？

還有一事值得一提，是你在去加拿大前，我負責的耕莘寫作會每次請你來演講，你有求必應。記得有一次你的講題是「笛卡爾的咖啡館」，饒是有趣。

期間，我們應項退結老師之邀，一起辦「智苗文學獎」，為鼓勵天主教教友多多寫作。我們也應王愈榮主教之邀，與孫大川、黑幼龍等一起起草「基督徒如何以自己的信仰從事文化事業」。這些都是愉快的難忘經驗。

你在多倫多廿年，每年回台度假時，都是沒有休息的。除了到輔大哲學和宗教系所開課外，還到大陸各大學演講，引發彼岸師生對新士林哲學的興趣，使那邊不少大學增開了士林哲學這門課。另外，你在歐美各國的學術活動、會議和出版使外國學者大開眼界，廣泛推動研究中國哲學的風潮。

今年（二〇一八）三月十八日你在香港轉機時，我們意外地碰了頭，與鄰座換了位置，我們有了二個小時的最後一次的晤談。你告訴我你今年在北京出版了一本《士林哲學與中國哲學》（商務），講的時候臉上顯出滿意的笑容。我想你在這本五百二十九頁的書中整合了你最關切的議題，可死而無憾矣。另外，你提到你最近在北京開會時，聽到Michael Slote發表有關Sentimentalism的論文，認為「感情」（emotion）可以導向「意義」。是啊，馬賽爾在上世紀三〇年代不是也這樣說過嗎？誠然，淺的情感不一定攜帶「意義」，但如唐君毅說的「真情通幽冥」之類的深情，不但有意義潛質，並可帶我人通透生死兩界，可揭開生命的最深的奧祕。你在接近中國哲學（以唐君毅為代表）的馬賽爾身上找到了超理性的哲學官能，難怪你曾有志翻譯馬賽爾的「形上日記」。你聽到我在翻譯馬賽爾的第三本「形上日記」《臨在與不死》，且將接近尾聲時，喜悅之情溢於言表。啊，我們真是相知相惜的好朋友呢！至於在本文開始時我提到的George Mclean（美國神父，作家）曾被你邀請來台參加在世貿大廈召開的哲學會議，之前之後你多次同我提到他的人品和學問。這次在機上你告訴我：你是在Martin Buber《我與你》一書英譯本的「跋」中發現Mclean的，跋的主題是「禮物哲學」。從那時起你們二人成為莫逆之交。可見馬賽爾的「互為主體性」無遠弗屆，功不可沒。這也是我們二人投緣的原因吧。

你走後，我去輔大哲學系祕書處借了十本你的近作，我略略翻閱後看見一再出現「外推」（strangification）和「多元他者」二詞，表示這二個術語最能代表你思想進展的高峰。你在「外推」和「多元他者」的哲學上尋到了代表你一生哲學的關鍵字。這二個詞包含了「開放」、「交談」、「互通有無」……諸義，不論在學術、信仰及生活中，你要我們切勿封閉自己，要輸出，也要輸入，對天、地、人都要共融，才能在文化上、人格上不斷豐富自身和人類整體。你為我們的教育與文化指出了絕對無誤的方向。

好友Vincent，你有聽到我講的話嗎？

願天主保佑你永享聖愛和安息吧。

（二〇一八・十二・四）

【跋】無聲卻有力的吶喊

林靜宜
（輔大中文系博士生，目前從事教會歷史相關研究）

陸神父是一位耶穌會士。自會祖西班牙人聖依納爵十六世紀創辦此修會，有向海外傳教的目標以後，許多會士就按照教宗意願前往世界各地傳教。當時聖方濟各・沙勿略到亞洲，尚未進入中國大陸即逝世於廣東上川島，以後由利瑪竇等會士將天主教傳入明末的中國，經過滿清、中華民國、中華人民共和國等政權統治的中國大陸天主教會，在一九四九年與一九五〇年代，有被關進中共監獄和勞改營的殉道者，也有前往「自由中國（台灣）」的中國天主教人士。這些所謂的「外國人與外省人」，進入本地後，與那些明清時代即在台灣傳教的西班牙道明會士合流，向所謂的「本省人」以及流亡在台的「外省人」傳教。陸神父是在這樣的時代背景中，從上海九八教難（一九五五）的「漏網之魚」，穿越海峽，輾轉從澳門、香港到台灣，並在此工作與生活一輩子。

陸神父四十年來在耕莘文教院與輔大宗教系所的各式各樣活動中，無聲無息的傳教（活出福音的身教）。僅從神父的文字工作來看，可看出耶穌會創會至今四百七十八年間，在華人文化圈的教會本地化工作初果：

一、一九七〇年陸神父在輔大神學院完成碩士論文《奇蹟的可能性》，開啟他前往法國攻讀哲學博士以及和馬賽爾家族的情緣。其中一章（以露德及其他實證說明奇跡的可能性），隱約透露出神父與聖母的母子親密關係（神父倖免於教難也是聖母護佑得以逃離迫害），神父近年還協助聖母在默主歌耶顯現的事蹟等法文專書翻譯工作，為安慰仍受迫害的教友。學術研究成果，發表在神哲學研究與宗教研究相關期刊，如《神學論集》、《哲學論集》、《哲學與文化》、《神思》、《鵝湖》、《輔仁宗教研究》等，中西哲學學者及天主教修院修生凡有研究需要都閱讀神父的相關著作，不僅限於台灣而已。神父與新儒家宗師唐君毅有深厚情誼，誠有促進基督信仰與中國主流文化交談的效果。至於法國哲學的專書翻譯與論述，主要是馬賽爾與德日進的思想，馬賽爾專書有一九八三《是與有》、一九九二《馬賽爾》（此書二〇一八年尚在洽談簡體版，願向唯物無神政權下的中國知識份子更進一步介紹天主教思想家）、二〇〇二《存有的光環》（此書二〇一六年由上海復旦大學出簡體版）、二〇一五《呂格爾六訪馬賽爾》等。至於德日進的研究成果，有一九八三校訂李弘祺所譯德日進《人的現象》、一九八五〈德日進的遺跡〉、一九九七〈從存有化角度看德日進宇宙觀的基督論〉、二〇〇三—二〇〇四〈德日進論「愛是能量」（上）（下）〉、〈德日進聲譽的新高峰〉、〈二〇〇三點點滴滴話德日進大會〉、〈德日進的「人化」思想〉等等。

二、上述第一類著作，乃是面向學有專精的研究人員，而散文集則面向教友讀者，發表在台灣天主教會刊物《教友生活週刊》、《天主教週報》以及《恆毅》、《見證》、《旦兮》等，其中《旦兮》面向耕莘寫作會，讀者已不限於教友而已。此時神父以神哲學素養，根據福音價值觀，從牧靈角度撰寫自己面對「人的現象」的所思所感，所見所聞不限於台灣，更不限於教會。中國大陸天主教徒雖然有地上地下教會之分，但在一九七八年中共改革開放以後，為迎頭趕上梵二變革，不斷輸入台灣天主教會之相關出版品，僅以耶穌會中華省出版品而言，雖然都是繁體字，重要著作卻被匿名者以數位化方式默默流傳網路，可窺見使用簡體字的中國大陸天主教徒靈魂上的饑渴。神父的散文集已出版兩本，一是一九九六年的《似曾相識的面容》，二是二〇〇四年的《候鳥之愛》。即將出版的這本《靈修協奏曲》，將至今十四年的散文集結，反映出神父晚年在文學、哲學、宗教交談、文化交談、靈修等多元面向的反省中，用畢生耶穌會修道經驗為天主的愛做見證。沒有明說出來的，是更希望使用中文閱讀卻不認識天主的人們，無論在台灣或中國大陸或香港澳門乃至世界各地華僑，都能看到：天主的愛在推動這個世紀，與教會一起邁向第三個千年。

如同神父自序所說：他不願再只做哲學理性的囚犯，不再只是研究和撰寫論文，而是要寫兼有知、情、意的生命體驗，因此九十八篇文章都是傳遞自己與天主交往過程中的靈修經驗，蘊藏一片天真。此種天真，不僅教友需要，受迫害的教會在苦難中更需要如赤子般信賴天主。耶穌會礙於中共法令，不可能重返中國傳教，但神父的哲學研究可親近中國大陸知識份子，散文集則可牧養海內外華人天主教會的龐大羊群，這是無聲卻有力的吶喊。他遵循會祖聖依納爵的教導，已將靈修經驗融入字裡行間，教會內當然有其他靈修作者，但無人像陸神父這樣有耕莘寫作會與輔大宗教系所的多年交談經驗，也就是知道如何以身教與非基督徒對話的經驗。此前已有張志宏神父深得人心（特別是「非基督徒」之心）的典範，張神父一九五〇年代在中共的監獄受過苦，留下後遺症，到台灣後身為美國人也不可能以精確的中文寫作，最後在立霧溪跌到谷底，以肉身做祭獻，然後鄭聖沖神父與陸神父接下了耕莘寫作會的棒子。作家喻麗清在彰化靜山耶穌會墓園哭倒於張神父靈前，在美國終身以做過張神父的祕書為榮，以後她遠離了天主，直到讀了耶穌會沈鶴璉神父的《雷思小品集》——一個在中共勞改營直到五十六歲才當上神父的上海「青年」的靈修文字，[1]她才重新找回對天主的關心。沈神父和陸神父都是上海老教友家庭子弟，能離開中共控制的大陸，也是因為聖母的照顧，這些神祕經驗如人飲水冷暖自知，也不一定能用文字表述，但個人認為這是耶穌會留給華人文化圈的最大精神財富，也就是殉道者的鮮血與血書。以上純屬個人對陸神父《靈修協奏曲》向全球華文讀者宣揚福音的意義的觀感，從教會本位化觀點看一位中國籍耶穌會士的信仰經驗，如何以文學形式表達，也許只有同道中人能理解神父出版此書的苦心了。

一九五一年以前的台灣天主教從無耶穌會士在此宣揚福音，中國大陸一九四九年的政權易手，造成大批天主教人士進入台灣建設本地教會與社會，從一九五〇年代至今，無論教育、醫療、慈善、文化、正義等層面，都有天主教會參與，耶穌會有眾多會士投入其中，陸神父在耕莘寫作會與輔大宗教系所的工作只是一個縮影而已。甚至教廷是台灣在歐洲的唯一邦交國，在為台灣爭取國際能見度上默默出力而不為人知，台灣這個國際孤兒至今還保存在天主的搖籃裡，因此才會說：天主的愛在推動這個世紀。在多元文化與宗教並立的台灣，僅有三十萬左右教徒的天主教會，只有一群小羊，卻扮演天主教信仰在華人文化圈的橋樑角色，出版工作只是其中一個途徑而已。若有更多教內外知識份子如喻麗清那樣，在閱讀靈修作品後重新想起自己與天主與他人的關係，而能用文字繼續傳遞信仰經驗的話，也不枉費前人所承受的教難了。

1 喻麗清，〈序〉，見雷思，《雷思小品集：從青海勞改到柏克萊之路》，臺北市：光啟，一九九五年，頁一—三。

BOD Books on Demand

哲學宗教類　PA0103　Viewpoint 44

靈修協奏曲
——陸達誠神父散文選

作　　者 / 陸達誠
責任編輯 / 徐佑驊
圖文排版 / 詹羽彤
封面設計 / 王嵩賀

發 行 人 / 宋政坤
法律顧問 / 毛國樑　律師
出版發行 / 秀威資訊科技股份有限公司
114台北市內湖區瑞光路76巷65號1樓
電話：+886-2-2796-3638　傳真：+886-2-2796-1377
http://www.showwe.com.tw
劃撥帳號 / 19563868　戶名：秀威資訊科技股份有限公司
讀者服務信箱：service@showwe.com.tw
展售門市 / 國家書店（松江門市）
104台北市中山區松江路209號1樓
電話：+886-2-2518-0207　傳真：+886-2-2518-0778
網路訂購 / 秀威網路書店：https://store.showwe.tw
國家網路書店：https://www.govbooks.com.tw

2019年7月　BOD一版
定價：420元

國家圖書館出版品預行編目

靈修協奏曲 : 陸達誠神父散文選 / 陸達誠著.--
一版. -- 臺北市 : 秀威資訊科技, 2019.07
面； 公分. -- (哲學宗教類；PA0103)
(Viewpoint ; 44)
BOD版
ISBN 978-986-326-699-0(平裝)

1.天主教 2.靈修

244.93 108009711

讀者回函卡

感謝您購買本書，為提升服務品質，請填妥以下資料，將讀者回函卡直接寄回或傳真本公司，收到您的寶貴意見後，我們會收藏記錄及檢討，謝謝！

如您需要了解本公司最新出版書目、購書優惠或企劃活動，歡迎您上網查詢或下載相關資料：http:// www.showwe.com.tw

您購買的書名：____________________

出生日期：________年________月________日

學歷：□高中（含）以下　□大專　□研究所（含）以上

職業：□製造業　□金融業　□資訊業　□軍警　□傳播業　□自由業

□服務業　□公務員　□教職　□學生　□家管　□其它____

購書地點：□網路書店　□實體書店　□書展　□郵購　□贈閱　□其他

您從何得知本書的消息？

□網路書店　□實體書店　□網路搜尋　□電子報　□書訊　□雜誌

□傳播媒體　□親友推薦　□網站推薦　□部落格　□其他________

您對本書的評價：（請填代號　1.非常滿意　2.滿意　3.尚可　4.再改進）

封面設計____　版面編排____　內容____　文／譯筆____　價格____

讀完書後您覺得：

□很有收穫　□有收穫　□收穫不多　□沒收穫

對我們的建議：____________________

____

____

____

請貼
郵票

11466
台北市內湖區瑞光路 76 巷 65 號 1 樓

秀威資訊科技股份有限公司 收

BOD 數位出版事業部

…………………………………………………………………………

（請沿線對折寄回，謝謝！）

姓　　名：＿＿＿＿＿＿＿＿　年齡：＿＿＿＿　性別：□女　□男

郵遞區號：□□□□□

地　　址：＿＿＿＿＿＿＿＿＿＿＿＿＿＿＿＿＿＿＿＿

聯絡電話：(日)＿＿＿＿＿＿＿＿＿＿　(夜)＿＿＿＿＿＿＿＿＿＿

E-mail：＿＿＿＿＿＿＿＿＿＿＿＿＿＿＿＿＿＿＿＿